- 釋迦牟尼佛宣讲
- 姚秦鳩摩羅什譯(406)
  By Rev. Kumarajiva (350-409)
- 清大義和尚集註
  "法華經大成"(1695)

Brief

Lotus

国际书号 ISBN: 1-45364-605-1

Simple Outline of
Lotus Sutra

法華經

簡表

主編：強梵暢

Compiler : Victor Chiang

國際佛教大藏经编译中心 编译
International Buddhist Tripitaka Translation Center
佛教大藏经 基金会 出版
Published by Buddhist Tripitaka Foundation
2555 Huntington Dr., # D, San Marino, California 91108 USA
http://picasaweb.google.com/tripitakacenter

©Copyrights 2010 in USA by Victor Chiang / All Rights Reserved / 版权所有 请勿翻印

自歸依法 當願眾生 深入經藏 智慧如海

Brief Buddhist Tripitaka

法要大藏經

佛教世界化・佛法國際化
佛經簡易化・佛律大眾化・佛論普及化

中國江蘇常州菩薩戒弟子強梵暢恭編

All rights reserved 版權所有 請勿翻印

□釋迦牟尼佛說法(西元前959年或西元前5-6世紀)
□疏勒國須利耶蘇摩親授並託付鳩摩羅什(西元356)
□姚秦鳩摩羅什譯於中國長安(西元406年)
□中國清朝康熙年間金台山沙門大義集註(西元1695年)

Outline of Saddharma Pundarika Sutra

法華經大成
(妙法蓮華經)
表解
(美國版)

□中國江蘇常州菩薩戒弟子強建偉恭編
於美國洛杉磯(有版權,歡迎助印)
©Copyright 2002 USA, by Victor Chiang All Rights Reserved

法華經大成表解目錄

前言：(第一至六轉載自原書)

一、大成科序(惟鉉) ……………… PA1

二、序(張希良) …………………… PA2

三、編集始末(大義和尚) ………… PA3

四、法華經大成懸談(大義集) …… PA4

五、弘傳序(終南山釋道宣述) …… PA15

六、提綱(大義和尚識) …………… PA16

七、「法華經簡介」印海法師譯
　　並代序 ………………………… PA19

八、法華經大成懸談表解(強建偉) …… P.1

(法華經大成卷第一)

壹、序分

一、第一品　序品 ………………… P.7

(法華經大成卷第二)

貳、正宗分

(壹)第一大章：開佛知見

二、第二品　方便品 ……………… P14

　　(一)略開三顯一

　　(二)廣開三顯一

　　　　㈠法說一周，被上根

(法華經大成卷第三)

三、第三品　譬喻品 ……………… P24

　　(二)廣開三顯一

　　　　㈠法說一周，被上根

　　　　　1.正說譬喻

(法華經大成卷第四)

四、第四品　信解品 ……………… P35

　　(二)廣開三顯一

　　　　㈡喻說一周，被中根

　　　　　2.中根領解

(法華經大成卷第五)

五、第五品　藥草喻品 …………… P41

　　(二)廣開三顯一

　　　　㈡喻說一周，被中根

　　　　　3.如來述成

六、第六品　授記品 ……………… P44

　　(二)廣開三顯一

　　　　㈡喻說一周，被中根

　　　　　4.授四子記

七、第七品　化城喻品 …………… P47

　　(二)廣開三顯一

　　　　㈢因緣一周，被下根

　　　　　1.正說因緣

(法華經大成卷第六)

八、第八品　五百弟子授記品 …… P55

　　(二)廣開三顯一

　　　　㈢因緣一周，被下根

　　　　　2.正明授記

九、第九品　授學無學人記 ……… P58

　　(二)廣開三顯一

三、因緣一周，被下根
　　　2.正明授記
十、第十品　法師品 …………… P60
(貳)第二大章：示佛知見
十一、第十一品　見寶塔品 ……… P63
　　(一)初寶塔出現，顯示實相
十二、第十二品　提婆達多品 …… P66
　　(二)難易得果，證法平等
(參)第三大章：悟佛知見
十三、第十三品　勸持品 ………… P69
　　(一)因跡門弟子通經，文殊請問，如來示軌

(法華經大成卷第七)

十四、第十四品　安樂行品 ……… P71
　　(一)同前品
十五、第十五品　從地湧出品 …… P76
　　(二)發本門弟子通經，彌勒騰疑，如來開本
十六、第十六品　如來壽量品 …… P80
　　(二)同前品
(肆)第四大章：入佛知見
十七、第十七品　分別功德品 …… P84
　　(一)明證解功德

(法華經大成卷第八)

十八、第十八品　隨喜功德品 …… P88
　　(一)同前品
十九、第十九品　法師功德品 …… P90
　　(二)明持經根淨

廿、第廿品　常不輕菩薩品 ……… P94
　　(三)顯能證之人
參、流通分
廿一、第廿一品　如來神力品 …… P96
　　(一)神力嘉讚
廿二、第廿二品　囑累品 ………… P98
　　(二)囑累薪傳
廿三、第廿三品　藥王菩薩本事品 …… P99
　　(三)藥王苦行

(法華經大成卷第九)

廿四、第廿四品　妙音菩薩品 …… P103
　　(四)妙音說法
廿五、第廿五品　觀音菩薩普門品 … P106
　　(五)普門圓應
廿六、第廿六品　陀羅尼品 ……… P109
　　(六)神咒護持
廿七、第廿七品　妙莊嚴王本事品 … P111
　　(七)妙嚴轉邪
廿八、第廿八品　普賢菩薩勸發品 … P113
　　(八)普賢勸發

附錄：

附錄一：法華心偈 ……………… P.B1
附錄二：編後語 ………………… P.B3
附錄三：結緣佛經表解及
　　　　錄影帶目錄 …………… P.B4
附錄四：徵信錄 ………………… P.B6

一、大成科序

惟鉉

法華大成，為時宗尚，凡幼進初學，莫不醉心於中；即耆德說者，咸皆遵循繩墨。為其盡諸佛之理源，集眾家之語的也。斯疏成，始半翁法師，其科目皆井井有理，但未另冊，指掌於耆德，則有翻簡之煩，初學亦不無分歧之失。吾元亮兄，憂及於此，故於聽講之暇，拮据成冊，使夫學者，說者，視如指掌，庶幾可免前等之煩失也。繕完，命余為序，余揣不文何敢綴言，略敘其利幼進，便耆德，非獨為大成之前星，抑亦為半翁之功臣歟。

　　　　　　康熙歲在丙戌菊月九日　里弟惟鉉拜撰

(轉載自原書)
(編註：本文約於西元1706年)

二、序

張希良

蓋聞鷲峰提印，留妙諦於竺，乾馬寺傳經，啟宗風於震旦，諸法寂滅不可言宣，大事因緣，亦由解說發揮，幽賾乃傳；白日之心導達，天人斯吐青蓮之舌；不然，則琅函亦等乎糟粕，貝葉何異乎故紙；必有廣長爰通顯密妙法蓮華經者，演自耆闍晚流赤縣，入佛知見，以了義度無邊；開上悟根以圓教，垂浩劫觸處明真，現種種之瑞相；即權顯實放的的之毫光，人天百萬盡轉法輪，經軸四千總輸妙偈，洵諸佛之心宗，千聖之綰轄也。微辭祕旨，經三譯而已明臆詁，俗詮亦殊門而莫粹，自非具大慧力，孰與剖剝真源，乃有半翁法師，法門龍象，出世鵰鶚，歷訪名山，稱彌天之獨步，直超塵剎，息慧可之諸緣，晚栖跡於長安，仍冥懷於荒寺，時登法席，頑石為之點頭，大闡覺緣，空花因而布彩；念妙法為三乘之最上，而離言實五教之指歸，箋釋雖繁，紛呶莫一，乃發願力，大肆探尋，啟佛藏之金繩，採禪真之玉屑，字櫛句比，指久遠於行間，意得言忘，會不二於象外，睹廬山之面目，宿霧頓披，哆滄海之咽喉，諸流畢匯謂之大成，豈小補哉。良內典未諳，實似元稹之陋，佛頭僭著，不避大顛之嗤，欽師道行，勉竭管蠡云爾。

康熙三十四年乙亥歲春三月二十二日

賜進士出身詹事府左春坊左贊善兼翰林院檢討
　前
日講官起居注充
三朝國史
大清一統志纂修等官戊辰科會試同考充
殿試收掌官庚午科
特簡浙江鄉試正主考前翰林院編修前翰林院庶
　吉士楚黃張希良拜題

(轉載自原書)(編註：本文約於西元1695年)

三、編集始末

大義和尚

　　余自甲午年金陵剃染，遊於吳越諸大禪師之門，丙午懷香清涼過都門，始入先子之室，探討「華嚴懸談」，考覈十門五教，始知大哉聖典，汪洋浩瀚而莫可測量也。間嘗與師論及「法華」，而竊留意焉，先攻文句要解，知音會意正量論，後閱正意都會，大竅要旨，如是解并問辨，易解品節科註等疏，研味參伍，融會諸說，間有管見，而是集可以編矣。戊申歲，集二卷。己酉冬，隨師應講長椿，余首眾參請之暇，又集一卷。庚戌遊盤山集一卷。至乙卯，寓涿鹿之延壽寺，後三卷始完，而草本成矣。丙辰，再遊江浙，就正碩德宿學，僉曰此集，乃法華之大成也。癸亥春，因先大師六旬返都，師以應講天津，命余主席觀音(院)開演此經。丙寅冬，師回，命余再演，師亦與聽，囑以真稿待緣就梓。丁卯春，余退觀音院。卜居地藏，破屋敗椽，僅蔽風雨，自顧福涼德薄，撥置世務，不事逢迎，故有即山活埋之題。亦嘗謂客曰，十字街頭即山居，紅塵堆裏罷攀緣，非活埋乎。壬申夏，諸子攢單，啟請再為開演，亦有願募就刻者，余未之許也。癸酉冬，豫木兄來京，極為勸勉，首輸三十金；余又謀諸同門，皆歡喜贊助；參眾達如等，領緣倡募；一雲監院亦竭力任勞，而是刻有不容已也。權輿於甲戌春三月告成，於乙亥夏四月書成十卷。其序則張老護法椽筆，護法即今之無盡也。爰記其始末如此。竊惟吾宗順祖立三觀，雲華開十門，賢首判五教，清涼疏之鈔之，一乘圓極之理大備。其猶伏羲畫卦，文王有辭，孔子立傳，思、孟莫不祖述憲章，而聖神功化，幽明消長之旨，以大明之矣。至於十門懸解，五教析理，三觀修證，十玄圓融，具如「華嚴懸談」。開法界觀，推本窮源。吾深有望於後之學賢首宗者。

大清康熙三十四年乙亥夏四月佛誕日
金台傳講沙門大義題於即山居之活埋室

(轉載自原書)
(編註：本文約於西元1695年)

四、妙法蓮華經大成懸談(原文)
金臺即山居後學大義集

將釋此經啓以十門㈠教起因緣，㈡藏教分攝，㈢義理分齊，㈣教所被機，㈤教體淺深，㈥宗趣通別，㈦部類品會，㈧傳譯感通，㈨總釋名題，㈩別解文義

㈠教起因緣：

夫聖人設教，必有由致。若須彌巨海，大因方爲搖動。今搖如來融金之德山，動深廣之智海，非小緣矣。因緣有總有別。

㈠總因緣者：

謂佛一代聖教，總爲酬因酬請，顯理度生，所顯之理，即本經中，諸佛世尊出現於世，唯爲一大事因緣，開示悟入一切眾生佛知佛見。蓋此知見，眾生等有，迷不自知，故淪生死。佛於因中悟此，發願成佛普示。故今五時設教，雖言有權實，顯有遲速，原其本意，唯爲此一大事因緣也。

㈡別論因緣：則有多種，今略示十義。

1. 法應爾故，而說此經：夫王道坦坦，千古同規。一乘實相，諸佛齊證，所以一切諸佛，法爾於無盡世界，常轉如是無盡妙法，教化眾生，無有休息，故下文人天眾集，說經入定，雨華動地，一光智境全彰，圓開其端，二士曲唱，傍通助發，其緒引二萬燈明佛，皆說此經。乃至大通智勝佛，威音王佛，皆說「妙法蓮華經」，佛佛道同，古佛如是，今佛應然，文云：「我常在此娑婆世界說法教化」等。

2. 暢本懷故，而說此經：道場悟已，即欲開示，奈何根鈍，不堪受持，故爾四十年前，將此妙法抑之在懷。五乘隨機，本懷不暢。只至而今，靈山高會，方說此經，本懷始暢。文云：「如我昔所願，今者已滿足。」又云：「如來所以出，爲說佛慧故。」

3. 順時機故，而說此經：夫至道無古今，應機有時節。久默斯要，不務速說。故四十年前不說此經者，時未至故，機不堪故。文云：「眾生諸根鈍，著樂癡所盲，如斯之等類，云何而可度。」循循善誘，根器純熟，教被乘時，得預高會。文云：「今正是其時，決定說大乘。」如是妙法，諸佛時乃說之。兼之一化將終，涅槃時至，順時順機，不得不說。

4. 會權乘故，而說此經：四十年前，將一乘說三乘，一性說五性，權爲小機，止啼黃葉。故有三乘之別，五性之分，豈知五性是一性，三乘是一乘哉。如來說法，但教化菩薩，無聲聞緣覺。今經三根得記，泯二乘之權果，全付家業，廢草庵之滯情，聲聞得記作佛。會歸總是菩薩，若不會歸，必權終權矣。

5. 示眞實故，而說此經：十方佛土中，唯有一乘法，無二亦無三。三乘方便，受解緣別。今經開方便門，示眞實相，指示衣珠髻珠，出離化城火宅，共登長者之室，前至菩提寶所，皆示眞實之談也。

6. 酬宿緣故，而說此經：夫根深則枝茂，源遠則流長。宿因既深，教起亦大。故經云：「我在大通智勝佛時，各各教化無量恒河沙眾生，從我聞法。此諸眾生，於今有住聲聞地者，我常教化阿耨菩提，大通未了之案，今當酬之」廣如化城說。

7. 顯佛慧故，而說此經：文云：「我見佛子等，志求佛道者，咸以恭敬心，皆來至佛所，我即自思惟，如來所以出，爲說佛慧故。」佛慧即實相。三周法竟，多寶塔現，即顯示平等佛慧也。文云：「塔中出大音聲，歎言，善哉釋迦牟尼，能以平等大慧，教化眾生。」云平等者，無生滅冤親故也。

8. 開本跡故，而說此經：師之本跡，但取最初，先得真應，名之為本。中間大通威音時，今之王宮，誕相，道樹，成尊時，皆為跡也。如梵網云：「八千番，示生娑婆。」大寶積云：「八萬億番，來臨此土。」今經開本壽量塵點劫前，更塵點點盡，塵點劫未休。非生現生，非滅現滅，常在此處說法教化。豈今日菩提成尊云乎。文云：「我實成佛已來，久遠若斯，但以方便教化眾生。」作如是說。若夫弟子本跡，久已成佛，今為簧鼓，內秘外現，豈真聲聞哉。

9. 成始終故，而說此經：始即本也，本即「華嚴」。故吉藏立「華嚴」為根本法輪。終即末也，末即「法華」。故吉藏立「法華」為攝末歸本法輪。所謂非海無以潛流，非本無以攝末。始終一貫，本末一事。故下文云：「始見我身，聞我所說，即皆信受，入如來慧。」即始說「華嚴」，如日初出，先照高山。又云除先修習學小乘者，我今亦令得聞是經，入於佛慧，即終說「法華」，如日沒時，還照高山等。一本一末，成始成終。事無不窮，理無不盡。出世本懷，畢於此矣。

10. 利今後故，而說此經：說三周法，授三根記，凡有聞法者，無一不成佛，今之利益也。如來滅後，聞此經一句一偈，我亦與授阿耨菩提之記，後之利益也。若以佛在當機為今，今之見聞為後，今之見聞為今，後之見聞為後，如是弘傳無盡，利益無窮。如食金剛，終竟不銷，通上若總若別，教起因緣已竟。

(二)藏教分攝：

分三：㈠明藏攝，㈡明教攝，㈢明分攝。

㈠明藏攝

1. 明三藏：已知此經，有如是大事因緣。未委此經，於藏教分中何所攝屬，故次前明之通言，藏者皆能含攝，出生一切義理，故言三藏者。

   (1) 修多羅藏，亦名修妒路，亦名素怛覽，此皆梵音。楚夏古譯為契經，契謂契理契機，經謂貫穿攝化。契理合機之經，依主受名。契經即藏，持業釋也。若按五印土有四名，謂線席經，井索聖教皆修多羅之異稱。古德見此方，儒墨皆稱為經，遂借彼席。經以目聖教，則雙兼二義，俱順兩方，借義助名，更加契字，揀異席經，故稱契經。又雜心論云，經有五義。

   ① 曰涌泉：謂流注無竭故。
   ② 曰出生：謂展轉滋多故。
   ③ 曰顯示：謂能顯事理故。
   ④ 曰繩墨：謂楷正定邪故。
   ⑤ 曰結鬘：謂線能貫華故。此五義不出貫攝二義，以佛聖教貫穿攝持，所應說義所化生故。

   (2) 毘奈耶藏：亦名毘尼，梵音略耳。此云調伏，謂調練三業，制伏過非。調練通於止作，制伏唯明止惡。就所詮之行彰名即調伏之藏。依主受名，或能詮藏有調伏之能，有財釋也。毘尼或翻為滅有三義。

   ① 滅業非：謂不殺等。
   ② 滅煩惱：謂不貪等。
   ③ 得滅果：即無為果，或名尸羅，此云清涼，從因果得名。謂離熱惱因，得清涼果故。亦名波羅提木叉，此云別解脫，就因得名有二：〈一〉揀異定道，名之為別，〈二〉三業七支，各別防非，亦名為別，亦名隨順解脫。就果立名，謂隨順有為，無為二種果故。亦名性善，性本善故。

   (3) 阿毘達摩藏：此云對法。法有二種。

①勝義法：謂即涅槃，是善是常，故名爲勝。
②法相法：通四聖諦對，亦二義。
　　<1>者對向，向前涅槃。
　　<2>者對觀，觀前四諦。其能對者，皆無漏淨慧及相應心所等。亦名優波提舍，此云論議。亦名磨呾哩迦，此云本母，謂以教與義爲本爲母故。此三藏約所詮有二義，[1]者剋性，則經詮三學，律唯戒心，[2]學論唯慧學，二約兼正經，正詮定毘尼詮戒論，詮於慧兼則各三。今此經者，在三藏之中，正唯修多羅藏所攝，餘二不攝。良以此經，非律非論，故若以經義攝，彼三藏，三藏俱含。良以此經，亦有議論之慧，如龍女，身子，文殊，智積等。亦有起行之戒，如三軌四行等。
2. 明二藏：一聲聞藏，二菩薩藏。即由前三藏，詮示聲聞理行果，故名聲聞藏。詮示菩薩理行果，故名菩薩藏。若約教行別故，即開爲三藏。以緣覺人，多不藉教出無佛世。佛在世時，攝屬聲聞故，但名二藏。今此經者，於二藏中，菩薩藏攝。文云：「但教化菩薩，無聲聞緣覺。」以此經演說大乘，自利利他，與「華嚴」同宗。但「華嚴」爲根本一乘，「法華」爲破疑一乘，故又爲諸聲聞說大乘經，名「妙法蓮華」，亦攝聲聞，正授聲聞成佛之記，故藏攝已竟。

㈢明教攝：如來一代所說，通名十二分教，西天東土，有十八師判教。廣如「華嚴懸談」，今略引其名。
1. 後魏菩提流支，北印土人，宣武永平年至洛陽，判一音教，以如來一音，同時大小並陳，一音具異。
2. 姚秦羅什，龜慈人，弘始三年至長安，判一圓音教，以一音平等，無二無私，機聞自殊。
3. 西秦曇無讖，中印土人，玄始元年至中國，判二教，謂半字教即聲聞藏，滿字教即菩薩藏。
4. 隋朝遠法師，燉煌郡人，判二教同上。
5. 隋延法師，判二教，謂頓漸約漸，悟機大由小起，所設具有三乘，約頓機直往於大，不由於小。
6. 唐海印法師，判二教(1)曲屈教，釋迦逐機性故，(2)平道教，舍那逐法性故。
7. 齊朝隱士，劉虬字伯龍，判二教謂頓漸，以華嚴爲頓，餘皆漸故。
8. 宋朝岌法師，判三教，謂有相教，無相教，常住教。
9. 真諦法師，西印土人，判三教：(1)轉法輪教，(2)轉照法輪教，(3)轉照持法輪教。
10. 宋慧觀法師，判五教，(1)有相，(2)無相，(3)抑揚，(4)同歸，(5)常住教。
11. 後魏光統律師，判三教，謂頓，漸，圓。
12. 唐吉藏法師，判三教，(1)根本法輪教，(2)枝末法輪教，(3)攝末歸本法輪教。
13. 梁光宅法師，判四乘教，以臨門三車即權教三乘，與等賜大車即實教大乘。
14. 陳隋智者大師，判四教。
15. 海東曉法師，判四教，(1)三乘別教，如四諦緣起經等。(2)三乘通教，如般若深密等。(3)一乘分教，如梵網等。(4)一乘滿教，如華嚴等。
16. 賢首弟子慧苑法師，判四教，(1)迷真異執教。(2)真一分半教。(3)真一分滿教。(4)真具分滿教。
17. 波頗，判五種教，(1)四諦教，阿含也。(2)無相教，般若也。(3)觀行教，華嚴也(4)安樂教，謂涅槃說常樂故。(5)守護教，謂大集經守護正法事故。
18. 賢首大師，康居人，判五教。

已上諸師判教，各有理據，皆謂莊嚴聖教故。茲今海內流傳唯有一宗。(1)天台大師，依此經

判一代時教爲藏通別圓，如四教儀說。(2)賢首大師：依華嚴經判爲五教，謂「小」「始」「終」「頓」「圓」。

(1)小教者：以隨機宜，說諸法數一向差別，揀邪正辨，凡聖分欣，厭明因果，故名爲小。若約法相，止七十五法，但說人空，縱少說法空，亦不明顯，但依六識三毒，建立染淨根本，未盡法源，故多諍論，部執不同。

(2)始教者：亦名分教，以深密第二第三時教，同許定性聲聞，無性闡提，俱不成佛。故今合之，總爲一教。此既未盡大乘法理，故名爲初，有不成佛，故名爲分。廣說法相少說法性。所說法性，即法相，數說有百法，決擇分明，故少諍論，說有八識，唯是生滅，依生滅識，建立生死及涅槃因。法爾種子有無永別，是故五性決定不同。故說一分眾生，決不成佛，名生界不滅等，如是義類廣有眾多。

(3)終教者：亦名實教。定性二乘，無性闡提，悉當成佛。方盡大乘至極之說，故立爲終，以稱實理，故名爲實。少說法相，多說法性，所說法相，亦會歸性，所立八識，通如來藏，隨緣成立生滅與不生滅，和合而成，非一非異，一切眾生，一性平等。但是眞如隨緣成立，依他無性，即是圓成，一理齊平，故說生界佛界，不增不減等，如是義類，亦有眾多。

(4)頓教者：但一念不生，即名爲佛，不依地位漸次而說，故立爲頓。如思益云，得諸法正性者，不從一地至於一地。楞伽云：「初地即爲八」，乃至無所有何次等。不說法相，唯辨眞性，亦無八識差別之相。一切所有，唯是妄想。一切法界，唯是絕言。五法三自性俱空，八識二無我雙遣。呵教勸離，毀相泯心，生心即妄，不生即佛。亦無佛，無不佛，無生，無不生，如淨名默然即其意也。

(5)圓教者：明一位即一切位，一切位即一位。故十信滿心即攝五位成等正覺。依普賢法界，帝網重重主伴具足，故名圓教。所說唯是無盡法界，性海圓融緣起無礙。相即相入，如因陀羅網，重重無際，微細相容，主伴無盡，十十法門各攝法界故。良以賢首五教，與天台化法四教，但開合不同，彼則開前合後，此則開後合前。小即藏教。第二始教有二：①始教，但說諸法皆空，即彼通教，②分教，但說一切法相，即彼別教。第三終教明如來藏，隨緣成諸染淨，緣起無性一切皆如，即彼圓教中雙照義也。第四頓教，唯辨眞性，即彼圓教中雙遮義也。第五圓教，明性相俱融，即彼圓教中遮照同時義也。此三教所詮，唯是一心具一切法，即彼圓教不思議中道也。故此三皆屬圓，攝此則合彼，通別爲一，始教開彼，圓教爲終，頓圓三教。彼即開此，始教爲通，別二教合，此終頓圓爲一圓教。雖開合有異，而法體無殊也。若論所攝此經，於五教中正屬圓教所攝，若以經攝教，統該前四以圓滿具足，開權顯實，一代所歸五時極唱故。

㈢明分攝：舊云部古德見濫於部帙之部改爲十二分。

1. 契經：謂始從如是終至奉行。
2. 應頌：謂與長行相應而頌故。
3. 授記：謂佛記弟子當來成佛事故。
4. 諷頌：謂孤起不頌長行故。
5. 因緣：謂因請因事方說故。
6. 自說：謂不因請而說故。
7. 本事：謂說佛及弟子往因事故。
8. 本生：謂說佛及餘人往昔受身故。
9. 方廣：謂說方正廣博平等稱性普利樂故。
10. 未曾有：謂德業殊勝法體希奇故。

11. 譬喻：謂比類發明誘合信解故。
12. 論議：謂妙理深奧直言不了，須分別審明故。若論所攝十二分中，正屬契經。若以經攝，分收餘十一。經中多頌，則攝應頌。正授聲聞成佛，則攝授記。龍女讚偈，則攝諷頌。三請殷殷三周開示，則攝因緣。出定召告，則攝自說。嚴王轉邪，藥王焚身，則攝本事。生為王子，生為國王，則攝本生。平等大慧，凡聖同均，則攝方廣。法如優曇光瑞變涌，則攝未曾有。廣說譬喻，則攝譬喻。有問有答，則攝論議。上藏教分攝竟。

(三)義理分齊

(一)理分齊：

已知此經，攝於圓教。未委圓教，義理分齊。云何。夫義者文之實也，理者事之主也。又義、相也，理、體也。由是聖人設教，理以統之，義以析之。理雖至一而逐機遂有淺深。義雖成多而歸理原無別體。是則諸經義理，既有淺深，而明經者，若不辨析，何以知其分齊所詣乎。先略明五教分齊，依起信論有五重淺深，亦不離前五教，但此則從淺至深，彼則從深向淺，故不同耳。

1. 唯一心為本源：即一真法界該四法界，此圓教分齊也。
2. 依一心開二門：即該二教，(1)心真如門，謂心性不生不滅，即頓教分齊也。(2)心生滅門，謂如來藏與生滅和合，名阿賴耶識，即終教分齊也。
3. 依此識明二義：(1)覺義，謂心體離念等，(2)不覺義，謂不如實知真如法一，不覺心動等。
4. 依後義生三細：(1)依不覺，故心動，名業相，(2)依動，故能見，名轉相，(3)依見，故境界妄現，名現相。即始教分齊也。
5. 依最後生六相：(1)智相，(2)相續相，(3)執取相，(4)計名字，(5)起業相，(6)業繫苦相。(3)(4)二相小教分齊，第(5)人天分齊也。次別明此經，圓義然，圓教義理，如海宏深能攝百川，百川不攝大海，雖攝百川，同一鹹味，故隨一滴，迥異百川。前之四教，不攝於圓。圓必攝於四，雖攝於四，圓以貫之。十善五戒亦圓教。攝尚非三四，何況初二，今經功高一化，理冠群經，全收五乘之機，不說人天等教。言廢昔日之權，意顯今時之實，所謂圓收逗會，教乘總攝，時機方便，如是圓理無以加矣。總括全經十義該收以顯圓妙。

(二)義分齊：

1. 出世本懷妙：原夫世尊以大事因緣故出現於世，開示眾生本有佛知佛見，令其悟入，唯此一事更無餘事。悟此知見即登佛地，故名一乘。出世唯此一事故，說法唯有一乘，更無餘乘故。
2. 放光現瑞妙：一光東照生，佛始終昭然在目，意顯實相理境，乃諸佛所證，眾生所迷，要人人心領神會，當下薦取。
3. 曲唱傍通妙：彌勒睹光中瑞相而問，為說妙法，為當授記。文殊引燈明故事而答，極盡精詳，指點分明。
4. 出定歎德妙：一光之中，智境全彰，不言之道，終難領會。不得已，而又假言說方便，以開導之。乃告之曰，諸佛智慧甚深無量，其智慧門難解難入，不獨一往四十年中所說，為智慧之門，即今入定放光現瑞之事，皆入智慧之門也。離言之道，唯佛與佛乃能究盡，非心識思量可到故，曰甚深無量，昔時曲說容可不悟，今特直示，尚爾茫然信乎，難解難入也。
5. 開權顯實妙：開三乘之權，顯一乘之實，以三車一車之淺，況三乘一道之深，說因緣久窮曠劫，策疲怠前至寶所。
6. 普授記別妙：說三周法，授三根記，普記現在，懸記未來，凡所見聞，無不成佛。
7. 佛慧平等妙：寶塔出現，樂說請問如來，三變淨土，卻染淨之執，入塔就座，除生滅之見，無去無來，無覺無觀，平等大慧，人人本具。

8. 開跡顯本妙：本門弟子，從地涌出，彌勒不識一人，執近跡疑遠本，父少子老，舉世不信，如來說壽量一品，開師門近跡，顯佛地遠本，如世良醫方便治子。
9. 六根清淨妙：五種法師，於此妙法會旨情忘，根塵兩淨，五種功備，六千德圓，妙法神功不可思議。
10. 智行相成妙：全經開示皆顯圓理，此理非智莫照，故先以文殊大智以創始非行莫證故，後以普賢妙行以成終。若夫起行造修在人自肯，如藥王焚身，觀音圓應等，皆是依圓理而起妙行，依妙行而成妙德，智行冥合，方成圓妙之果，所謂無不從此法界流，無不還歸此法界也。

(四) 教所被機：

已知此經，義理宏深，未委此經被何機宜，夫聖人說法，必有所為之機，機有通別。

(一) 通：則普收一切，如涅槃云，一切眾生莫不有心，凡有心者皆當作佛。
(二) 別：則揀其當機，若約尋常料揀，五種非機；謂樂著名相，以文為解者。繫滯行位，高推聖境者。情尚於空，觸言賓無者。自恃天真，輕厭進習者。固執先聞，擔麻棄金者。此五非機，反此皆機。謂合善於義，莫著於文，一念頓超，忘言默證，痛斥斷滅，策勵勤修，昔謬即離，今真實契若論。此經有十種機，前五非機。

1. 無信不住：無信即不信也。文云：「優婆夷不信。」四眾皆有此，舉重言「又不信之罪，眾罪之首。」如後經云，不信生謗，輕毀破法，乃至出法師過，輕笑等報是也。
2. 違真自去：違真即執俗也，文云：「優婆塞我慢。」亦舉重言「若聞而能說，我見未忘，亦是增長魔業。」
3. 乖實退席：乖實即就虛也，文云：「未得謂得，未證謂證，佛許說已，五千退去。」上三不堪大法。三止不說正為此也，三請許說此等即去。若論實行，眾中糟糠，佛威故去。若論權行，大權示現，為進增慢。
4. 狹劣種大：一切二乘，雖歷諸會，聞說大法，但念空無相等，尚不發大心，何況得自受持，機志雖劣，緣種未熟，佛意在大，皆為一乘。
5. 守權含實：謂三乘共教，菩薩隨宗所修六度之行，未聞一乘實相，守是權理。文云：「行菩薩道者，不見不聞此經，去阿耨菩提尚遠，因根未熟故。」謂非器時節若至，實理自彰，此五非機，佛不厭捨，開而誘之，熏其成種，不輕一號，遍記謗者，千劫受罪，罪畢復受，教化不信誹謗亦成善根，此法只恐不聞，逆順皆有益焉，後五是機。
6. 正為之機：一乘圓機，久修梵行，方堪領受是法。所謂此眾無枝葉唯有諸貞實，為此諸佛子說是大乘經。我記如是人，來世成佛道。說三周法，授三根記，乃至五百授記等，皆正為也。
7. 兼為之機：學無學二千人等，雖在學地，未得無學，今聞廢三歸一之妙，悟四果三乘之假，信得一乘圓理。一心觀佛，神與境會。心歡喜充滿，如甘露見灌，即兼為也。
8. 引為之機：即是求佛諸菩薩，大數有八萬。我見佛子等，志求佛道者，無量諸佛所，而行深妙道，即引為也。
9. 現為之機：即廣記也。文云：「天龍八部，四眾三乘，咸聞此經一句一偈，一念隨喜者，我亦與授記。」等。
10. 遠為之機：即懸記也。文云：「佛滅度後，得聞此經，一念隨喜，皆與授記。」等。在機則有是有非，在佛如海納流，一切眾生具有智慧，凡有心者，即是所為，法性圓成，感應道交，無非所被之機也。

(五) 教體淺深：

已知此經收機普遍，未委此經何為教體。

(一)清涼：判爲十種教體。
 1.音聲語言體，2.名句文身體，3.通取四法體，4.通攝所詮體，5.諸法顯義體，6.攝境唯心體，7.會緣入實體，8.理事無礙體，9.事事無礙體，10.海印炳現體。

(二)主峰：約之成四。
 1.隨相門：謂「聲」「名」「句」「文」與所詮「義」皆屬「相」故。依清涼通收四者，以「聲」爲教主，「名」者次第行列詮法自性，「句」者次第安布詮法差別，「文」者次第聯合上二所依。此「名」「句」「文」三者，屈曲爲聲上詮表，唯聲不能詮義，唯名句文則無自體，兼此四事是爲教體，以假實體用兼資也。此「聲」「名」「句」「文」若無所詮之義，同乎篇韻，殊無意，況若徒「義」無「文」，妙理憑何顯示。「文」隨於「義」，「義」隨於「文」，文義相資，乃成教體。今經始從如是，終至而退，是「聲」「名」「句」「文」爲體，其中所詮一乘實相，中道了義，是所詮之義。以是二者交相隨故而爲教體。

 2.唯識門：此「文」此「義」皆「識」所變，而有「本」「影」四句：
  (1)唯「本」無「影」：即小乘教，不知教法皆唯識現，謂如來實有說法故。
  (2)亦「本」亦「影」：即始教，以佛自宣說，若文若義，皆從妙觀察智淨識所現，名「本質」教。聞者識上所變文義名「影像」教，諸佛眾生互爲增上故。
  (3)唯「影」無「本」：即終教，以離眾生心，更無有佛，唯大悲大智爲增上緣，合彼根熟眾生心中現佛說法，是故佛教全是眾生心中影像。
  (4)非「本」非「影」：即頓教，非唯心外無佛，眾生心中影像亦空。以性本絕言，即不教之教。所謂尊者無說，我乃無聞，說聽皆無，唯識而已，是以「識」爲教體。

 3.歸性門：前以所變之萬境，攝歸能變之「八識」。今以所現之「八識」，攝歸能現之「一心」。謂此識無體，唯是真如，故下經云「是法不可示，言辭相寂滅」。故以「性」爲教體。

 4.無礙門：心境理事本自交徹。故「境」與「事」是隨相門，「心」是唯識門，「理」是歸性門。云交徹者，一心原有二門，真如即是生滅，故理不礙事，境心生滅即是真如，故事境心不礙於理，故以「無礙」爲教體。若會上十門，「隨相」攝前五，「唯識」攝第六，「歸性」即第七，「無礙」即後三。今此經者，本地甚深之奧藏，乃一化之根源，五時之極唱，以前四說融爲一味，方順圓宗自淺至深，攝盡眾生是屬。

(三)圓教：總以一乘「實相」，而爲教體，略示十義，以顯圓妙。
 1.入「實相」定：即入無量義處三昧也。無量義者，從一實相生無量法。眾集先說無量義經，經畢又入無量義定者，發實相妙法之端緒也。示於一事一理一動一寂之間，莫不具無量義，然後可入實相妙法，故此定爲實相定也。
 2.放「實相」光：即一光周互，全彰實相妙體也。圓現法界事相生佛始終，未說妙法，先現此瑞者，依智境示諸法實相也。文云：「今佛放光明，助發實相義。」故此光爲實相光也。
 3.說「實相」法：即世出世間諸法，性、相、體、力、本末究竟等一切諸法，不離此十「如是」，則一切諸法，無非實相。文云：「唯佛與佛，乃能究盡諸法實相。」又云：「諸法實相義，已爲汝等說。」故此法爲實相法也。
 4.開「實相」見：即「開」「示」眾生佛知佛見，合其「悟」「入」更無餘事。佛知見者，徹了實相真知真見也，然此知見本來清淨，但無明所覆，必假如來開示，而得悟入。一經所詮，不出「開」「示」「悟」「入」佛之知見而已。故經云：「如來如實知見，即爲開實相見也。」

5. 喻「實相」理：如火宅內等賜大車，使知無二無三，即喻廢權立實之理。乃至寶所，喻大乘繫珠，明理性。鑿井得水，喻聞法華等，無非多方開示，合人悟入一乘真理，故為喻實相理也。

6. 記「實相」果：既悟實相妙法，當成佛果菩提，故記大因大果。經劫供佛，行菩薩道，廓其大心，成就萬德，萬德具備，方成十號果佛。文云：「我以相嚴身，為說實相印。」是為記實相果也。

7. 示「實相」境：寶塔出現，顯示法身之象，三變淨土，全彰實報真境。所謂開方便門，示真實相，欲合眾生，知此見此，實相真境耳。故為示實相境也。

8. 悟「實相」心：心本無相，離諸虛妄。真實有體，不可破壞，無相之相，強名實相也。斯則由開示而了悟此心，因信解而當下頓證，故云：「安住實智中，我定當作佛。」是悟實相心也。

9. 修「實相」行：既悟實相妙心，當修實相妙行。果能三軌自持，四行自守，涉俗利生，無不安樂，如戰勝有功，而得髻珠之賞。故當修實相行也。

10. 具「實相」德：由前內悟妙心，外修淨行，內外清淨，實相之德備矣。故普賢勸發云，如來滅後，云何能得是經？如來答以成就四法，必得是經。

    (1)者諸佛護念，已得理無礙法界。悟入實相，開佛知見，故得諸佛護念。
    (2)者植眾德本，已得事無礙法界，繁興大用，一事一行，皆名實相德本。
    (3)者入正定聚，已得理事無礙法界，寂照不二，故名實相定。
    (4)者發救眾生之心，已得事事無礙法界。發起普門事業，救脫眾生，各得證入實相，故得是名成就。此四為具實相德也。若論一經所顯，一事一理一句一字，乃至彈指謦欬，無非實相妙法。故此經以「實相」為體。

㈥宗趣通別：

已知此經「實相」為體，未委宗趣何如。語之所尚曰「宗」，宗之所歸曰「趣」。通論佛教以因緣為宗，所謂因緣故，生滅因緣故，即空因緣故，即假因緣故，即中一正因緣揀異無因邪因，故因緣攝盡一代聖教。清涼十宗，自我法俱有，至圓融具德，後後前前次第淺深，詳具「華嚴懸談」。今觀此經，總顯師弟本跡因果共為一經宗趣。但不同他部，局在本經，華嚴但舍那釋迦為本跡。菩薩亦有本跡，聲聞不聞不解，故無本跡。今經發聲聞有本，本有因果，示為二乘，跡中因果，發佛之跡，王宮生身道樹法身生，乃至中間生法二身，悉皆是跡，但取最初先得真應名之為本。故師弟本因本果，與餘經迥異。別顯十義五對以明宗趣。

㈠智行一對：謂以智照理為因，以行成德為果。
㈡心境一對：謂悟實相心為因，證實相境為果。
㈢位號一對：謂授法師位為因，記法王號為果。
㈣行德一對：謂三軌四行為因，二智十如為果。
㈤體用一對：謂開跡妙用為因，顯本真體為果。已上皆因為宗，果為趣，一經始終不離因果，故以一乘「因果」為此經宗趣也。

㈦部類品會：

已知此經宗趣沖深，未委部類品會凡有幾。幾言部品者一經三譯故成三部。

㈠正法華：十卷二十八品。
㈡添品法華：八卷二十七品。
㈢今妙法蓮華經：文成七軸二十八品。

言類者不同其部，而同其類。如世昆弟不同其父而同其祖，亦名比肩相為等夷。此經與華嚴同宗是其類也。如華嚴遮那品，有四遮那佛出世，是引古證今，與此序品大同小異。諸聖寄

位一周與此三周授記大同。世主妙嚴品，顯遮那自性因果，與此經如來自敘往昔行因得果同。如來壽量阿僧祇品與此開跡顯本同。入法界善財一生圓證與此龍女嚴王一生親證同。離世間是諸佛道後普賢行門與此經普賢勸發四行大同。也會說此經兩處三會，一處在靈鷲山，一會也。二處在寶塔中，接大眾在虛空，二會也。三復至鷲峰，三會也。

(八)傳譯感通：

已知此經部類品會不同他部，未委此經譯自何時，讀誦受持，有何感通。傳譯如下，序明言感通者，李山龍日誦兩卷，死見閻君，請讀一題，免眾囚苦，則七日而甦。釋道裕生讀千遍終告慧，廓埋地十年，舌根不壞，則起塔供養。嚴法華，贖龜放生，烏客五十送錢還家。尼法信寫經精誠，法師請講，不見一字。窗雞聽法，立脫毛羽之狀。山牛嗅經，坐亡戴角之形。若夫誦一行而消山嶽之罪，聞一句而得菩提之果，事跡昭彰，備於傳記，茲不繁引。

(九)總釋名題：**妙法蓮華經**

發秘密之奧藏稱之為「妙」，示權實之正軌故號為「法」，指久遠之本果喻之以「蓮」，會不二之圓道譬之以「華」，聲為佛事目之為「經」，乃如來自命之題也。按七種立題法，妙法是法，蓮華是喻，是以法喻為名。今釋先判通別，次釋題目。判通別者，妙法蓮華名異眾典，謂之別。稱之為經，謂之通。若約教行理而判者，夫教本應機，機宜不同，故教部各別是教別。一音演唱，同是佛說是教通。又昔稟化他權實，四時設教，四味不同是教別。今稟自行權實，開前四味，同入佛乘是教通。此教之通別也。一音說法，隨機得解，依解起行，故三草二木之行位不同是行別，同入法性是行通。又如五百比丘各說身因是行別，三十二士入不二門是行通。今經乘是寶乘，遊於四方是行別，直至道場是行通，此行之通別也。理則不二是為通，名字各異謂之別。故智度論云：「般若是一法。」佛說種種名，或言實相，或言寶所，或言實事，或言知見，大乘家業平等大慧等是為別。同是一法，謂之通，此理之通別也。次釋題目者，若從義便，當先法次妙，故曰我法妙難思。若從名便，則先妙次法，故曰妙法蓮華。如美其人曰妙人。若無其人，何所稱妙。必先有人，而後稱妙也。題從名便，故先云妙，釋從義便，故先解法字。

㈠法即十界。十如權實之法，不出三種。1.眾生法，2.佛法，3.心法。如是三法元是一心，本無眾生，及於諸佛。只因迷悟有差，所以生佛有異。妙字是能讚之辭，讚上三法皆妙法也。

1. 眾生法者：因迷有，故以不了真如法一，妄受五蘊色心，雖為垢衣所纏，其性本來淨妙，且如孩提之童，唯愛乎親，若見餘人，發聲啼哭，及其長也，外受五欲，內馳一心，隨念攀緣，心生形取，如眼見色心馳乎色，乃至行住坐臥折旋俯仰無不隨心運轉。其見聞覺知真實妙性，本來不生不滅，眾生迷而不知，如來出世原為開示眾生本妙知見，知見一開，則一切色是佛色，一切聲是佛聲，此眾生法，何其妙哉。

2. 佛法者：佛乃大覺聖人，覺出世法，本來寂滅，性相常住。循業發現，十界差殊，而十法界，九界皆權，佛界為實。如造上品惡因報在地獄，中品惡因報在餓鬼，下品惡因報在畜生。修下品善因感人趣，中品善因感修羅趣，上品善因感天趣。說四諦法證聲聞果，說因緣法證辟支果，說六度法證菩薩果，此九皆權，不得云妙。唯一佛界，方始云妙，以證窮果海無有與等。唯佛乃能究盡諸法實相，所謂諸法有如是相，如是性等。窮十法之源，底盡十法之邊際，明識眾生，種非種，芽非芽，熟不熟，可度不可度，如實知之，此佛法何其妙哉。

3. 心法者：以十法界，千差萬別唯一心造，此心能相，能性，能凡，能聖，能善，能惡，能佛，能眾生，故曰心如畫工師，作種種五蘊。特人不自觀心，若能修攝其心，觀一切法，本來不動不退不轉，如虛空無所有性。觀心無心，法不住法，當下了悟，當下解脫，如大圓鏡，普照十方，此心法何其妙哉。佛無別法，即心是佛。心不自心即眾生心，心佛與眾

生是三無差別，此三非三，即一非一，非三非一，即三即一，以此三法，不可心思，不可言議，故稱為妙。文云：「是法不可示，言辭相寂滅。」又云：「止止不須說，我法妙難思。」是也。

㈡十妙門：約本跡二門皆具十妙跡門。十妙者：
1. 境妙：境有多種，有十如是境，十二因緣境，四諦境，二諦境，三諦境，一諦境，無諦境。如上諸境是諸佛之所證。文云：「難解難入之法，唯佛與佛乃能究盡。」諸法實相者，境妙也。
2. 智妙：有世間智出世間智，皆自一切種智之所出。諸佛智慧無上，一切所不能及。文云：「甚深微妙法，難見難可了，唯我知是相，十方佛亦然。」者，智妙也。
3. 行妙：一行一切行，一了一切了，方為妙行。文云：「無量諸佛所，而行深妙道。」又云：「盡行諸佛無量道法」者，行妙也。
4. 位妙：位者，行之階，進之級也。但有權實，布在眾經。今經圓位不落階級。文云：「乘此實乘，直至道場」者，位妙也。
5. 三法妙：三法即三軌，(1)真性軌，(2)觀照軌，(3)資成軌。名雖有三，其實一大乘法耳。文云：「如其所得法，定慧力莊嚴」者，三法妙也。
6. 感應妙：感是眾生之機，感應是如來之赴。應有四句感應，三十六句感應，二十五句感應。四句者冥機冥應，冥機顯應，顯機顯應，顯機冥應。一句復開四句，謂冥機顯機，亦冥機亦顯機，非冥機非顯機。四四十六，機有十六，則應亦有十六，為三十二加根本四句，故成三十六句。二十五者以二十五王三昧應於三界，二十五有也，有有皆有。三十六句如一月在天，影含眾水，水不上升，月不下降，一月一時，普現眾水，諸佛不來，眾生不往，慈善根力，法爾如然。文云：「脫珍著弊師資道交」，此感應妙也。
7. 神通妙：神謂難測，通謂無礙，如來天心慧性難測無礙故。文云：「入於無量義處三昧」者，神通妙也。
8. 說法妙：諸法寂滅相，不可以言宣。有因緣故，亦可得說。所以四十年前，隨他意語皆屬權巧，今經隨自意語廢權立實。文云：「正直捨方便，但說無上道」者，說法妙也。
9. 眷屬妙：說法被機成法眷屬有五：
   (1) 理性眷屬：一切眾生皆有佛性，理性相關皆是子義。
   (2) 業生眷屬：自大通時，覆講結大乘父子之緣，或現在得度，未來成熟者是也。
   (3) 願生眷屬：先世結緣未得斷苦，發願生於佛世，或作內眷，因之受道。若得度者，成法眷屬。未得度者，法外眷屬是也。
   (4) 神通眷屬：先世值佛，發真見諦生猶未盡，或在上界或在他方，以神通力來生此界，為冤為親，輔佛行化者是也。
   (5) 應生眷屬：華嚴云。佛初托胎，諸法身大士侍衛下生散降餘胎，作親中冤引諸業者，如淨飯摩夜乃千佛父母。羅云是千佛之子。調達是善知識。諸聲聞等內秘外現者是也。如是眷屬前後圍繞，群臣豪族，剎利居士，如雲籠月者，眷屬妙也。
10. 功德利益妙：三周得記，諸品獲益，見光聞法，皆不唐捐。文云：「不合有人獨得滅度，皆以如來滅度而滅度之。」者，功德利益妙也。

㈢本門妙：本門十妙者。
1. 本因妙：我成佛來，復過於此百千萬億那由他阿僧祇劫，如此證果之時，溯而推之，至於本初發心之時，必修圓妙之因，為本因妙。
2. 本果妙：本初所行圓妙之因，證得常樂我淨之妙果。因既久遠，果亦稱之。故塵劫已來，磨古磨今，而本無移易，為本果妙。

3. 本國土妙：自行是來，我常在此說法教化，昔日之娑婆即今日之忍土，眾生之穢邦即諸佛之淨域。故曰我淨土不毀，我此土安隱。昔本非古，今亦非今，無古無今，而家山常在，是本國土妙。
4. 本感應妙：古今既常在此說法教化，必有能感之機。當知今之機，由昔之機。昔之應即今之應，是本感應妙。
5. 本神通妙：神謂天心，通謂無礙，天然之性，通古通今，通自通他，塵點劫前，宛同今日。無邊剎海不隔毛端，所以彈指欬聲動大千界，爲本神通妙。
6. 本說法妙：既曰我常在此說法，不惟水流風動，塵說剎說，乃至盡未來際，虛空口大地舌，莫非本地之說法，爲本說法妙。
7. 本眷屬妙：下方之來，補處不識一人，亦不知其數目，多眾成少，少眾成多，數尚不知，況其人耶。又下方，弟子尚不知，況上方耶，況八方耶，是本眷屬妙。
8. 本涅槃妙：從本以來，處處現生，本實非生。數數現滅，本亦非滅。非生現生，本何益焉。非滅現滅，本何損焉。昔本不生，今本不滅，不滅不生，而現生滅，是本涅槃妙。
9. 本壽量妙：佛無壽者相。所以壽，無量法性之身，超出劫濁，誰論壽命，方便爲說。本行菩薩道時所成壽命，今猶未盡，是本壽量妙。
10. 本利益妙：如今之成熟者，由於大通時，覆講之益，然六百八十萬億恆沙之眾，獲益豈無先世之緣哉。若非有益，安得覆講而得度。當知今世之得益，又待後世之成熟。況後世之得益，豈無成熟之時哉。如是諸佛三世益物，化化不絕，是本利益妙。

妙義無窮難以盡演，約教則機應妙，但以一乘法，教化諸菩薩。約理則性相妙，觀十法界，一界十如，十界百如，百界千如。約行則因果妙，但有聞法者，無一不成佛，以是題名故。

(十) 別解文義：

曰妙法蓮華者，以妙法幽微，假喻易彰，諸有智者，以譬喻得解，故借物以明法也。問。通部七喻，皆有開權顯實之義，當喻妙法，何獨取蓮華而立題耶。答。蓮華爲總，七喻爲別，以總攝別，法喻爲名也。有云蓮華非喻，當體得名，例如劫初萬物無名，聖人觀理準則立名，今蓮華之稱，即是法華三昧當體之名。謂此法華法門清淨無染因果微妙，故名妙法爲蓮華耳。今作法喻爲釋，以蓮華喻上妙法，不可求其幽玄，如扇喻月不可求其明暗，如月喻面不可求其眉目，是不得已而借喻以顯妙法也。問。「華」有多種必取喻蓮華者，何也？答。有粗妙故，如狂華無果，喻外道法空修無獲。或一華多果，喻凡夫之獨奉其親，而報在梵世。或多華一果，喻聲聞修種種行止得涅槃。或一華一果，喻緣覺一遠離行，亦得涅槃。或前果後華，喻初果卻後修道。或前華後果，喻菩薩先借緣修生後真修，此皆粗華粗果不堪喻妙法。唯此蓮華在淤泥而不染，出水清香遠徹，喻實相在纏，其體本淨，出纏圓明，則名聞十方。又爲蓮，故華喻爲實施權，文云：「思唯是事已，即趣波羅奈。」等。華開蓮現，喻開權顯實，文云：「十方佛土中，唯有一乘法，無二亦無三，唯此一事實，餘二則非真。」等。華落蓮成，喻廢權立實，文云：「正直捨方便，但說無上道。」等。又爲蓮，故華喻從本垂跡，文云：「我實成佛已來久遠若斯，但以方便教化眾生令入佛道。」作如是說。華開蓮現，喻開跡顯本，文云：「皆謂今佛出釋氏宮，去伽耶城，坐道場，成菩提，我實成佛已來，無量無邊」等。華落蓮成，喻廢跡立本，文云：「諸佛法皆如是，爲度眾生皆實不虛。」如上粗妙權實本跡，種種義便，故以蓮華，喻上妙法。所云妙法非去粗取妙，蓋即粗以顯妙也。所云一乘非離三說一，蓋會三而歸一也。即粗顯妙，猶蓮之即染而淨。會三歸一，猶蓮之自華而實法。喻雙彰名實並顯，故名妙法蓮華焉。「經」是能詮之文，具貫攝常法，四義貫如線貫。「華」乃貫穿所應知義，攝如經持緯乃攝持所化眾生。「常」者不變義，三世不易爲常。「法」者軌持義，十界同軌曰法。廣如前釋，能所合成，故曰「妙法蓮華經」。（轉載自原書）

五、妙法蓮華經弘傳序

唐朝終南山釋道宣述

妙法蓮華經者，統諸佛降靈之本致也。蘊結大夏，出彼千齡，東傳震旦三百餘載。西晉惠帝永康年中，長安青門，燉煌菩薩竺法護者，初翻此經，名「正法華」。東晉安帝隆安年中，後秦弘始，龜茲沙門鳩摩羅什，次翻此經，名「妙法蓮華」。隋氏仁壽，大興善寺，北天竺沙門闍那笈多，後所翻者，同名「妙法」。三經重沓，文旨互陳，時所宗尚，皆弘秦本。自餘支品別偈，不無其流，具如序歷，故所非述。夫以靈嶽降靈，非大聖無由開化，適化所及，非昔緣無以導心。所以仙苑告成，機分小大之別。金河顧命，道殊半滿之科。豈非教被乘時，無足囋其高會，是知五千退席，為進增慢之儔。五百授記，俱崇密化之跡，所以放光現瑞，開發請之教源。出定揚德，暢佛慧之宏略。朽宅，通入大之文軌。化城，引昔緣之不墜。繫珠，明理性之常在。鑿井，顯示悟之多方。詞義宛然，喻陳惟遠。自非大哀曠濟，拔滯溺之沈流。一極悲心，拯昏迷之失性。自漢至唐六百餘載，總歷群籍，四千餘軸，受持盛者，無出此經。將非機教相扣，並智勝之遺塵。聞而深敬，俱威王之餘績。輒於經首，序而綜之。庶得早淨六根，仰慈尊之嘉會，速成四德，趣樂土之玄猷。弘贊莫窮，永貽諸後，云爾。(轉載自原書)

(編註：道宣律師曾撰法華義苑，唯此序在。師於西元667年入滅於長安西明寺，一眾皆聞天人請師歸彌勒內院，諡號「澄照大師」。唐穆宗讚師：「代有覺人，為如來使，龍魔歸依，嶽神奉侍，聲飛五天，辭驚萬古……」)

六、提　綱

清朝・大義和尚識

前言

　　菩提場中悟此法已，即欲以此惠施眾生，奈何根器不堪，雖知根鈍且稱本懷，演大華嚴獨被上根，中下在座如聾若啞。不得已而為，實施權說四阿含小教，諸子保證偏空，次以方等彈斥，又以般若淘汰，四十年內，東語西話牽藤引蔓，循循善誘節節調停。只至於今時至機熟，靈山高會人天百萬，三乘賢聖，八部該羅，若萬派以朝宗，似群星而拱北。世尊欲令轉新條掀翻舊案，但說法既久慮不尊重，故現種種瑞相駭變。常情先說經，次入定，天雨四華，地搖六動，大眾一心觀佛，如來眉際分輝，放白毫相光，照東方萬八千世界，上至有頂，下至無間，一方既爾，方方皆然，於一光中，圓現十法界生佛事相始終，將一卷離言法華，不啟唇皮，呈現諸人面前。

(一)序分

　　無奈大眾，只知雨華者，天震動者，不肯回頭轉腦，何孤負如來這番鼓動矣。由是彌勒騰疑，睹光中瑞相。而請問文殊，文殊領答，引燈明事蹟，證今佛瑞相，二大士隱明示暗，曲唱傍通，佛未出定，法未出口，引例攀條，將今佛出世本懷，罄盡無餘。及佛出定，又何有別法之可說哉，此品為序分。

(二)正宗分

　　自方便至不輕，十九品為正宗。然如來出世本懷，為一大事因緣。所謂一大事因緣者，開示悟入一切眾生，佛知佛見故也。正宗就分四章，自方便至法師九品，為開佛知見。寶塔天授二品，為示佛知見。持品至壽量四品，為悟佛知見。分別至常不輕，為入佛知見。

(一)開佛知見

　　第一開佛知見之中，文分三周，由前入定放光，直欲會眾目睹親證，默契不言之表。奈何根鈍，頭迷不達離言之道，故我世尊出定，稱歎諸佛權實二智，歎到恰好處，乃云止，舍利弗，不須復說，所以者何，諸佛所得之法，是為甚深微妙難解，第一希有無上無等之法，一切聲聞所不能知，唯佛與佛乃能究盡諸法實相。隨又拈轉話頭，乃至諸佛法，久後要當說真實。言中有響，鉤頭著餌，由是千二百聲聞，興疑作念，當機三番申請，如來許以分別解說。

1. 法說一週，被上根：

　　向下廣開三顯一，若過去未來現在一切諸佛，出現於世唯為一大事因緣，更無餘事，實不先三後一。只因鈍根，將一乘道，分別說三，蓋為小智樂小法，不自信作佛。是故以方便分別說諸果，正明三乘是假，又云今我喜無畏，正直捨方便，但說無上道，正顯一乘是實，佛佛道同，先佛既爾，今佛亦然，先三後一，率由舊章而已。

　　約人但教化菩薩，無聲聞緣覺，約理唯此一事實，餘二則非真，約教十方佛土中，唯有一乘法，約行諸有所作，常為一事，長行偈頌發揮已竟，當機言下知歸，出班領解，序昔年疑悔，顯今日解悟，如來與之述成，證以領解，不虛授以劫國莊嚴之記，是為法說一週被上根也。

2. 喻說一週，被中根：

　　奈中下之機，抱迷未遣，身子自解已圓，悲他未悟，代為啟請世尊，不免動樹訓風，舉扇類月，故有譬喻之談，將世間長者，比出世如來，三界喻家，一乘教理喻門，五道眾生喻

五百人，五濁八苦喻火，三十子喻三乘，長者見大火從四面起，即大驚怖愴惶無措。思惟救子之方，先以身手几案救之，不得，然後巧設門外三車，誘引諸子得出火宅，不與三車，各賜諸子等一大車。問其當機，審定不虛，正合如來在法身理地，以佛眼觀見眾生，為五濁八苦之所燒煮，戀著戲處，不求出離，向今時門頭，應化三界。先以微妙大法，擬宜根器不堪，然後巧說三乘，逗會時機，只至今經，開三乘之權，顯一乘之實。等賜諸子，不令有人獨得滅度。其猶長者先三車而後一車，了無虛妄之咎也，然此一喻，是如來縱無礙之辯，明三界生死之苦狀，令人極生厭離，長行偈頌已竟，四子異口同音說窮子一喻，始自父子相失相見，終至領付家業，序如來一代時教，始自華嚴終至法華，序事有條，序理按時縱散之談，極盡精詳。

故如來以藥草述成，先歎四子善說，謂窮子一喻，將如來一化始末，發揮殆盡，可謂善說矣。然如來功德，不特此也，復有無量無邊如一相一味教法，等施大千有教無類，差別在機，若一雲一雨，三草二木，不隔枯榮，豈一窮子喻，而罄盡如來功德哉。雖然汝等亦甚希有，以能解得四十年中隨宜說法故也，四子得記，是為喻說一周，被中根也。

3. 因緣一週，被下根：

向下無問，自說於偈中，先開宿世因緣之談，我諸弟子威德具足，其數五百，皆當授記，於未來世，咸得成佛，我及汝等，有宿世因緣，今當說之，故有化城喻品，為下根說因緣也。結緣之由，由於塵點劫前，大通成道，王子諸天，雲集智佛，酬機說法，然後入定，禪寂王子，默契佛意，各升法座，覆講妙法，各各得度，六百萬億恆沙之眾，自爾已來，結緣之眾，世世相值，有先世成熟者，有今世成熟者，如漁人捕魚，前網前獲，後網後獲，只至今日，四十年後，法華高會，開權顯實，會三歸一，結大通時未了之公案，暢此番降靈之本懷故。

說化城虛設，為止息疲勞之眾，以明三乘是假，寶處在近，令諸子欣樂前進，以明一乘是實，由是五百弟子得記歡喜。說繫珠一喻，以酬因緣之開示千二百聲聞，二千學無學，各蒙授記，是為因緣一周，被下根也。

三周授記已竟，猶恐收機不盡，又於法師品，廣記懸記，四眾八部，歡喜踊躍，識心作佛，故此九品為開佛知見也。

㈡示佛知見：

第二示佛知見者，由前諸子得記，唯恐染淨生滅等執不除，故假多寶願塔涌現其前，塔中出大音聲歎言，善哉釋迦，能以平等大慧，教菩薩法，佛所護念妙法華經，為大眾說，如是如是。樂說請問因緣，如來與之雲集分身，三變淨土除染淨之執，開寶塔門，示真實之相，入塔就座，無去來生滅之見，唱滅募人要以斯文不墜。又說天授一品，達多通經，釋迦資之成道，文殊弘經，龍女因之成佛。正顯妙法神功無冤無親，不論男女人畜，平等大慧人人本有，故此二品為示佛知見也。

㈢悟佛知見：

第三悟佛知見者，由前寶塔品，募人通經，以妙法付囑有在，故持品藥王與二萬大士，發願在此娑婆世界弘通此經，一萬二千新記之聲聞，自知道力未充，畏娑婆之難調難伏，發願於他方世界弘通此經，若此土若他方，分等定款不愜聖意。故世尊以青蓮目顧盼，八十萬億那由他菩薩，諸大士默契佛心，願在此土他方周旋往返，弘通此經。住於忍辱之地，縱有惡世比丘，諂曲不實，假名練若，好出我等過數，數見擯出，如是之輕賤毀謗，念佛忍受，然忍難弘經，固為盡善，不若以無難為美。忍諸難於已然之後，不若杜諸難於未然之先。所以文殊忍俊，不禁請問世尊，於惡世中云何能說此經，謂得何法，而遠離一切諸難事也。如來示以四安樂行，「身安樂」住忍辱地，遠離一切惡人。「口安樂」不說他人好惡長短。「意安

樂」平等說法教化眾生。「誓願安樂」隨眾生住於何地，皆以神力慧力引之，合得住是一乘之中。弘經法師，果能三軌自持，四行自守，則無入而不自得焉。

向下廣讚此經神妙，如王頂上明珠，不妄與人。先所未說，而今說之。求佛道者，欲得安隱，當親近如是四法，轉三種障，八相成道。有此利益故，他土菩薩數過八恒河沙，啟白於佛，願在此土，廣說此經，如來止而不許。以既是他方菩薩，此土結緣事淺，若住此教化，失本利益，我娑婆自有六萬恒沙菩薩，一一各有六萬恒沙眷屬，是諸人等，能於此土護持，廣說此經。所謂是我弟子，應弘我道，善繼善述，子承父業，必然之理也。如來一命，當爾之時，三千大千世界地皆振裂，有無量無數菩薩，同時涌出，各詣虛空，禮二世尊，種種讚法，而讚於佛。四導師出班問訊，如來歎云，善哉，汝等能於如來，發隨喜心。

由是彌勒率八萬恒沙菩薩，騰疑致問，是諸菩薩修習何道，何因緣集，師為是誰，誰之弟子，我於此眾中乃不識一人。佛告彌勒，是諸菩薩，修習佛慧，悉是我化，是我弟子。向下動其執近之情，乃云我於伽耶城菩提樹下坐，得成佛道，乃教化之。又云我今說實語，汝等一心信我，從久遠來，教化是等眾。彌勒再疑，說父少子老一喻，執近跡而疑遠本，故有壽量之談，開師門之近跡，顯佛地之遠本。

三誡令其誠聽，三請極盡殷勤。乃告之言，汝等一切天人，阿修羅，皆謂今佛出釋氏宮，去伽耶城不遠，坐於道場，得成菩提。然善男子，我實成佛已來，經無數無邊塵點劫前，自從是來，常在此界說法教化，名字不同，形聲二益，教化眾生，非生現生，非滅現滅，諸所言說，皆實不虛。如世良醫，為治狂子，方便現生，方便現滅。無非令諸眾生，入無上慧，成就佛身也。如是開顯法會大眾，悟得毘盧性海，佛地遠本三世益物，法身常住，無古無今，空劫已前，未為始盡，未來際猶未終。佛之知見，極盡窮源，故此四品，為悟佛知見也。

(四)入佛知見：

第四入佛知見者，由前說壽命長遠，三世益物，化化不絕，法會大眾，證得法身，真理深信，解相妙悟已極，個個入佛知見，有證入解入之不同。故如來分別功德，或得生忍，或得總持，或得辯才無礙等，或一念信解，或深心信解，有直起隨喜者，有加受持者，勸人受持者，兼行六度者，備行六度者，所得功德一一格量已竟。未盡其極，又以一念隨喜，隨其所聞，喜為人說，展轉相傳，至第五十人，得六根清淨，何況受持讀誦等。其功德愈校，愈不可窮矣。又以五種法師，持說此經，會旨情忘，根塵兩淨，五種功備，六千德圓。六根互用之妙功德，豈可涯量。不輕一品，如來引自往昔之事，虛心弘道，忘己利物，一聲佛號遍記四眾，見人則拜，逢瞋不怒，打罵謗毀，歡喜忍受。非入佛知見，深達實相，人法兩空者不能。故此四品，為入佛知見之文。

(三)流通分

正宗已竟，向下八品為流通分。以正宗既竟，本懷已彰，故如來現大神力，嘉讚經德發起群心，將此一卷妙法，遍空遍界，顯說密說，塵塵剎剎，一切大眾，見聞信解，大喜充身，故有神力之談。嘉讚已竟，應當付囑，使道統相傳，斯文不泯。當知末世之下，陞堂據座，弘通大法者，是諸佛一片慈悲之禍，祖禰不了，殃及兒孫，遞代相續，故也付囑已竟，猶恐新得記者，自恃天真，怠於進修，故以藥王之苦行，妙音之弘宣，觀音之普門，神咒之護魔，嚴王之轉邪，普賢之四行，勖勉大眾。為法當如藥王苦行，弘法當如妙音觀音，護法當如神咒之降魔，修行當如嚴王之轉邪，勸發必如普賢，要祈四行成就審如是，則妙法流傳，無有窮已。而今而後，宣演大法者，孰非法華之付囑哉。夫妙法絕待，本無言象，智行差別，故多註述，既有多註，安逃取捨，欲會旨趣，須究其概，輒錄其要，以提其綱。云爾。

康熙歲次乙亥四月十八日中州滎澤櫟村大義識

(轉載自原書)(編註：本文約於西元1695年)

《法華經》的簡介
七、印海法師代序

日本田村芳朗　著
美國法印寺印海長老譯

一、法華經之成立

佛教的誕生　佛教之教主釋迦牟尼佛出現於印度，在西元前五百年左右。釋迦(sakya)是音譯，是現今尼泊爾一王族之名稱。以彼出生於王族之王子，所以加用王族之名為名。姓喬達摩「Gotama，瞿曇」，名為悉達多(siddhattha)。

釋迦佛覺悟到宇宙人生之真理，所以稱為佛陀(buddha)。佛陀，略稱為佛，覺悟的意義。又，釋迦佛徹悟到真理，所以被尊稱為佛陀。

可是，值得驚嘆的！釋迦佛出現於世時，印度的思想界，關於人生問題，也有很多不同的考量，歸納起來，有六十二種見解，有九十六種外道。如《法華經》之〈方便品〉中說：「邪見之稠林，若有若無等，依止此諸見，具足六十二」。釋迦佛對於此等諸說以智慧比較、檢討，於此人生宇宙問題上建立了佛教。佛教以深遠的思想，樹立起理智宗教，解說人生、宇宙之現實。

經典之編集　釋迦自開悟成佛後，巡迴於各地教化人群。釋迦的後繼者弟子們耳聞教法而受持，互相確定、整理經典而編集起來，稱之為結集。後來，於中有數次結集，確定經典之卷數，對這些經典是否是釋迦佛之真意有了論爭，也發生了不少部派之分歧。釋迦後繼者，開始是為原始佛教時代，不久，分歧為種種部派時代，稱為部派佛教時代。約在西曆前二五〇年前後之有名阿育王之頃為部派分裂，大約一五〇年之間，即西元前一百年頃分裂結束，所謂是二十部，成立為部派佛教。

在西元之前後，在這時佛教產生改革運動，此一運動在人的方面，將部派佛教真理分別為小的(個人的)乘物，即評為小乘佛教，以自己所開展佛教運動稱為大乘佛教，這是說明在真理上為(多人的)很大的乘物。總之，在前者佛說雖然是釋迦佛之真意，或者不是釋迦所悟的真正的要義而加以批判，檢討修改釋迦之教說，使能理解到釋迦所說明真正之理論。於此，又編集經典，所謂大乘經典。從此以後，時代有了進展，出現了各種大乘經典，其中《法華經》，是西曆五十年頃至一百五十年之間，考量到是整理出現在的這部經典。

二、《法華經》之各種版本

漢譯諸本　首先，介紹《法華經》之漢譯本與有關原典，《法華經》之漢譯，有全譯本及部分譯本。今發現記錄多數是關於全譯本有六種，是三存、三缺，但也不是全然可信的。總之，現存漢譯本，是西元二八六年竺法護譯之《正法華經》十卷二十七品。其次是四〇六年鳩摩羅什(三五〇－四〇九)譯之《妙法蓮華經》七卷二十七品(後來是成為八卷二十八品)，最後是六〇一年闍那崛多與達摩笈多共譯《添品妙法蓮華經》七卷二十七品，總共有三譯。第三譯是補訂第二羅什所譯本。

以翻譯年代看，竺法護之譯本為最古；然而，並沒有決定性的使用此竺法護最古所譯之原典。在三種譯本中，以羅什之譯本為名譯，所以為現代人所愛使用。

又，後來有曇摩伽陀耶舍譯(四八一年)之《無量義經》作爲「開經」，曇摩密多(三五六－四四二)之《觀普賢菩薩行法經》作「結經」，附加於《法華經》之前後，被稱爲「法華三部經」。

原典寫本　關於原典之寫本是近代從尼泊爾、克什米爾、中亞(西域)所發現的。完成此一工作者，是英國洪基森(B. H. Hodgson－八〇〇－－八九四)，當彼擔任英駐尼泊爾公使之時，收集到佛典梵語寫本，在偶然機會中特別獲得到《法華經》之寫本。以後一直到現今，又發現到不少法華原典寫本。

大致來分，有尼泊爾系之寫本與中亞系之寫本，尼泊爾系寫本是完整寫本，中亞系寫本多屬斷片的。說明這些都是古代寫本。大致說，尼泊爾系是十一世紀以後，考量到中亞系是以前之時代。一九三一年，在克什米爾之基羅基多地方也發現到《法華經》之原典寫本，可以推定此是五、六世紀之筆寫本。如果是這樣，此應爲現存佛典中最古之寫本了。

又，前說之鳩摩羅什，出生於中亞之龜茲(現之新疆省庫車縣)，後來歸化爲中國人，因此，彼之翻譯所用之原典寫本，想像得到是中亞系之寫本罷！

中亞系之寫本，是用笈多(Gupta)文字所書寫，從一九〇八年至十二年由荷蘭之印度學、佛教學者甘羅恩(H. Kern)與日本之南條文雄用帝哇‧拉卡利文字出版《法華經》之原典。這是尼泊爾系諸本，並加以中亞系之賓多羅普司克一本等參考校訂。

如此，同時用原典寫本作整理，而校訂出版，又試以法譯、英譯及日譯而刊行問世。也有藏語譯本以及其他各國語譯，非常珍重！

三、本經的特色

傳統的區分　漢譯本中因爲專門使用鳩摩羅什譯之《妙法蓮華經》譯本，所以用此本作爲解說。羅什所譯本經之當時，沒有「提婆達多品」，只有七卷二十七品。後由天台智顗大師(五三八－五九七)插入此「提婆達多品」爲第十二品，共爲七卷二十八品，到了八世紀之中唐成爲八卷二十八品，以至於現在。

又，在傳統的《法華經》是在「安樂行品」第十四與「從地湧出品」第十五之間區分爲二。這是最初羅什之弟子道生(－四三四)。道生將前半部分稱爲因門，後半部分稱爲果門。因門是說明一乘之眞理(眞實法輪)；果門是說明常住之生命(無餘法輪)。光宅寺法雲(四六七－五二九)接受道生之解釋，其定義因門爲「開三顯一」；果門是「開近顯遠」。

「一經三段」

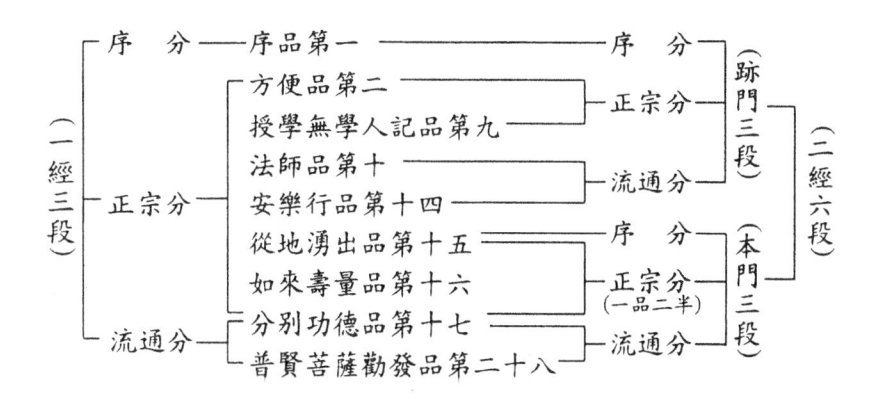

```
                ┌ 序　分 ── 序品第一 ────────────── 序　分 ┐
                │         ┌ 方便品第二 ┐                          │（跡
                │         │ 授學無學人記品第九 ├── 正宗分          │ 門
（一經           │         │ 法師品第十 │                          │ 三
 三段）── 正宗分 ┤         │ 安樂行品第十四 ┘── 流通分             │ 段）（二
                │         │ 從地湧出品第十五 ┐── 序　分            │     經
                │         │ 如來壽量品第十六 │── 正宗分            │（本 六
                │         │ 分別功德品第十七 │   （一品二半）      │ 門 段）
                └ 流通分 ─┤                 └                     │ 三
                          └ 普賢菩薩勸發品第二十八 ── 流通分        ┘ 段）
```

「法華經」表解 P A-20

「開三顯一」者，其意是將三乘之真理統一為一乘。「開近顯遠」者，說明出生印度之釋迦佛，實在就是永遠常住之佛。

創立中國天台宗之天台智顗大師接受此因果二門，調換改成為「跡門」與「本門」，於是，進而將本經之構成組織，詳細分類為序分、正宗分、流通分。關於《法華經》之全部經文一經分為三分，在跡門、本門中各各又有三分，即跡門之三分及本門三分，加在一起，稱為「二經六段」。

三種要素、三種特色 將《法華經》之中間的「安樂行品」第十四與「從地湧出品」第十五之間分截成二段之理由是：前一半中，以看出因為「方便品」第二為中心說明統一宇宙的真理(一乘妙法)。後一半中，看出因為以「如來壽量品」第十六為中心說明久遠的人格之生命(久遠本佛)。事實上，「方便品」中所說出「十方佛土中，唯有一乘法，無二亦無三」。總之，所強調的不是總合，統一了二乘(聲聞乘、緣覺乘)之三乘(二乘、菩薩乘)而才有的一佛乘。在真理所成立的大乘是唯一的，說明其真理也是統一宇宙萬物根本之大法。若在另一方面表現此妙法，可以稱為無上道或第一義等。

本經之後半部的中心思想，所表現為久遠人格的生命(久遠本佛)是依「如來壽量品」其次之情形，即說明：「這種久遠以前已成佛如來，是壽命無量常住」(如是我由成佛以來，甚大久遠。壽命無量阿僧祇劫，常住不滅)。總之，釋迦佛實在是久遠之過去已經成佛，而且，說明以佛之壽命是永遠的、無限的。一般的說，發現到永遠生命之泉源，強調集中這一點。

主張釋迦久遠成佛之意圖，考量到有三件事：

一、說明諸佛之統一。到了《法華經》時所建立種種諸佛，這些諸佛，實在是久遠釋迦身之分身(分身佛)，應該歸一為久遠釋迦者。二、有統一的真理之處，說明看出久遠人格的生命，換句話說，作為宇宙統一的真理之一乘妙法，不只是自然理法，表明出是人生，生活作用上永遠的人格的、生命的躍動體。三、說明在現實的實踐活動之中，所感得的永遠生命的脈動。事實上，在「如來壽量品」中，所說明的是久遠佛是釋迦自身，引發生起無盡的實踐活動(菩薩行)。

以上所說，特別是第三，所考量到從《法華經》之原典成立史上。編集《法華經》之原典，檢討看出成立的模樣先是有傳統的二部門，後又另建立一部門。那就是重點在前二部門，但從「法師品」第十至「囑累品」第二十二之部分，可以說是第三部門。日蓮上人(一二二二～一二八二)稱為「第三法門」。於是，強調從堪忍人生之苦難，勤勵於真理之實踐上。一言以蔽之，是現實人間的活動(菩薩行道)之主張。日蓮上人常常碰見大難，最後，根據此一部門，利用人生中勇氣與之奮鬥，最後而獲得了成功！

如此，從傳統的立場及成立史的觀點整合的來看《法華經》為真理(法)、人格(佛)和人間(菩薩)，或者能得一結論是真理、生命和實踐之三要素。總之，宇宙之統一的真理(一乘妙法)、久遠人格的生命(久遠本佛)、現實人間的活動(菩薩行道)，第一部門(跡門)、第二部門(本門)、第三部門所說是各種宣傳菩薩行之事。

又，以上之三要素明顯的表示是《法華經》之題目，即《妙法蓮華經》。「妙法」是真理之意義，「經」是佛之教誨，與佛有關係。「蓮華」喻如菩薩。順便一說，菩薩是菩提薩埵之音略語，體悟現實世界真理(菩提)之人稱為(薩埵)。

「從地湧出品」第十五中說：「蓮華在水不染，於今集現於大地」。(不染世間法，如蓮華在水，從地而湧出)。蓮華出生於泥水中，可是不被泥水所染，開放美麗花朵應用在菩薩身上。這樣的菩薩，稱為地湧之菩薩。《法華經》之題目說明了這一件事實。

一心信奉宇宙統一的真理，了知所涵蓋久遠佛之生命，不要在此世間上造諸惡業，因為能夠

堪忍人生之苦難，勵志眞理之實踐時，深感永遠生命正在脈動。這表現在一句《法華經》之題目中，由於此一緣故，以此題目爲格言，或者口唱，此爲日蓮上人等之所強調事實。

四、法華經之世界

法華經之宇宙觀 《法華經》，在前半部分稱爲一乘妙法，說明了統一的眞理，依據如此所統一描繪出全體宇宙像。羅什解說此爲「諸法實相」，用現代語說，換句話說：是「宇宙實相」。

一般說，各種事事物物有其所支持理法之存在。佛教總稱這些爲一切法，或稱爲諸法。可是，這些不是獨立、無關係之存在。在其根本上是不二而一體的。其不二、一體之處所是諸法統一之大法，看出即宇宙統一的眞理。《法華經》說明爲「一乘妙法」。現今舉例說，精神(心)上之有精神之法是心法。肉體(色)上有肉體之法是色法。然而，在根本上是色心不二、一體無別的。換句話說，色法與心法在基本上是統一的，說明是有色心不二之一乘妙法之存在。但以肉體上之有病，一定考慮到精神方面，應該要眞正分開治療的。

精神與肉體儘可能是不二、是一體的，但能夠拉成此一條線者，必需知道一切諸法上之關係是不二而一體的。總之，表示在《法華經》中說明一乘妙法是說明宇宙萬有(諸法)中在其根基中說是有此統一的大法。日蓮上人說此爲諸法綱之目，一乘妙法如原綱。若引發原綱(一乘妙法)，則能引發一切之綱中之目(諸法)。

說明一乘妙法之同時，依據此所統一全體宇宙像於次第下文中說明。羅什解說此爲「諸法實相」，表現其全體宇宙像。換句話說就是「宇宙實相」。

天台之一念三千論 《法華經》所說全體宇宙像，可以說是有其基本型的，以其原來組織體系者爲天台智顗之「一念三千」之論述。由《摩訶止觀》卷第五上看到而作解說，所配合《法華經》、《華嚴經》之宇宙諸存在爲地獄、餓鬼、畜生、阿修羅、人、天、聲聞、緣覺、菩薩、佛之十界，此十界不是各別存在，而是相即、相關。換句話說，十界之一一又包含十界(十界互具)，成爲百界。

可是，《法華經》之「方便品」第二以諸存在之種種表現有十種型態。由羅什翻譯爲相、性、體、力、作、因、緣、果、報，本末究竟等十種，在其前各冠上「如是」之語句，稱爲「十如是」。相者，是外相，性是內性，體是外相、內性合計而成全體，力是潛在的能力，作是顯在的作用，因是事物生起的直接的原因，緣是助因間接的原因(條件)，果是由因緣而生的結果，報是結果表現外在事實之事，本末究竟等是從相到報關係相合，一以貫之存在著，一切之事物，說明此十如是型態之存在而有所活動！於此，表現在前面百界上十如是，如此提出事實，此處稱爲千如之數。

進而，取出一樣之存在看出，考量到在主體(眾生世間)與環境(國土世間)以及構成這些的有物心五要素(五陰世間)」之三種(三種世間)。此三世間與以上千如相加共成三千之數。主要在三千中表現出極大之全體宇宙方面，如此，有「一念三千」者，極小(一念)之世界與極大(三千)之世界相即、相關而表現成爲渾然一體。

於此，天台智顗，關於一念爲三千應該注意論議到前後、本末、主從、同異等事。總之，在那一邊上都是具有全體，不只是說到部分，極微之一念中所包含有三千宇宙之萬有，瀰漫著、三千之宇宙萬有透徹於極微之一念，所以說是充塞虛空。天地萬物之力存在於一物之中，又一物之力存在於天地萬物之中。任何微小之物，其中充滿全體宇宙之生命，不應看輕這一緣由！

以上之事實，使令一念之極小與三千之極大相即、相關者，即《法華經》中之說明一乘妙法，貫通此一乘妙法全體宇宙爲一組織化者，即天台之「一念三千」論。

五、法華經之淨土

絕對的淨土－常寂光土－ 關於《法華經》之淨土需要加以解說，如此，釋迦佛自己以及世界受到人的質問：到底是常、無常，有限、無限，肉體與靈魂之同異，死後之生存之有無等問題時，佛不回答。那是不可知之事，生與死、肉體與靈魂、這些與那些、這樣與那樣、此處與彼處、有與無？是突破、超越吾人日常所分別之考量的，捕獲到真正永遠的世界、永恆的生命事，釋迦佛是通過沈默的言教。《法華經》「安樂行品」第十四說：「以顛倒故，分別諸法之有無，是實、非實，是生、非生」。批判吾人之思考方法。「如來壽量品」第十六中，說到佛之思考方法是：

「如來見此世界。不生、不死，非死去、非變生，非流轉、非消滅，非有、非無，非存在、非不存在，非同、非異，非僞、非非僞。如來見凡夫目前，非見世界」(原典意譯)。

說生死、有無、彼此等之分別考量(分別見、邊見)，沒有積極的表現說明。只是抓住永遠、絕對生命世界，但是現今此處說明的是永遠生命脈動，永遠世界現前。吾人現實之姿態，吾人所安住現實世界，是瞬時變移、生滅不停、有限之法，有苦有惡。所謂是凡夫、娑婆。然而，依靠一心專意信仰，於凡夫、娑婆之當處感得永遠的生命、永遠的淨土。

《法華經》之事實是通過釋迦佛之說明。說到久遠釋迦之事實，就是這樣。釋迦佛誕生於印度，住於伽耶城附近，於最初開悟，八十歲入滅。其中意義，不必說釋迦佛是有限的存在。然而，《法華經》是強調看出其有限的釋迦佛之姿態中有彼永遠的生命存在著。「如來壽量品」第十六說：「久遠以前成佛如來，壽命無量常住」(我成佛以來，甚大久遠。壽命無量阿僧祇劫，常住不滅)。根據一心信仰，能夠看到不滅之釋迦佛，說明能夠把握住永遠的生命。而且，說出於娑婆之當處感得久遠之淨土。即所說：

「眾生劫盡，見大火燒時，我此土安穩，天人常充滿」。

超越此生死、彼此之絕對淨土，天台智顗名為常寂光土。順便一說「常寂光土」之意義，因為《法華經》之「結經」之《觀普賢經》所取用。此世界即稱為淨土，簡單的說，只稱現今稱為常寂光淨土罷。

建設淨土－淨佛國土－ 可是，關於淨土，另外一種沒有被注意到的，那就是稱為淨佛國土。稱為清淨佛土之事，是於現實之社會而有淨土實現之事。社會之淨土化，即佛國土之建設。《法華經》說到：「為淨佛土故，常勤精進，教化眾生」(五百弟子授記品第八)等處。前是說明「在」淨土，此是說明「成」淨土之事。

《法華經》「法師品」第十說：「成就大願，愍念眾生故，出生於此人間」，「捨清淨之土，愍眾生故，生於此土」等。《法華經》中說：生於此土之人，所強調是佛給予其任務為「如來使」。不但依於信仰，沉浸於絕對淨土(「在」淨土)中，應該如何使其淨土實際上將此淨土具現於現實社會上，人生之目的，就是說明這些。菩薩行者，是為此而服務者。

一般說來，人世間之現實相是無常的、有限的。在這種現實相中，特意的強調淨化，因為是不如此則不能獲得永遠、無限生命淨土所能活現。比喻說，自然的存在音聲是永遠、無限的，對於那種小提琴，其音很響亮，但是體積過分太少，沒有容器。所以說一停止小提琴動作也就沒有聲音了。實際上，這樣很小樂器盛滿了自然永遠、無限的音聲，反而，自然之妙音是由於吾人的動作而生起音響。畫家，具有永遠、無限的自然美，限定在校園上，限定在繪畫工具上所描寫。最後也就沒有甚麼意義了。由於這些，反而永遠、無限自然之美依靠吾人之努力動作(限於善淨的)才能活現著！

在此處，人生之秘密，就如那些被人迷住的名演奏家、名藝術家、名人。德國的有名文豪之克戴說：「設被限制，即開始理解到名人之本領」。人生是有死的過程，現實若就是有限的世界，那是生的意義，永遠的生命，反而是有光輝的。又，這樣的事實，受生於此世者各有其任務，沒有者即不稱名爲人生。

人間的現實界是有限的，出生於此有限的人生中，發現到有其永遠、無限的生命，因而顯現出久遠之淨土。承擔起這樣淨土顯現之任務，人者，生逢於今世。簡直就是《法華經》之產生。日蓮上人提出《法華經》之信仰有三大要素(三大秘法)，本門之本尊、題目、戒壇。本尊者，久遠釋迦。題目者，是一乘妙法。戒壇者是淨佛國土之意義。日蓮強調於此雜亂之今世需要此三大要素。

往生淨土—來世淨土— 最後所建立的是來世淨土，是死後所歸去的淨土。簡單的說是「往」生淨土。受生於此人世間者，由於信受佛法，因爲得到此有限、有相的人世間，要沉浸於無限、絕對之境地(「在」淨土)才能感得永遠的生命，於是在有生之年中，各各投資所持場合中生活在盛隆佛法中，具體表現出永遠生命，而且努力於佛國土之建設(「成」淨土)，於是，趁此終結其任務死後時，歸回到本來永遠的故鄉(本質世界)(「往」生淨土)。於有生之年，淨佛國土到了盡頭努力國土建設時，死了，安靜下來歸回故鄉打開了解脫之門。

以上，「在」淨土(絕對淨土)，「成」淨土(淨佛國土)、「往」生淨土(來世淨土)之三種淨土，《法華經》也都說到，但是，這些並沒有矛盾，原來是一體的。以適應時間、處所、或者是人之根機，在其中之任何著力點上各作選擇。

六、信仰《法華經》之歷史

印度之法華信仰 《法華經》在印度，大約從西曆五十年至一百五十年之頃，就具有現在這樣完整經本，所以《法華經》立刻在印度得到信仰。但其優點，說明《法華經》之中那些部分值得注意的，應以統一宇宙的真理所說明的一乘妙法部分爲所注目。關於一乘妙法，依據羅什之譯，強調在「無上道」、「第一義」、「平等道」。說明統一萬物其根本中有最高、絕對之真理。這是萬事萬物之根本中流露出來的第一原理，世間之萬事萬物，都是依據平等真理所支持，本來是不二、一體的。拆除去一切有限定的框框，事物是平等不二，世界是虛空無限。「不二如虛空」(無有二相，猶如虛空)，是「序品」中所說。這樣的世界，說明了萬事萬物的真相(諸法實相)。

吾人在日常生活中，有此、有彼，自、他，善、惡，美、醜，生、死，因而施設、判斷出種種相對立的行動。然而，這些框框是人爲的施設而來，不是永久的固定者。考量到這些爲固定、不動、不變的而生起迷惑！例如，宇宙中本來不是東西南北。十方是空的，上下、左右是無邊之虛空。如同在下山迷失道路之時，此一陌生之人急燥混落在河谷深澤中，更加墮落於迷途中，接著是進退兩難，現將陌生人引導回到山頂，瞭望廣闊四方，發現到真正的道路。吾人遇到這件事，立刻，判斷彼此事實，想到彼此苦惱，一喜一憂，一時停止這樣判斷，將身心侵入於廣大無邊的虛空中，實有解放此窄狹心之必要！

《法華經》，首先強調了此事。印度之法華信仰者，引證有二、三件史實。龍樹(約一五〇年至二五〇年)之《大智度論》是注釋《般若經》的，於此論書中，以《法華經》是說明一乘平等之真理世界的，比較《般若經》更爲徹底！又，從四世紀到五世紀之諸論書中，如堅意之《入大乘論》、世親之《法華經論》等中，提出了同樣的此經之要義。特別世親之《法華經論》，說到《法華經》之中有真理平等(乘平等)、世界平等(世間平等)、存在平等(身平等)之三種平等。進而有無上

之義中關於十種(十無上)之事。又，四世紀所編集之《涅槃經》中以強調一切存在平等的成佛(一切眾生悉有佛性)及永遠、普遍性(法身常住)之事爲有名，這是接受到《法華經》之影響力，《涅槃經》自己所說之事實。

中國之法華信仰 進入西元頃，一切佛教是通過中亞(西域)傳入了中國。最初是採用中國民間信仰中，借用老子思想等而作解釋，但，其後，佛教之經典、論書繼續不斷地有所翻譯、介紹，以佛教來理解佛教之運動而興起，又用釋迦之最高之教義作說明，研究、論議非常興盛！特別是依據鳩摩羅什(三五〇—四〇九)翻譯、介紹《般若經》、《法華經》、《中論》、《大智度論》等眾多之經典、論書，這樣的運動、研究更爲提高效率。一些佛教研究者，想到各種之經典整理、努力價值配列。教相判釋(教判)應運而生。

西元五、六世紀之南、北朝時代，這樣的教相判釋非常活躍！以其爲代表的有江南三師、江北七師(南三北七)，共有十師之教判，天台大師智顗(五三八—五九七)之《法華玄義》第十卷中有所介紹。這種教判論議看作爲一大問題，非一言說盡！那就是將《般若經》作爲根本，說明在其上配列爲《法華經》、《華嚴經》、《涅槃經》。因爲《般若經》是說明佛教眞理(空)的原理者，作爲根本，爲諸師共通的考量。後之三經是爲眞理之三大特性積極的表現。《法華經》爲表明眞理之統一性，由此定義爲「萬善同歸教」。《華嚴經》表明眞理之純一性，由此定義爲「頓教」。《涅槃經》表明眞理之永遠性，由此定義爲「常住教」。大致上以《華嚴經》及《涅槃經》看作爲最高，《法華經》居於其中間地位。然而，天台智顗相反的，以「萬善同歸教」判爲最高的地位。

天台智顗之直接意圖是：依據《法華經》說明統一的眞理，綜合統一了以前佛教之諸種思想，貼上教判論爭終止符。事實上，依據天台智顗，雖然傳入中國之佛教之諸多思想、諸多經典，大致上有所綜合，可以說是統一的。在時間上，由於隋代爲國家統一的實現(五八九)之時期。由於天台智顗而統一佛教之樹立，進而綜合統一了世界觀、人生觀之確立。「一念三千論」及「性惡」之說，在這些中是專門端的之表明。到後世，從中國到日本，再也沒有比這個論說影響更大了。所以，天台智顗對《法華經》產生了絕對的信仰。

天台智顗之法華信仰，在著作中有實質上的貢獻。法華三大部或稱爲天台三大部的《法華文句》(五八七)、《法華玄義》(五九三)、《摩訶止觀》(五九四)三書。《法華文句》是注釋《法華經》者，《法華玄義》是基於《法華經》之哲理的說明者，《摩訶止觀》是基於《法華經》之實踐說明者。對於《法華經》注釋，在天台智顗以前，已經有不少人之注說加以補充之不足而使其大成，這是法華三大部。天台智顗以後之法華信仰，常以此三大部爲指針。

關於貫通三大部之基本線索可作一概說：吾人現實世界之一切現象，是有自他、男女、老少、生死、身心、善惡、苦樂、美醜等事，可以劃分整理爲AB二大類，但此AB二大類，不但是以固定的、個別的實體(我)之存在，也是各個的無常、變滅的，因爲是互爲相依、相關的存在。無常與相依爲同時配合的，佛教稱爲「緣起」。換句話說，AB之二類是現實世界之虛假姿態，根本是無我、空的，稱爲不二、一體的。即《法華經》所說，AB二者，在根本上，依據一乘妙法而統一的。總之此AB二種是假設之現實相，A、B不二及空是眞實相、永遠相。

可是，因爲吾人生活立足於此AB二種現實相中，常常固執A、B二種相(我見)，就這樣，引起去了解、考量(分別見)！這是迷惑之根本，因爲不明不二、空之眞相，因此被稱爲無明。去無

明、捨執著，才能把握提高不二、空之說明。天台宗稱此爲「從假入空觀」。觀察Ａ、Ｂ二相爲假有，由此入不二、空之眞實相。簡單說稱爲「空觀」，可以說是第一種修行。

然而，說明由假入空，若證入空性中，於空寂中，也不能誤解到甚麼都沒有了。因此大乘佛教批評聲聞、緣覺二乘者住於空寂中，由於此，回歸到現實生起不忘現實。而且誤解空爲虛無(虛無空見)，不回歸到人生，只考量到理想涅槃。菩薩是勤苦勵行於佛國土之建設(淨佛國土)而不著喜樂，豈但是旁觀者。《法華經》之「信解品」第四說：「但念空、無相、無作，菩薩之法遊戲神通，淨佛國土，成就眾生，心不著喜樂」。

於此天台宗，又說「從空入假觀」。說由空入假之事，略稱爲假觀。總之，捨去現實(假)之執著而抓住了空。由此回到生起實在眞正之現實事上，如常說之「眞空妙有」。順便一說，努力於空之體系化之龍樹，彼著有《中論》之「觀四諦品」第二十四中說：「以有空性故，一切法得成」。說一切皆空，一切得成。空不是對事物之否定，相反的爲成立一切事物之根據，此是成立一切事物之意義。這樣說來，天台是從空而說到假之現實，是從生起現實而說的，這是從空入假之觀，是假觀。首先從假入空觀，以空觀爲第一修行，此從空入假觀是第二修行了。此事在《法華經》中爲強調之菩薩行。

又，《法華經》之「法師品」第十，這樣勤勵於菩薩行，在此世界是佛之所遣派的「如來使」者，其自覺之根本，說明因爲爲了忍受苦難(忍辱)而於此世盡到(慈悲)一切而勸勵說明。可是，生存於現實世界中，沉溺於這樣情況之下，必須要振作努力。爲了行菩薩道，必須保持有空的心境。有假，又不忘記空。「法師品」第十中，以菩薩當前之現實活動之心，所以例如是住如來之室，衣如來衣、坐如來座、施設爲住慈悲室、穿忍辱衣、坐空性座之三軌範。

天台是說有假而不忘空，最後安住中道第一義觀(略稱中觀)，總結於此。於是統一了從假入空觀(空觀)及從空入假觀(假觀)。確實的說，是有空、假、中之三觀。關於若說ＡＢ是二，因爲ＡＢ不二(空觀)，因爲ＡＢ還各是ＡＢ(假觀)，進而說兩者之統一(中觀)。天台的定義是「二而不二、不二而二」。以上是天台之法華三大部之骨幹，也是法華哲學實踐論之核心思想。

強健偉居士近年來以科學方法將佛經(論)用表解來解讀、弘揚。除對《瑜伽論》已有二輯及「華嚴經選讀」出版，今又應慈濟功德會會友們講說之便作成《法華經大成》表解，並爲　令翁大人八五嵩壽迴向祝嘏，即將在台出版、流通，囑作「序言」。謹將日人田村芳朗大德《法華經入門》一文譯成中文，用作介紹本經大要，以讚仰強居士爲法精勤功德之微衷！

2002年4月16日於
美國洛杉磯法印寺

八、法華經大成懸談表解

一、教起因緣　二、藏教分攝　三、義理分齊　四、教所被機　五、教體淺深
六、宗趣通別　七、部類品會　八、傳譯感通　九、總釋名題　十、別解文義

一、教起因緣：
- (一) 總因緣：佛，一代聖教，總為酬因酬請，顯理度生，所顯之理，即本經中，諸佛世尊出現於世，唯為一大事因緣，開示悟入一切眾生佛知佛見，蓋此知見眾生等有，迷不自知，故淪生死。佛於因中悟此，發願成佛普示。故今五時設教，雖言有權實，顯有遲速；原其本意，唯為此一大事因緣也。

- (二) 別因緣
  - ① 「法應爾故，而說此經」：「一乘實相」諸佛齊證，所以一切諸佛，「法爾」於無盡世界，常轉如是無盡妙法，教化眾生，無有休息。「我常在此娑婆世界，說法教化。」
  - ② 「暢本懷故，而說此經」：「如來所以出，為說佛慧故」。道場開悟，即欲開示，奈何根鈍不堪受持。故爾四十年前，將此妙法，抑之在懷。五乘隨機，本懷不暢。只至而今，靈山高會，方說此經，本懷始暢。
  - ③ 「順時機故，而說此經」：「至道無古今，應機有時節」。四十年前不說此經，「時未至故，機不堪故」……「循循善誘，根器純熟，教被乘時，得預高會」。今正是其時，決定說大乘如是妙法，兼一化將終，涅槃時至，順時順機，不得不說。
  - ④ 「會權乘故，而說此經」：四十年前，將「一乘」說「三乘」，「一性」說「五性」，權為小機，止啼黃葉。故有「三乘」之別，「五性」之分，豈知「五性」是「一性」，「三乘」是「一乘」。如來說法，但教化菩薩，無聲聞、緣覺；今經三根得記，泯二乘之權果，聲聞得記作佛，會歸總是菩薩。
  - ⑤ 「示真實故，而說此經」：十方佛土中，唯有一乘法，無二亦無三。「三乘」方便受解緣別，今經開方便門，示真實相。
  - ⑥ 「酬宿緣故，而說此經」：世尊在大通智勝佛時，各各教化無量恆河沙眾生，從我聞法；此諸眾生，於今有住聲聞地者，我常教化阿耨菩提，「大通」未了之案，今當酬之。「宿因即深，教起亦大。」
  - ⑦ 「顯佛慧故，而說此經」：「佛慧即實相」，「善哉釋迦牟尼能以平等大慧，教化眾生。」「平等者，無生滅冤親故」
  - ⑧ 「開本跡故，而說此經」：「世尊之本跡」，「但取最初先得真應，名之為本」中間「大通威音佛」時，今之王宮誕相，道樹成尊時，皆為跡也。
  - ⑨ 「成始終故，而說此經」：「始」即「本」也，「本」即「華嚴」，故吉藏立「華嚴」為「根本法輪」。「終」即「末」也，「末」即「法華」，故吉藏立「法華」為「攝末歸本法輪」。「始終一貫，本末一事」。「始說華嚴，如日初出，先照高山」，「終說法華，如日沒時，還照高山」，一本一末，成始成終，事無不窮，理無不盡，出世本懷，畢於此矣！
  - ⑩ 「利今後故，而說此經」：世尊說三周法，授三根記，凡有聞法者，無一不成佛，今之利益也。如來滅後，聞此經一句一偈，世尊亦與授阿耨菩提之記，後之利益也。若以佛在當機為今，今之見聞為後，今之見聞為今，後之見聞為後；如是弘傳無盡，利益無窮。

二、藏教分攝：

(一)明藏攝：

(㈠)明三藏（三藏俱含）
1. 修多羅藏（經藏）：貫穿攝化，契理合機之經。（依主受名）
2. 毗奈耶藏（律藏）：調練三業，制伏過非，是調伏之藏。（依主受名）
3. 阿毗達摩藏（論藏）：
   - (1)勝義法：涅槃是善是常。
   - (2)法相法：通四聖諦。

(㈡)明二藏
1. 菩薩藏：本經演說大乘，自利利他，與「華嚴」同宗；「華嚴」為「根本一乘」，「法華」為「破疑一乘」。
2. 聲聞藏（合緣覺藏）：本經亦攝「聲聞」，正授「聲聞」成佛之記。

(二)明教攝（東土十八師判教）

㈠「一音」教：「如來，一音，同時，大小並陳，一音具異」（後魏菩提流支）

㈡「一圓音」教：「一音平等，無二無私，機聞自殊」（姚秦鳩摩羅什）

㈢「半」「滿」字教：1.「半字教」即聲聞藏，2.「滿字教」即菩薩藏。（西秦曇無讖）

㈣同上：隋朝遠法師。

㈤「頓」「約」漸教：1.「頓漸」，2.「約漸」。悟機大由小起，具有三乘，約頓機直往於大，不由於小。（隋朝延法師）

㈥「曲」「平」教：1.「曲屈教」，世尊逐機性故；2.「平道教」，舍那逐法性故。（唐朝海印法師）

㈦「頓」「漸」教：1.「華嚴」為頓，2.餘皆漸。（齊朝劉伯龍）

㈧「相」「住」教：1.「有相」教，2.「無相」教，3.「常住」教（宋朝岌法師）

㈨「三教」：1.「轉法輪」教，2.「轉照法輪」教，3.「轉照持法輪」教（真諦法師）。

㈩五教：1.「有相」，2.「無相」，3.「抑揚」，4.「同歸」，5.「常住」教（宋慧觀法師）

⑪「頓」、「漸」、「圓」—（後魏光統律師）

⑫「本」「末」教：1.「根本法輪」教，2.「枝末法輪」教，3.「攝末歸本法輪」教。（唐吉藏法師）

⑬四乘教：1.「臨門三車」即「權教」三乘，2.「等賜大車」即「實教」大乘（梁光宅法師）。

⑭四教：「藏」、「通」、「別」、「圓」教。（隋智者大師）

⑮四教：1.三乘別教，2.三乘通教，3.一乘分教，4.一乘滿教（海東曉法師）。

⑯四教：1.迷真異執教，2.真一分半教，3.真一分滿教，4.真具分滿教（賢首法師弟子慧苑法師）。

⑰五教：1.四諦教，2.無相教，3.觀行教，4.安樂教，5.守護教（波頗）。

⑱五教：（依華嚴經而判）（賢首大師）
1. 小教：隨機宜，說諸法數一向差別，揀邪正辨，凡聖分欣，厭明因果。但說人空，少說法空。但依六識三毒，建立「染」「淨」根本。未盡法源，故名為「小」
2. 始教（分教）：以「深密」第二第三時教，同許「定性聲聞」「無性闡提」俱不成佛。未盡大乘法理故名「初」，有不成佛故名為「分」。廣說「法相」，少說「法性」。「法相」數說有「百法」，抉擇分明，說有「八識」，唯是「生滅」，依「生滅識」建立「生死」及「涅槃」因，法爾「種子」有無永別，是故「五性」決定不同；故說一分眾生，決不成佛……。

二、藏教分攝：

(二)明教攝(東土十八師判教)

(六)五教：(依華嚴經而判)(賢首大師)

3. **終教(實教)**：「定性二乘」「無性闡提」悉當成佛，方盡大乘至極之說。少說「法相」，多說「法性」，所說「法相」亦會歸「性」，所立「八識」通「如來藏」，隨緣成立「生滅」與「不生滅」，和合而成，「非一非異」，一切眾生「一性平等」。但「真如」隨緣成立，依他「無性」，即是「圓成」。

4. **頓教**：但「一念不生，即名為佛」，不依地位漸次而說。不說法相，唯辨真性，亦無八識差別之相，一切所有唯是妄想；一切法界，唯是絕言，五法三自性俱空，八識二無我雙遣，呵教勸離，毀相泯心，生心即妄，不生即佛。亦無佛，無不佛，無生，無不生，如淨名默然即其意也。「無所有何次等」。

5. **圓教**：明「一位」即「一切位」；「一切位」即「一位」，依普賢法界，帝網重重，主伴俱足，故名圓教。所說唯是無盡法界，性海圓融，緣起無礙，相即相入因陀羅網，重重無際，微細相容，主伴無盡，十十法門，各攝法界。法華經即屬圓教所攝。

(三)明分攝(十二分)

① **契經**：始從「如是」，終至「奉行」，本經屬「契經」。
② **應頌**：與長行相應而頌，本經中多頌。
③ **授記**：佛記弟子，當來成佛。本經正授聲聞成佛。
④ **諷頌**：本經龍女讚偈是。
⑤ **因緣**：「因請因事方說」，本經三請殷殷，三周開示。
⑥ **自說**：「不因請而說」，本經世尊有出定召告。
⑦ **本事**：「說佛及弟子，往因事故」，本經述嚴王轉邪，藥王焚身是。
⑧ **本生**：「說佛及餘人，往昔受身故」，本經述生為王子，生為國王是。
⑨ **方廣**：「說方正廣博平等稱性普利樂故」，本經云「本生平等，大慧凡聖」。
⑩ **未曾有**：「德業殊勝，法體希奇」，本經如優曇光瑞變涌是。
⑪ **譬喻**：「比類發明，誘合信解」。
⑫ **論議**：「妙理深奧，直言不了」，須分別審明；本經有問有答。

三、義理分齊：

(一)五教分齊(理、體)

① 「唯一心為本源」(圓教分齊)：即「一真法界」。
② 「依一心開二門」(終教分齊)：
　　1. 「心真如門」：「心性」不生不滅，即「頓教」分齊。
　　2. 「心生滅門」：「如來藏」與「生滅」和合，名「阿賴耶識」，即「終教」分齊。
③ 「依此識明二義」：
　　1. 「覺義」：心體離念等。
　　2. 「不覺」：不如實知真如法一，不覺心動。
④ 「依後義生三細」(始教分齊)：
　　1. 依不覺：故「心動」，名「業相」。
　　2. 依動：故「能見」，名「轉相」。
　　3. 依見：故境界妄現，名「現相」。
⑤ 「依最後生六相」：
　　1. 智相
　　2. 相續相
　　3. 執取相 ┐
　　4. 計名字 ┘ (小教分齊)
　　5. 起業相 — (人天分齊)
　　6. 業繫苦相

三、義理分齊：

(二)全經十義：(事、相)

① 「出世本懷」：開示眾生，本有佛知佛見，令其悟入。「出世唯此一事故」。
② 「放光現瑞」：實相理境，乃諸佛所證，眾生所迷，要人人心領神會，當下薦取。
③ 「曲唱傍通」：彌勒睹光中瑞相而問，文殊引燈明故事而答。
④ 「出定嘆德」：不言之道，終難領會，不得已，又假言說方便以開導之。離言之道，唯佛與佛乃能究盡，非心識思量可到。
⑤ 「開權顯實」：開三乘之權，顯一乘之實。
⑥ 「普授記別」：說三周法，授三根記，普記現在，懸記未來。凡所見聞，無不成佛。
⑦ 「佛慧平等」：三變淨土，卻染淨之執，入塔就座，除生滅之見，無去無來，無冤無親，平等大慧，人人本具。
⑧ 「開跡顯本」：如來說壽量品，開師門近跡，顯佛地遠本。
⑨ 「六根清淨」：五種法師於此妙法會旨情忘，根塵兩淨，五種功備，六千德圓，妙法神功不可思議。
⑩ 「智行相成」：全經開示，皆顯圓理。此理非智莫照，先以「文殊」大智以創始。非行莫証，後以「普賢」妙行以成終。若夫起行造修，在人自肯。依「圓理」而起妙行，依「妙行」而成「妙德」。智行冥合，方成圓妙之果。

四、教所被機：

(一)非機

① 無信不住：不信生謗，輕毀破法，乃至出法師過輕笑等報。
② 違真自去：違真即執俗，若聞而能說，我見未忘，亦增魔業。
③ 乖實退席：未得謂得，未證謂證，佛許說已，五千退去。
④ 狹劣種大：一切二乘，雖歷諸會，聞說大法，但念空，無相等，尚不發大心，何況得自受持，機志雖劣，緣種未熟，佛意在大，皆為一乘。
⑤ 守權含實：三乘共教，菩薩隨宗所修六度之行，未聞一乘實相，守是權理。行菩薩道者，不見不聞此經，去阿耨菩提尚遠，因根未熟故。

(二)是機

① 正為之機：一乘圓機，久修梵行，方堪領受是法。
② 兼為之機：學無學等，雖未得無學，今聞廢三歸一之妙，悟四果三乘之假，信得一乘圓理，一心觀佛。
③ 引為之機：我見佛子等，志求佛道者，無量諸佛所，而行深妙道。
④ 現為之機：天龍八部，四眾三乘，咸聞此經一句一偈，一念隨喜者，世尊亦與授記。
⑤ 遠為之機：佛滅度後，得聞此經，一念隨喜，皆與授記。

五、教體淺深：

(一)清涼國師判為十種教體

① 音聲語言體
② 名句文身體
③ 通取四法體
④ 通攝所詮體
⑤ 諸法顯義體
⑥ 攝境唯心體
⑦ 會緣入實體
⑧ 理事無礙體
⑨ 事事無礙體
⑩ 海印炳現體

「法華經」表解 P4

五、教體淺深：

(一) 圭峰禪師約為四種

㈠ 隨相門
「聲」、「名」、「句」、「文」與所詮「義」，皆屬「相」故，唯「聲」不能詮「義」，唯「名」「句」「文」則無「自體」，兼此四事，是為教體，以假實體用兼資。（攝前五）

㈡ 唯識門：（攝第六）
1. 「唯本無影」：小乘教，不知教法皆唯識現，謂「如來實有說法」。
2. 「亦本亦影」：始教，以佛自宣說，若文若義，皆從妙觀察智淨識所現，名「本質」教。聞者識上所變文義名「影像」教，諸佛眾生互為增上。
3. 「唯影無本」：終教，以離眾生心，無有佛。唯大悲大智為增上緣，合彼根熟眾生，心中現佛說法，是故佛教全是眾生心中影像。
4. 「非本非影」：頓教，非唯「心外無佛」，眾生心中影像亦空。以「性」本絕言，即不教之教。說聽皆無，唯識而已，是以「識」為教體。

㈢ 歸性門（攝第七）
前以「所變」之萬境，攝歸「能變」之「八識」；今以「所現」之「八識」，攝歸「能現」之「一心」。謂此「識」無「體」，唯是「真如」故，以「性」為教體。

㈣ 無礙門
「心」「境」「理」「事」本自交徹；「境」與「事」是「隨相門」；「心」是「唯識門」；「理」是「歸性門」；「一心」原有二門，「真如」即是「生滅」，故「理」不礙「事」，「境」「心」生滅，即是「真如」。故「事」「境」「心」不礙於「理」，故以「無礙」為教體。（攝後三）

(二) 本經以一乘實相為教體示十義顯圓妙

㈠ 「入實相定」：入無量義處三昧，從一實相，生無量法。
㈡ 「放實相光」：一光周亙，全彰實相妙體也。
㈢ 「說實相法」：世出世間諸法，性相體力本末究竟等一切諸法，不離此十如，是則一切諸法，無非實相。
㈣ 「開實相見」：佛知見者，徹了「實相」真知真見也。但此知見，本來清淨，但無明所覆，必假如來開示，而得悟入。
㈤ 「喻實相理」：喻廢「權」立「實」之理。
㈥ 「記實相果」：既悟實相妙法，當成佛果菩提。
㈦ 「示實相境」：開方便門，示真實相。欲合眾生，知此見此實相真境。
㈧ 「悟實相心」：心本無相，離諸虛妄，真實有體，不可破壞，無相之相，強名「實相」。安住實智中，我定當作佛，是悟實相心也。
㈨ 「修實相行」：能三軌自持，四行自守，涉俗利生，無不安樂。
㈩ 「具實相德」：內悟妙心，外修淨行，內外清淨，實相之德備矣！

六、宗趣通別

㈠ 智行一對：以「智」照「理」為「因」，以「行」成「德」為「果」。
㈡ 心境一對：悟「實相心」為因，證「實相境」為果。
㈢ 位號一對：授法師位為因，記法王號為果。
㈣ 行德一對：三軌四行為因，二智十如為果。
㈤ 體用一對：開跡妙用為因，顯本真體為果。以上皆「因」為「宗」，「果」為「趣」。

七、部類品會

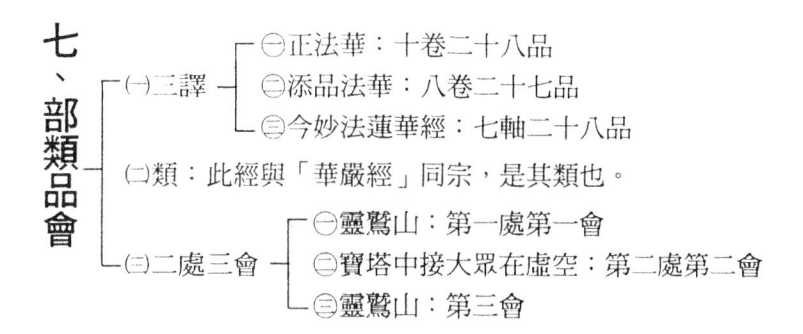

- (一) 三譯
  - ㊀ 正法華：十卷二十八品
  - ㊁ 添品法華：八卷二十七品
  - ㊂ 今妙法蓮華經：七軸二十八品
- (二) 類：此經與「華嚴經」同宗，是其類也。
- (三) 二處三會
  - ㊀ 靈鷲山：第一處第一會
  - ㊁ 寶塔中接大眾在虛空：第二處第二會
  - ㊂ 靈鷲山：第三會

八、傳譯感通

- (一) 李山龍：日誦兩卷，死見閻王，請讀一題，免眾囚苦，七日而甦。
- (二) 釋道裕生：讀千遍終告慧，廓埋地十年，舌根不壞。
- (三) 若誦一行而消山嶽之罪，聞一句而得菩提之果……
- (四) 多不及載……

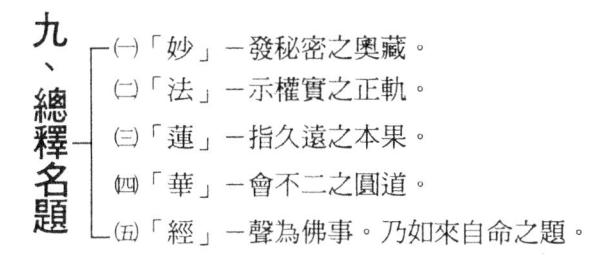

九、總釋名題

- (一)「妙」－發秘密之奧藏。
- (二)「法」－示權實之正軌。
- (三)「蓮」－指久遠之本果。
- (四)「華」－會不二之圓道。
- (五)「經」－聲為佛事。乃如來自命之題。

十、別解文義

（略）

（編按：本表解為強建偉編自「懸談」原文）

法華經大成卷第一

壹、序分　第一品：序品

一、通序　二、別序　三、疑念序　四、發問序　五、答問序　六、偈頌答

一、通序：

(一) 明建立「由」
- 按「龍勝論」云，佛將入滅，阿難愁惱，阿尼樓豆告阿難問後事。
  - ㊀世尊在日，以佛為師，滅後，以誰為師？　　世尊答：以戒為師
  - ㊁世尊在日，依之而住，滅後，依何而住？　　世尊答：以四念處住
  - ㊂惡性比丘，佛在世自能調伏，滅後，如何調伏？　世尊答：默擯惡性比丘

(二) 明建立「意」
- 一切經首，當安「如是我聞，一時，佛在某處，與某大眾若干等……」
  - ㊀斷疑：阿難昇座，結集法藏，眾起三疑：
    1.疑佛重起說法，2.疑他方佛來，3.疑阿難成佛。阿難唱：「如是我聞」
  - ㊁息諍：從佛則授受有源，非胸臆之談
  - ㊂異邪：與外道經不同

(三) 正解經文
- ㊀信成就：「如是」－本經釋者，因果實相，不異為如，心境諸法，無法為「是」。信者言，「是事如是」，不信者言，「是事不如是」。
- ㊁聞成就：「我聞」－我有四種：1.凡夫遍計「我」；2.外道「神我」；3.二乘「假我」；4.法身「真我」。今本經為圓頓大教，故「無我，真我」生佛同一法身，能聞所聞，心境不二實相。
- ㊂時成就：「一時」－本經正說「法華」之時，化畢機熟之時，如日卓午，無所不照之時，一切聲聞授記成佛之時也。
- ㊃主成就：「佛」－「佛陀」、「覺者」、「知者」、六種成就之「主」。
- ㊄處成就：「住王舍城耆闍崛山中」－佛為「能住」，「所住」即王城。（靈鷲山）
- ㊅眾成就：「與大比丘眾，萬二千人俱」「皆是阿羅漢。……如是眾所知識大阿羅漢等。」
  - 1.列眾
    - (1)聲聞眾 A
      - ①比丘眾
        - <1>無學眾「二千人，摩訶波闍波提……
        - <2>有學眾　六千人俱。」
      - ②比丘尼眾
        - <1>無學眾「羅侯羅母，耶輸陀羅比丘尼，
        - <2>有學眾　亦與眷屬俱。」
    - (2)菩薩眾
      - ①「菩薩摩訶薩八萬人」
      - ②明位歎德：「皆於阿耨多羅三藐三菩提，不退轉……」
      - ③列名總結：「其名曰文殊師利菩薩……」「如是等菩薩摩訶薩八萬人俱」
    - (3)八部眾
      - ①天眾：「釋提桓因與其眷屬二萬天子……」「娑婆世界主，梵天王。……與其眷屬萬二千天子俱。」
      - ②龍王眾：「有八龍王，難陀龍王各與若干百千眷屬俱」
      - ③緊那羅眾：「有四緊那羅王各與若干百千眷屬俱」
      - ④乾闥婆眾：「有四乾闥婆王各與若干百千眷屬俱」
      - ⑤阿修羅眾：「有四阿修羅王各與若干百千眷屬俱」
      - ⑥迦樓羅眾：「有四迦樓羅王各與若干百千眷屬俱」
      - ⑦人眾：「韋提希子阿闍世王與若干百千眷屬俱」
      - ⑧夜叉：攝在四天王部下。

```
二、別序
├─ (一) 眾 集 序：「爾時世尊，四眾圍繞，供養恭敬，尊重讚歎」
└─ (二) 現 瑞 序
    ├─ ① 說法瑞：「為諸菩薩說大乘經，名無量義，教菩薩法，佛所護念。」
    ├─ ② 入定瑞：「佛說此經已，結跏趺坐，入於無量義處三昧，身心不動。」
    ├─ ③ 雨華瑞：「是時天雨曼陀羅華，摩訶曼陀羅華，曼殊沙華，摩訶曼殊沙華，而散佛上及諸大眾」
    ├─ ④ 地動瑞：「普佛世界，六種震動」。
    ├─ ⑤ 眾喜瑞：「爾時會中比丘比丘尼，優婆塞優婆夷，天龍，夜叉，乾闥婆，阿修羅，迦樓羅，緊那羅，摩睺羅伽，人非人及諸小王，轉輪聖王。是諸大眾，得未曾有，歡喜合掌，一心觀佛」
    └─ ⑥ 放光瑞：「爾時佛放眉間白毫相光，照東方萬八千世界，靡不週遍……復見諸佛般涅槃後，以佛舍利起七寶塔。」

三、疑念序
├─ (一) 彌勒疑念
│   ├─ ① 正念六瑞：「爾時彌勒菩薩作是念，今者世尊現神變相，以何因緣而有此瑞？」
│   ├─ ② 念問誰：「今佛世尊入於三昧，是不可思議現希有事，當以問誰？」「誰能答者？」
│   └─ ③ 念文殊：「復作此念，是文殊師利，法王之子，已曾親近供養過去無量諸佛，必應見此希有之相」「我今當問」
└─ (二) 大 眾 疑：「爾時，比丘比丘尼，優婆塞優婆夷，及諸天龍鬼神等，咸作此念，是佛光明神通之相，今當問誰？」

四、發問序
└─ (一) 五十四行頌問偈
    ├─ ㈠ⓐ 問他土
    │   ├─ ① 問此土：「於是彌勒菩薩，欲重宣此義，以偈問曰：」
    │   │   「文殊師利　導師何故　眉間白毫　大光普照
    │   │   　雨曼陀羅　曼殊沙華　栴檀香風　悅可眾心
    │   │   　以是因緣　地皆嚴淨　而此世界　六種震動
    │   │   　時四部眾　咸皆歡喜　身意快然　得未曾有」
    │   ├─ 1.問六趣眾生(三行)
    │   │   「眉間光明　照於東方　萬八千土　皆如金色
    │   │   　從阿鼻獄　上至有頂　諸世界中　六道眾生
    │   │   　生死所趣　善惡業緣　受報好醜　於此悉見」
    │   ├─ 2.問見諸佛及聞說法(四行)
    │   │   「又睹諸佛　聖主師子　演說經典　微妙第一
    │   │   　其聲清淨　出柔軟音　教諸菩薩　無數億萬
    │   │   　梵音深妙　令人樂聞　各於世界　講說正法
    │   │   　種種因緣　以無量喻　照明佛法　開悟眾生」
    │   └─ 3.問他土（三行）
    │       「若人遭苦　厭老病死　為說涅槃　盡諸苦際」
    └─ 4.眾得道
        「若人有福　曾供養佛　志求勝法　為說緣覺
        　若有佛子　修種種行　求無上慧　為說淨道」
        「文殊師利　我住於此　見聞若斯　及千億事
        　如是眾多　今當略說」
```

「法華經」表解 P8

四、發問序

(一) 五十四行頌問偈

(一)b 問他土：廣問他土菩薩種種因緣相貌等

5. 總問
「我見彼土　恒沙菩薩　種種因緣　而求佛道」

6. 問檀（布施）
「或有行施　金銀珊瑚　真珠摩尼　硨磲瑪瑙
　金剛諸珍　奴婢車乘　寶飾輦輿　歡喜布施
　迴向佛道　願得是乘　三界第一　諸佛所歎」
「或有菩薩　駟馬寶車　欄楯華蓋　軒飾布施」
「復見菩薩　身肉手足　及妻子施　求無上道」
「又見菩薩　頭目身體　欣樂施與　求佛智慧」

7. 問戒
「文殊師利　我見諸王　往詣佛所　問無上道
　便捨樂土　宮殿臣妾　剃除鬚髮　而被法服」

8. 問忍
「或見菩薩　而作比丘　獨處閑靜　樂誦經典」

9. 問精進
「又見菩薩　勇猛精進　入於深山　思惟佛道」

10. 問禪
「又見離欲　常處空閑　深修禪定　得五神通」
「又見菩薩　安禪合掌　以千萬偈　讚諸法王」

11. 問般若
「復見菩薩　智深志固　能問諸佛　聞悉受持
　又見佛子　定慧具足　以無量喻　為眾講法
　欣樂說法　化諸菩薩　破魔兵眾　而擊法鼓」

(一)c 問他土（不依次第問）

12. 問禪
「又見菩薩　寂然宴默　天龍恭敬　不以為喜」
「又見菩薩　處林放光　濟地獄苦　令入佛道」

13. 問精進
「又見佛子　未嘗睡眠　經行林中　勤求佛道」

14. 問戒
「又見具戒　威儀無缺　淨如寶珠　以求佛道」

15. 問忍
「又見佛子　住忍辱力　增上慢人　惡罵捶打
　皆悉能忍　以求佛道」

16. 問禪
「又見菩薩　離諸戲笑　及癡眷屬　親近智者
　一心除亂　攝念山林　億千萬歲　以求佛道」

「法華經」表解 P9

四、發問序

(一) 五十四行頌問偈

㊁c 問他土（不依次第問）

17. 問檀（布施）

「或見菩薩　肴膳飲食　百種湯藥　施佛及僧
　名衣上服　價值千萬　或無價衣　施佛及僧
　千萬億種　栴檀寶舍　眾妙臥具　施佛及僧
　清淨園林　華果茂盛　流泉浴池　施佛及僧
　如是等施　種種微妙　歡喜無厭　求無上道」

18. 問般若

「或有菩薩　說寂滅法　種種教詔　無數眾生
　或見菩薩　觀諸法性　無有二相　猶如虛空
　又見佛子　心無所著　以此妙慧　求無上道」

19. 問供舍利起塔

「文殊師利　又有菩薩　佛滅度後　供養舍利
　又見佛子　造諸塔廟　無數恒沙　嚴飾國界
　寶塔高妙　五千由旬　縱廣正等　二千由旬
　一一塔廟　各千幢幡　珠交露幔　寶鈴和鳴
　諸天龍神　人及非人　香華技樂　常以供養」

「文殊師利　諸佛子等　為供舍利　嚴飾塔廟
　國界自然　殊特妙好　如天樹王　其華開敷」

(二) 請答

「佛放一光　我及眾會　見此國界　種種殊妙
　諸佛神力　智慧希有　放一淨光　照無量國
　我等見此　得未曾有　佛子文殊　願決眾疑
　四眾欣仰　瞻仁及我　世尊何故　放斯光明
　佛子時答　決疑令喜　何所饒益　演斯光明
　佛坐道場　所得妙法　為欲說此　為當授記
　示諸佛土　眾寶嚴淨　及見諸佛　此非小緣
　文殊當知　四眾龍神　瞻察仁者　為說何等」

五、答問序

(一) 惟忖答

「爾時，文殊師利語彌勒菩薩摩訶薩及諸大士，善男子等，如我惟忖，今佛世尊欲說大法，雨大法雨，吹大法螺，擊大法鼓，演大法義」

(二) 略曾見答

「諸善男子，我於過去諸佛，曾見此瑞，放斯光已，即說大法，是故當知，今佛現光，亦復如是，欲令眾生，咸得聞知，一切世間難信之法，故現斯瑞」

(三) 廣曾見答

㊀ 引一佛同

「諸善男子，如過去無量無邊不可思議阿僧祇劫，爾時有佛，號日月燈明如來，應供，正遍知，明行足，善逝，世間解，無上士調御丈夫，天人師，佛，世尊。演說正法，初善中善後善，其義深遠，其語巧妙，純一無雜，具足清白梵行之相」

「為求聲聞者，說應四諦法，度生老病死，究竟涅槃」

「為求辟支佛者，說應十二因緣法」

「為諸菩薩，說應六波羅密」

「令得阿耨多羅三藐三菩提，成一切種智」

㊁ 引二萬佛同

「次復有佛，亦名日月燈明」「次復有佛，亦名日月燈明，如是二萬佛皆同一字，號日月燈明」「又同一姓，姓頗羅墮」，「彌勒當知」，「初佛後佛皆同一字，名日月燈明，十號具足，所可說法，初中後善」

「法華經」表解 P10

五、答問序

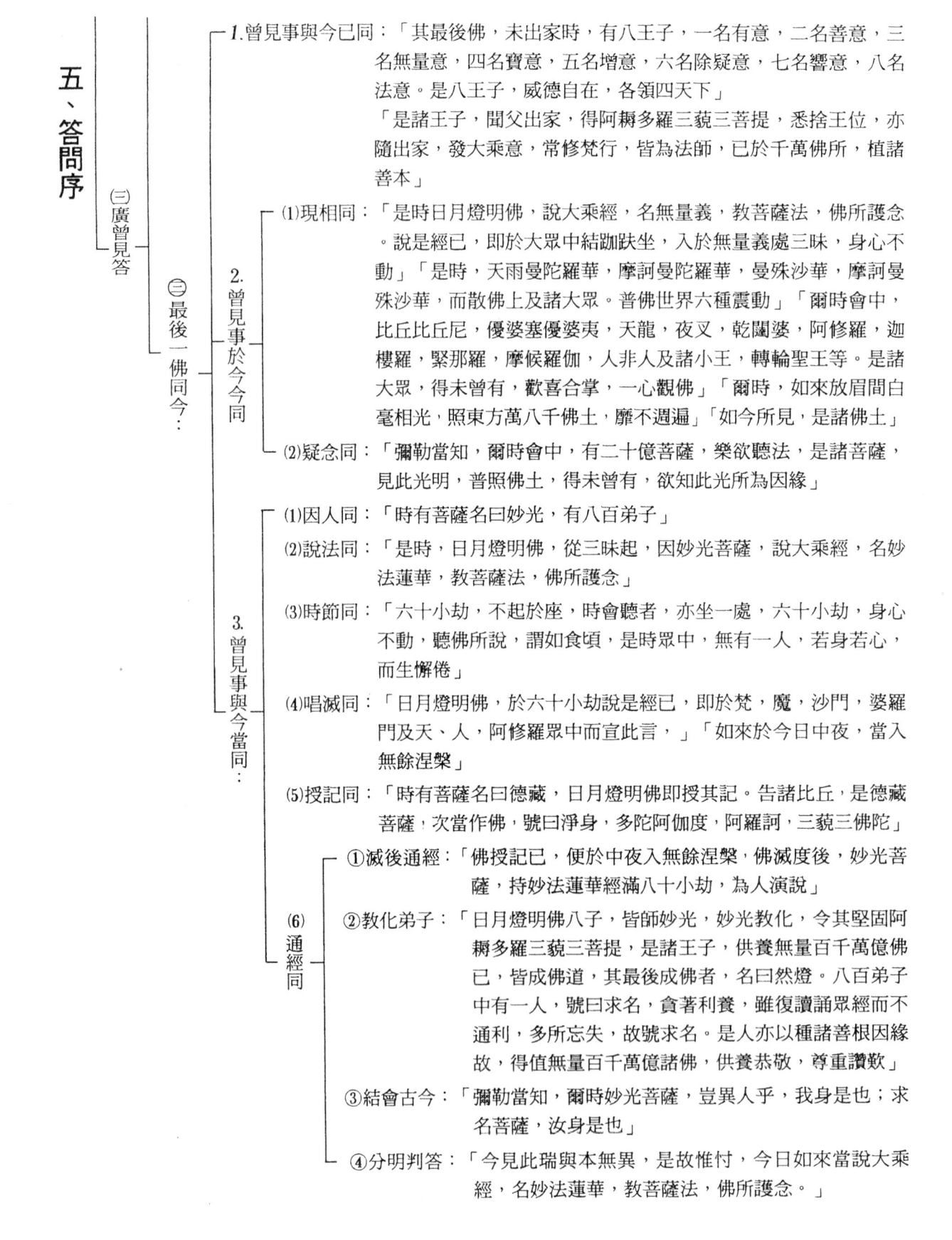

(三) 廣曾見答

(三) 最後一佛同今：

1. 曾見事與今已同：「其最後佛，未出家時，有八王子，一名有意，二名善意，三名無量意，四名寶意，五名增意，六名除疑意，七名響意，八名法意。是八王子，威德自在，各領四天下」

「是諸王子，聞父出家，得阿耨多羅三藐三菩提，悉捨王位，亦隨出家，發大乘意，常修梵行，皆為法師，已於千萬佛所，植諸善本」

2. 曾見事於今今同

(1) 現相同：「是時日月燈明佛，說大乘經，名無量義，教菩薩法，佛所護念。說是經已，即於大眾中結跏趺坐，入於無量義處三昧，身心不動」「是時，天雨曼陀羅華，摩訶曼陀羅華，曼殊沙華，摩訶曼殊沙華，而散佛上及諸大眾。普佛世界六種震動」「爾時會中，比丘比丘尼，優婆塞優婆夷，天龍，夜叉，乾闥婆，阿修羅，迦樓羅，緊那羅，摩睺羅伽，人非人及諸小王，轉輪聖王等。是諸大眾，得未曾有，歡喜合掌，一心觀佛」「爾時，如來放眉間白毫相光，照東方萬八千佛土，靡不周遍」「如今所見，是諸佛土」

(2) 疑念同：「彌勒當知，爾時會中，有二十億菩薩，樂欲聽法，是諸菩薩，見此光明，普照佛土，得未曾有，欲知此光所為因緣」

3. 曾見事與今當同：

(1) 因人同：「時有菩薩名曰妙光，有八百弟子」

(2) 說法同：「是時，日月燈明佛，從三昧起，因妙光菩薩，說大乘經，名妙法蓮華，教菩薩法，佛所護念」

(3) 時節同：「六十小劫，不起於座，時會聽者，亦坐一處，六十小劫，身心不動，聽佛所說，謂如食頃，是時眾中，無有一人，若身若心，而生懈倦」

(4) 唱滅同：「日月燈明佛，於六十小劫說是經已，即於梵，魔，沙門，婆羅門及天、人，阿修羅眾中而宣此言，」「如來於今日中夜，當入無餘涅槃」

(5) 授記同：「時有菩薩名曰德藏，日月燈明佛即授其記。告諸比丘，是德藏菩薩，次當作佛，號曰淨身，多陀阿伽度，阿羅訶，三藐三佛陀」

(6) 通經同
① 滅後通經：「佛授記已，便於中夜入無餘涅槃，佛滅度後，妙光菩薩，持妙法蓮華經滿八十小劫，為人演說」

② 教化弟子：「日月燈明佛八子，皆師妙光，妙光教化，令其堅固阿耨多羅三藐三菩提，是諸王子，供養無量百千萬億佛已，皆成佛道，其最後成佛者，名曰然燈。八百弟子中有一人，號曰求名，貪著利養，雖復讀誦眾經而不通利，多所忘失，故號求名。是人亦以種諸善根因緣故，得值無量百千萬億諸佛，供養恭敬，尊重讚歎」

③ 結會古今：「彌勒當知，爾時妙光菩薩，豈異人乎，我身是也；求名菩薩，汝身是也」

④ 分明判答：「今見此瑞與本無異，是故惟忖，今日如來當說大乘經，名妙法蓮華，教菩薩法，佛所護念。」

「法華經」表解 P11

六、偈頌答

(一) 頌上長行：「爾時文殊師利，於大眾中，欲重宣此義，而說偈言」：(四十三行)

㈠ 引一佛同：
「我念過去世　無量無數劫　有佛人中尊　號日月燈明
　世尊演說法　度無量眾生　無數億菩薩　令入佛智慧」

㈡ 曾見已同：
「佛未出家時　所生八王子　見大聖出家　亦隨修梵行」

㈢ 頌此土瑞相同：
「時佛說大乘　經名無量義　於諸大眾中　而為廣分別
　佛說此經已　即於法座上　跏趺坐三昧　名無量義處
　天雨曼陀華　天鼓自然鳴　諸天龍鬼神　供養人中尊
　一切諸佛土　即時大震動　佛放眉間光　現諸希有事」

㈣ 頌光照他土同：
「此光照東方　萬八千佛土　示一切眾生　生死業報處
　有見諸佛土　以眾寶莊嚴　琉璃玻璃色　斯由佛光照
　及見諸天人　龍神夜叉眾　乾闥緊那羅　各供養其佛」
「又見諸如來　自然成佛道　身色如金山　端嚴甚微妙
　如淨琉璃中　內現真金像　世尊在大眾　敷演深法義
　一一諸佛土　聲聞眾無數　因佛光所照　悉見彼大眾」
「或有諸比丘　在於山林中　精進持淨戒　猶如護明珠」
「又見諸菩薩　行施忍辱等　其數如恒沙　斯由佛光照」
「又見諸菩薩　深入諸禪定　身心寂不動　以求無上道」
「又見諸菩薩　知法寂滅相　各於其國土　說法求佛道」

㈤ 疑念同
「爾時四部眾　見日月燈佛　現大神通力　其心皆歡喜
　各各自相問　是事何因緣」

㈥ 因人同：
「天人所奉尊　適從三昧起　讚妙光菩薩　汝為世間眼
　一切所歸信　能奉持法藏　如我所說法　唯汝能證知
　世尊即讚歎　令妙光歡喜」

㈦ 說經同：「說是法華經」

㈧ 時節同：
「滿六十小劫　不起於此座　所說上妙法　是妙光法師　悉皆能受持」

㈨ 唱滅同：
「佛說是法華　令眾歡喜已　尋即於是日　告於天人眾
　諸法實相義　已為汝等說　我今於中夜　當入於涅槃
　汝一心精進　當離於放逸　諸佛甚難值　億劫時一遇
　世尊諸子等　聞佛入涅槃　各各懷悲惱　佛滅一何速
　聖主法之王　安慰無量眾　我若滅度時　汝等勿憂怖」

㈩ 授記同：
「是德藏菩薩　於無漏實相　心已得通達　其次當作佛
　號曰為淨身　亦度無量眾」

六、偈頌答

(一)頌上長行：「爾時文殊師利，於大眾中，欲重宣此義，而說偈言」：(四十三行)

⑪滅後通經：
「佛此夜滅度　如薪盡火滅　分布諸舍利　而起無量塔
　比丘比丘尼　其數如恒沙　倍復加精進　以求無上道
　是妙光法師　奉持佛法藏　八十小劫中　廣宣法華經」

⑫教化弟子：
「是諸八王子　妙光所開化　堅固無上道　當見無數佛
　供養諸佛已　隨順行大道　相繼得成佛　轉次而授記
　最後天中天　號曰然燈佛　諸仙之導師　度脫無量眾」
「是妙光法師　時有一弟子　心常懷懈怠　貪著於名利
　求名利無厭　多遊族姓家　棄捨所習誦　廢忘不通利
　以是因緣故　號之為求名　亦行眾善業　得見無數佛
　供養於諸佛　隨順行大道　具六波羅密　今見釋師子
　其後當作佛　號名曰彌勒　廣度諸眾生　其數無有量」

⑬結會古今：
「彼佛滅度後　懈怠者汝是　妙光法師者　今則我身是」

⑭分明判答：
「我見燈明佛　本光瑞如此　以是知今佛　欲說法華經
　今相如本瑞　是諸佛方便　今佛放光明　助發實相義」

⑮結勸待聞：
「諸人今當知　合掌一心待　佛當雨法雨　充足求道者
　諸求三乘人　若有疑悔者　佛當為除斷　令盡無有餘」
（卷第一終）

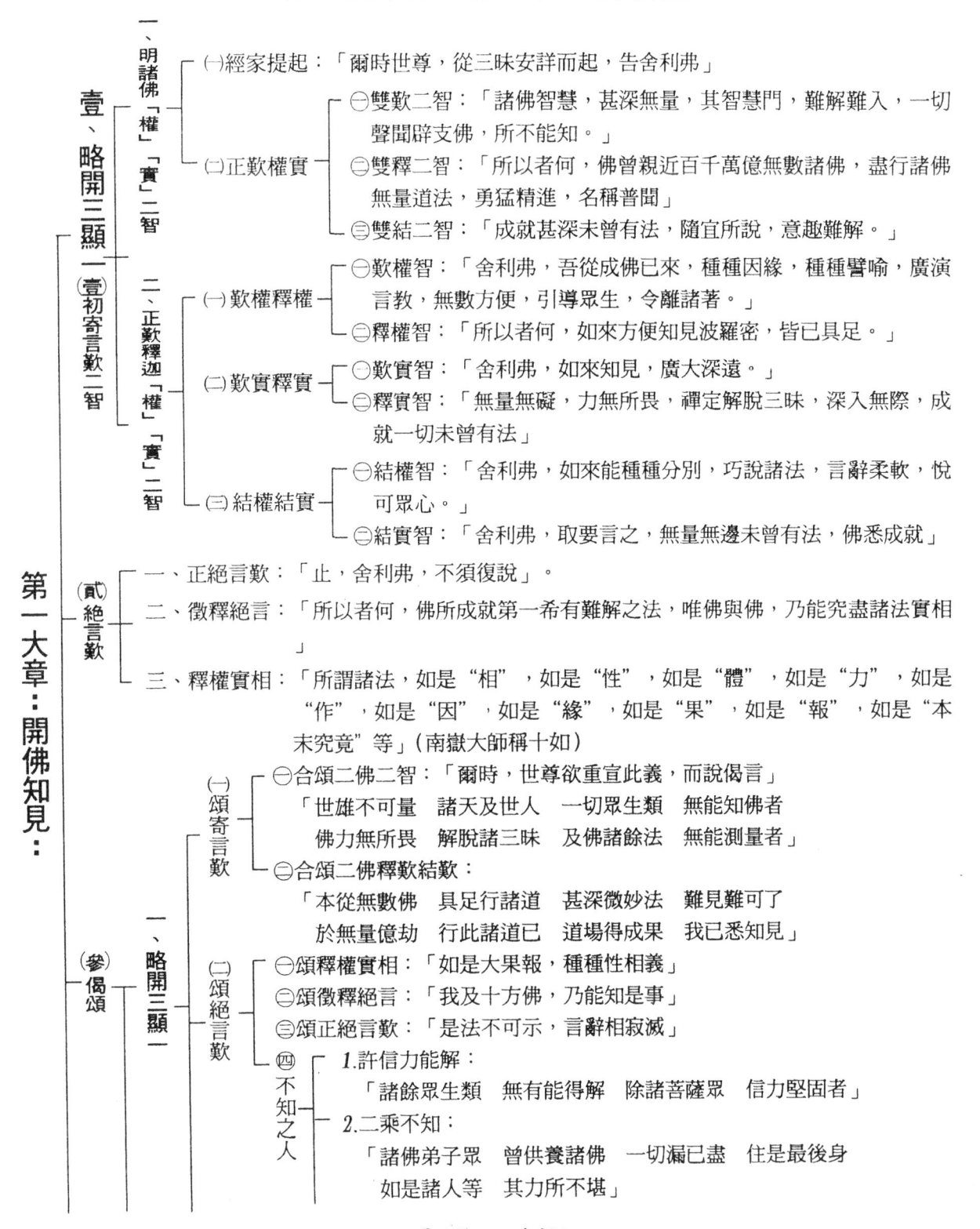

法華經大成卷第二
（第一大章：開佛知見－第二品至第十品）
貳：正宗分　第二品：方便品

第一大章：開佛知見：

壹、略開三顯一

（壹）初寄言歎二智

一、明諸佛「權」「實」二智
- （一）經家提起：「爾時世尊，從三昧安詳而起，告舍利弗」
- （二）正歎權實
  - ㊀雙歎二智：「諸佛智慧，甚深無量，其智慧門，難解難入，一切聲聞辟支佛，所不能知。」
  - ㊁雙釋二智：「所以者何，佛曾親近百千萬億無數諸佛，盡行諸佛無量道法，勇猛精進，名稱普聞」
  - ㊂雙結二智：「成就甚深未曾有法，隨宜所說，意趣難解。」

二、正歎釋迦「權」「實」二智
- （一）歎權釋權
  - ㊀歎權智：「舍利弗，吾從成佛已來，種種因緣，種種譬喻，廣演言教，無數方便，引導眾生，令離諸著。」
  - ㊁釋權智：「所以者何，如來方便知見波羅密，皆已具足。」
- （二）歎實釋實
  - ㊀歎實智：「舍利弗，如來知見，廣大深遠。」
  - ㊁釋實智：「無量無礙，力無所畏，禪定解脫三昧，深入無際，成就一切未曾有法」
- （三）結權結實
  - ㊀結權智：「舍利弗，如來能種種分別，巧說諸法，言辭柔軟，悅可眾心。」
  - ㊁結實智：「舍利弗，取要言之，無量無邊未曾有法，佛悉成就」

（貳）絕言歎
- 一、正絕言歎：「止，舍利弗，不須復說」。
- 二、徵釋絕言：「所以者何，佛所成就第一希有難解之法，唯佛與佛，乃能究盡諸法實相」
- 三、釋權實相：「所謂諸法，如是"相"，如是"性"，如是"體"，如是"力"，如是"作"，如是"因"，如是"緣"，如是"果"，如是"報"，如是"本末究竟"等」（南嶽大師稱十如）

（參）偈頌

一、略開三顯一
- （一）頌寄言歎
  - ㊀合頌二佛二智：「爾時，世尊欲重宣此義，而說偈言」
    「世雄不可量　諸天及世人　一切眾生類　無能知佛者
    佛力無所畏　解脫諸三昧　及佛諸餘法　無能測量者」
  - ㊁合頌二佛釋歎結歎：
    「本從無數佛　具足行諸道　甚深微妙法　難見難可了
    於無量億劫　行此諸道已　道場得成果　我已悉知見」
- （二）頌絕言歎
  - ㊀頌釋權實相：「如是大果報　種種性相義」
  - ㊁頌徵釋絕言：「我及十方佛　乃能知是事」
  - ㊂頌正絕言歎：「是法不可示　言辭相寂滅」
  - ㊃不知之人
    - 1.許信力能解：
      「諸餘眾生類　無有能得解　除諸菩薩眾　信力堅固者」
    - 2.二乘不知：
      「諸佛弟子眾　曾供養諸佛　一切漏已盡　住是最後身
      如是諸人等　其力所不堪」

「法華經」表解 P14

壹、略開三顯一

一、略開三顯一

（二）頌絕言歎

（四）不知之人

3. 揀身子不知：
「假使滿世間　皆如舍利弗　盡思共度量　不能測佛智」

4. 大弟子不知：
「正使滿十方　皆如舍利弗　及餘諸弟子　亦滿十方剎
盡思共度量　亦復不能知」

5. 辟支佛不知：
「辟支佛利智　無漏最後身　亦滿十方界　其數如竹林
斯等共一心　於億無量劫　欲思佛實智　莫能知少分」

6. 發心菩薩不知：
「新發意菩薩　供養無數佛　了達諸義趣　又能善說法
如稻麻竹葦　充滿十方剎　一心以妙智　於恆河沙劫
咸皆共思量　不能知佛智」

7. 不退菩薩不知：
「不退諸菩薩　其數如恆沙　一心共思求　亦復不能知」

（五）開三顯一

1. 唯佛能知：
「又告舍利弗　無漏不思議　甚深微妙法　我今已具得
唯我知是相　十方佛亦然」

2. 開三顯一
   - (1)半明諸佛顯實：
「舍利弗當知　諸佛語無異　於佛所說法　當生大信力
世尊法久後　要當說真實」
   - (2)明釋迦開三：
「告諸聲聞眾　及求緣覺乘　我令脫苦縛　逮得涅槃者
佛以方便力　示以三乘教　眾生處處著　引之令得出」

二、騰疑致請

（一）經家敘疑：
「爾時大眾中，有諸聲聞漏盡阿羅漢，阿若憍陳如等，千二百人，及發聲聞辟支佛心，比丘比丘尼，優婆塞優婆夷，各作是念。」
「今者世尊，何故慇懃稱歎方便，而作是言」
「佛所得法，甚深難解，有所言說，意趣難知」
「一切聲聞辟支佛所不能及」
「佛說一解脫義，我等亦得此法，到於涅槃，而今不知是義所趣」

（二）當機正請

（一）初請為自他求決

1. 疑請
   - (1)陳疑：「爾時舍利弗，知四眾心疑，自亦未了，而白佛言，世尊，何因何緣，慇懃稱歎，諸佛第一方便，甚深微妙難解之法」
   - (2)陳請：「我自昔來，未曾從佛聞如是說，今者四眾咸皆有疑，惟願世尊敷演斯事」
「世尊何故慇懃稱歎，甚深微妙難解之法」

2. 偈頌
   - (1)疑二智：「爾時，舍利弗欲重宣此義，而說偈言」
「慧日大聖尊　久乃說是法　自說得如是　力無畏三昧
禪定解脫等　不可思議法　道場所得法　無能發問者
我意難可測　亦無能問者　無問而自說　稱歎所行道
智慧甚微妙　諸佛之所得」

壹、略開三顯一（參偈頌）

二、騰疑致請

(一) 初請為自他求決

2. 偈頌

(2) 三乘四眾疑：

「無漏諸羅漢　　及求涅槃者　　今皆墮疑網　　佛何故說是
其求緣覺者　　比丘比丘尼　　諸天龍鬼神　　及乾闥婆等
相視懷猶豫　　瞻仰兩足尊　　是事為云何　　願佛為解說」

(3) 自己疑：

「於諸聲聞眾　　佛說我第一　　我今自於智　　疑惑不能了
為是究竟法　　為是所行道」

(4) 三乘疑：

「佛口所生子　　合掌瞻仰待　　願出微妙音　　時為如實說」

(5) 總明同疑致請：

「諸天龍神等　　其數如恆沙　　求佛諸菩薩　　大數有八萬
又諸萬億國　　轉輪聖王至　　合掌以敬心　　欲聞具足道」

(二) 當機正請

一 二止為驚疑不信：

「爾時佛告舍利弗」「止」「止」「不須復說」
「若說是事，一切世間，諸天及人，皆當驚疑」

二 二請為久植必解：

「舍利弗重白佛言，世尊，惟願說之，惟願說之」
「所以者何，是會無數百千萬億阿僧祇眾生，曾見諸佛，諸根猛利，智慧明了，聞佛所說，則能敬信」
「爾時舍利弗，欲重宣此義，而說偈言」
「法王無上尊　　惟說願勿慮　　是會無量眾　　有能敬信者」

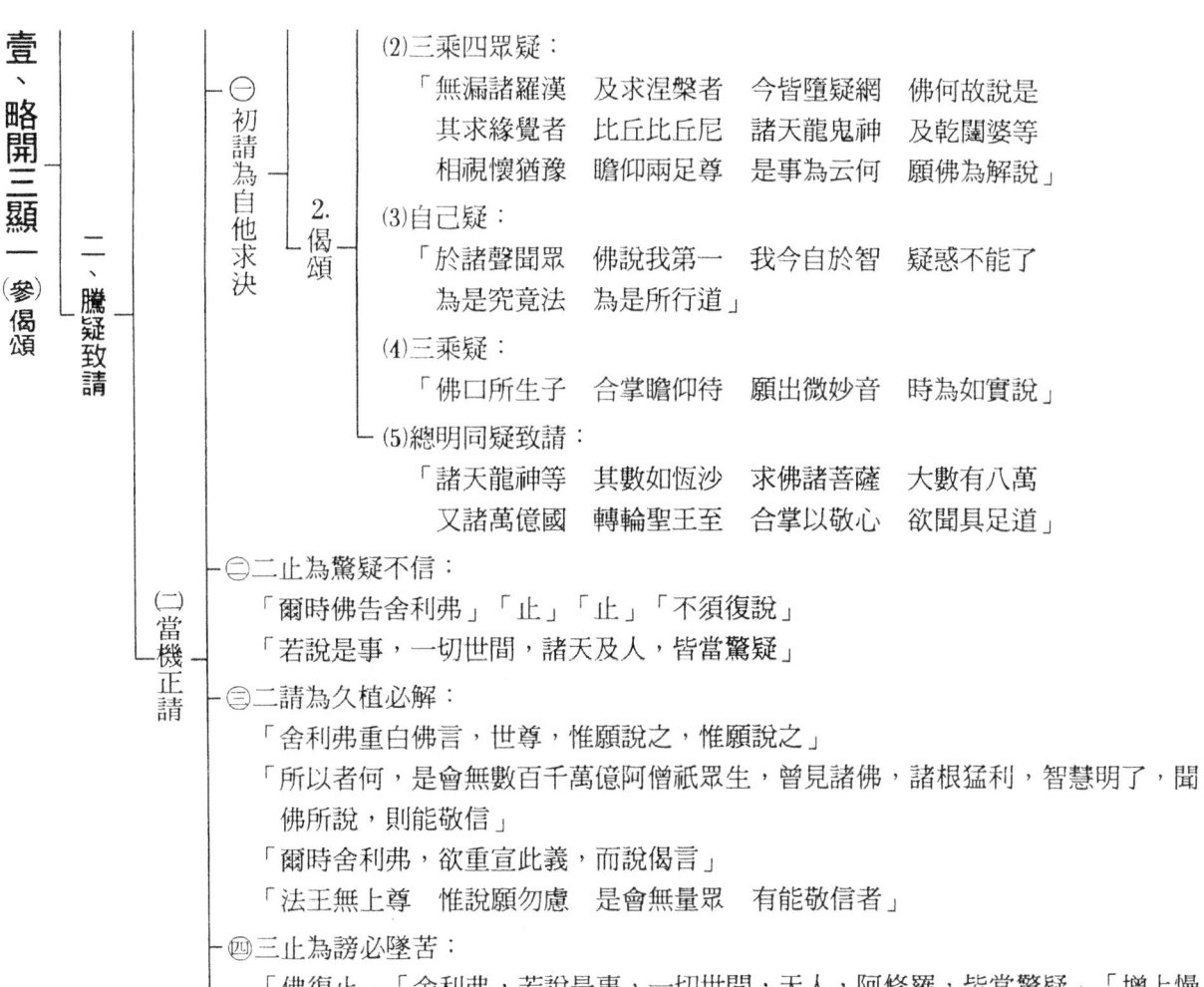

三 三止為謗必墮苦：

「佛復止」「舍利弗，若說是事，一切世間，天人，阿修羅，皆當驚疑」「增上慢比丘，將墜於大坑」
「爾時，世尊重說偈言」
「止止不須說　　我法妙難思　　諸增上慢者　　聞必不敬信」

四 三請為利根得益：

「爾時舍利弗重白佛言」「世尊，惟願說之，惟願說之」
「今此會中，如我等比，百千萬億，世世已曾從佛受化，如此人等，必能敬信，長夜安隱，多所饒益」
「爾時舍利弗，欲重宣此義，而說偈言」
「無上兩足尊　　願說第一法　　我為佛長子　　惟垂分別說
是會無量眾　　能敬信此法　　佛已曾世世　　教化如是等
皆一心合掌　　欲聽受佛語　　我等千二百　　及餘求佛者
願為此眾故　　惟垂分別說　　是等聞此法　　則生大歡喜」

「法華經」表解 P16

貳、廣開三顯一（壹法說一周，被上根）

一、正法說

A. 長行

(一)許說
「爾時世尊告舍利弗，汝已慇懃三請，豈得不說，汝今諦聽，善思念之，吾當為汝分別解說」「說此語時，會中有比丘比丘尼，優婆塞優婆夷，五千人等，即從座起，禮佛而退」
「所以者何」「此輩罪根深重，及增上慢，未得謂得，未證謂證，有如此失，是以不住」
「世尊默然，而不制止」
「爾時，佛告舍利弗，我今此眾，無復枝葉，純有貞實」「舍利弗」「如是增上慢人，退亦佳矣！」
「汝今善聽，當為汝說」

(二)受旨
「舍利弗言，唯然世尊，願樂欲聞。」

(三)正說 — ㈠明四佛章：(廣上諸佛權實二智)

1. 總明諸佛：

(1)歎法希有：「佛告舍利弗，如是妙法，諸佛如來，時乃說之，如優曇鉢華，時一現耳。」

(2)說無虛妄：「舍利弗，汝等當信，佛之所說，言不虛妄」

(3)開方便：「舍利弗，諸佛隨宜說法，意趣難解」「所以者何，我以無數方便，種種因緣，譬喻言辭，演說諸法，是法非思量分別之所能解」「唯有諸佛，乃能知之」。

(4)禎實
- ①初標出世意：「所以者何，諸佛世尊，唯以一大事因緣故，出現於世」。
- ②重徵出世意：「舍利弗，云何名」「諸佛世尊，唯以一大事因緣故，出現於世」。
- ③正明出世意
  - <1>明大事因緣
    - a.「諸佛世尊，欲令眾生」「開佛知見」。「使得清淨故」「出現於世」。
    - b.「欲示眾生」「佛之知見故」「出現於世」。
    - c.「欲令眾生」「悟佛知見故」「出現於世」。
    - d.「欲令眾生」「入佛知見道故」「出現於世」。
    - e.「舍利弗」「是為諸佛以一大事因緣故」「出現於世」。
  - <2>明會權歸實
    - a.「佛告舍利弗」「諸佛如來，但教化菩薩，諸有所作，常為一事」「唯以佛之知見，示悟眾生」。
    - b.「舍利弗」「如來但以一佛乘故」「為眾生說法」「無有餘乘，若二若三」。
- ④總結出世意：「舍利弗」「一切十方諸佛」「法亦如是」。

2. 別列三世佛

(1)別明三佛開權顯實
- ①明過去佛：「舍利弗」「過去諸佛」「以無量無數方便，種種因緣，譬喻言辭」「而為眾生演說諸法」「是法皆為一佛乘故」「是諸眾生，從諸佛聞法」「究竟皆得一切種智」
- ②明未來佛：「舍利弗」「未來諸佛」「當出於世，亦以無量無數方便，種種因緣，譬喻言辭」「而為眾生演說諸法」「是法皆為一佛乘故」「是諸眾生，從佛聞法」「究竟皆得一切種智」

貳、廣開三顯一 (壹)法說一周，被上根

一、正法說 A．長行

(一)明四佛章：(廣上諸佛權實二智)

1. 別列三世佛

(1) 別明三佛開權顯實

③明現在佛：
「舍利弗」「現在十方」「無量百千萬億佛土中，諸佛世尊」
「多所饒益，安樂眾生」「是諸佛亦以無量無數方便，種種因緣，譬喻言辭」
「而為眾生演說諸法」「是法皆為一佛乘故」「是諸眾生，從佛聞法」「究竟皆得一切種智」

(2) 總結諸佛出現事

「舍利弗」「是諸佛但教化菩薩」：
① 「欲以佛之知見，示眾生故」
② 「欲以佛之知見，悟眾生故」
③ 「欲令眾生」「入佛之知見故」

(二)正說

(三)明釋迦章

1. 初開方便：
「舍利弗」「我今亦復如是」「知諸眾生有種種欲」「深心所著」「隨其本性」「以種種因緣，譬喻言辭、方便力，而為說法」

2. 顯真實：
「舍利弗」「如此皆為得一佛乘」「一切種智故」。
「舍利弗」「十方世界中尚無二乘，何況有三」

3. 舉五濁釋權：
(1) 「舍利弗」「諸佛出於五濁惡世」「所謂劫濁，煩惱濁，眾生濁，見濁，命濁，如是」
(2) 乘時開三：
「舍利弗」「劫濁亂時」「眾生垢重，慳貪嫉妒，成就諸不善根故」
「諸佛以方便力，於一佛乘分別說三」

4. 揀偽敦信：

(1) 初揀別真偽：
① 不聞不知，非真弟子：
「舍利弗」「若我弟子，自謂阿羅漢辟支佛者」「不聞不知，諸佛如來，但教化菩薩事」「此非佛弟子」「非阿羅漢」「非辟支佛」。
② 聞不信受，成增上慢：
「又舍利弗」「是諸比丘，丘比尼」「自謂已得阿羅漢，是最後身，究竟涅槃，便不復志求阿耨多羅三藐三菩提」
「當知此輩，皆是增上慢人」
「所以者何」「若有比丘實得阿羅漢」「若不信此法，無有是處」

(2) 開除釋疑：
「除佛滅度後，現前無佛」
「所以者何？」「佛滅度後」「如是等經」「受持讀誦解義者」
「是人難得」「若遇餘佛」「於此法中，便得決了」

5. 說無虛妄：
「舍利弗」「汝等當一心信解，受持佛語」「諸佛如來」「言無虛妄」「無有餘乘，唯一佛乘」

「法華經」表解 P18

```
貳
、
廣
開
三
顯
一
（壹
法
說
一
周
，
被
上
根
）
```
　　一、正法說
　　　B．偈頌
　　（二）頌上正法說：（A．頌四佛章）

─(一)頌上許答：「爾時，世尊欲重宣此義，而說偈言」

「比丘比丘尼　有懷憎上慢　優婆塞我慢　優婆夷不信
　如是四眾等　其數有五千　不自見其過　於戒有缺漏
　護惜其瑕疵　是小智已出　眾中之糟糠　佛威德故去
　斯人尠福德　不堪受是法　此眾無枝葉　唯有諸貞實
　舍利弗善聽」

─(二)頌諸佛

　┌─1.頌諸佛開權：
　│
　│「諸佛所得法　無量方便力　而為眾生說　眾生心所念
　│　種種所行道　若干諸欲性　先世善惡業　佛悉知是已
　│　以諸緣譬喻　言辭方便力　令一切歡喜　或說修多羅
　│　伽陀及本事　本生未曾有　亦說於因緣　譬喻並祇夜
　│　優婆提舍經　鈍根樂小法　貪著於生死　於諸無量佛
　│　不行深妙道　眾苦所惱亂　為是說涅槃」
　│
　├─2.頌諸佛顯實：
　│　┌─(1)頌大事因緣：
　│　│「我設是方便　令得入佛慧　未曾說汝等　當得成佛道
　│　│　所以未曾說　說時未至故　今正是其時　決定說大乘
　│　│　我此九部法　隨順眾生說　入大乘為本　以故說是經」
　│　│
　│　└─(2)頌會權歸實：
　│　　「有佛子心淨　柔軟亦利根　無量諸佛所　而行深妙道
　│　　　為此諸佛子　說是大乘經　我記如是人　來世成佛道」
　│　　「以深心念佛　修持淨戒故　此等聞得佛　大喜充遍身
　│　　　佛知彼心行　故為說大乘　聲聞若菩薩　聞我所說法
　│　　　乃至於一偈　皆成佛無疑　十方佛土中　唯有一乘法
　│　　　無二亦無三　除佛方便說　但以假名字　引導於眾生
　│　　　說佛智慧故　諸佛出於世　唯此一事實　餘二則非真
　│　　　終不以小乘　濟度於眾生　佛自住大乘　如其所得法
　│　　　定慧力莊嚴　以此度眾生　自證無上道　大乘平等法
　│　　　若以小乘化　乃至於一人　我則墮慳貪　此事為不可」
　│
　└─3.頌諸佛勸信：
　　　┌─(1)舉果勸：
　　　│「若人信歸佛　如來不欺誑　亦無貪嫉意　斷諸法中惡
　　　│　故佛於十方　而獨無所畏　我以相嚴身　光明照世間
　　　│　無量眾所尊　為說實相印」
　　　│
　　　└─(2)舉因勸：
　　　　「舍利弗當知　我本立誓願　欲令一切眾　如我等無異
　　　　　如我昔所願　今者已滿足　化一切眾生　皆令入佛道」

「法華經」表解 P19

貳、廣開三顯一

(壹) 法說一周，被上根

一、正法說

(一) 頌諸佛

(二) 頌上正法說 (A. 頌四佛章)

B. 偈頌

4. 頌諸佛五濁開三：

- (1) 總明五濁障大：
  「若我遇眾生　盡教以佛道　無智者錯亂　迷惑不受教」

- (2) 別明五濁障大：
  - ① 明眾生濁：
    「我知此眾生　未曾修善本　堅著於五欲　癡愛故生惱
    以諸欲因緣　墜墮三惡道　輪迴六趣中　備受諸苦毒」
  - ② 明命濁：
    「受胎之微形　世世常增長　薄德少福人　眾苦所逼迫」
  - ③ 明見濁：
    「入邪見稠林　若有若無等　依止此諸見　具足六十二」
  - ④ 明煩惱濁：
    「深著虛妄法　堅受不可捨　我慢自矜高　諂曲心不實」
  - ⑤ 明劫濁：
    「於千萬億劫　不聞佛名字　亦不聞正法　如是人難度」

- (3) 明為五濁故說小：
  「是故舍利弗　我為設方便　說諸盡苦道　示之以涅槃」

- (4) 明為大故施小：
  「我雖說涅槃　是亦非真滅　諸法從本來　常自寂滅相
  佛子行道已　來世得作佛」

5. 頌諸佛不虛：
「我有方便力　開示三乘法　一切諸世尊　皆說一乘道
今此諸大眾　皆應除疑惑　諸佛語無異　唯一無二乘」

(二) 頌過去佛章 (此章廣明微因小善，皆成佛道，正顯一言一句，無非一乘之緣，一香一華無非菩提正因)

1. 略頌開顯：
「過去無數劫　無量滅度佛　百千萬億種　其數不可量
如是諸世尊　種種緣譬喻　無數方便力　演說諸法相」

2. 廣頌開顯分：

- (1) 總明方便助顯：
  「是諸世尊等　皆說一乘法　化無量眾生　令入於佛道」
  「又諸大聖主　知一切世間　天人群生類　深心之所欲
  更以異方便　助顯第一義」

- (2) 別明開顯之相
  - ① 約眾善顯緣因功德
    - <1> 約六度明開顯：
      「若有眾生類　值諸過去佛　若聞法布施　或持戒忍辱
      精進禪智等　種種修福慧　如是諸人等　皆已成佛道」
    - <2> 約悲心明開顯：
      「諸佛滅度後　若人善軟心　如是諸眾生　皆已成佛道」
    - <3> 約供舍利明開顯：
      「諸佛滅度已　供養舍利者　起萬億種塔　金銀及玻璃
      硨磲與瑪瑙　玫瑰琉璃珠　清淨廣嚴飾　莊校於諸塔
      或有起石廟　栴檀及沈水　木密並餘材　磚瓦泥土等
      若於曠野中　積土成佛廟　乃至童子戲　聚沙為佛塔
      如是諸人等　皆已成佛道」

貳、廣開三顯一（壹法說一周，被上根）

一、正法說

（一）頌上正法說：（A.頌四佛章）B.偈頌

㈠頌過去佛章：

1.（略）

2. 廣頌開顯分：

(1)（略）

(2) 別明開顯之相分

① 約眾善顯緣因功德

<4> 約造佛像明開顯：
「若人為佛故　建立諸形像　刻雕成眾相　皆已成佛道」
「或以七寶成　鍮鉐赤白銅　白鑞及鉛錫　鐵木與泥
或以膠漆布　嚴飾作佛像　如是諸人等　皆已成佛道」

<5> 約畫像明開顯：
「彩畫作佛像　百福莊嚴相　自作若使人　皆已成佛道」
「乃至童子戲　若草木及葦　或以指爪甲　而畫作佛像
如是諸人等　漸漸積功德　具足大悲心　皆已成佛道
但化諸菩薩　度脫無量眾」

<6> 約供塔像明開顯：
「若人於塔廟　寶像及畫像　以華香旛蓋　敬心而供養
若使人作樂　擊鼓吹角貝　簫笛琴箜篌　琵琶鐃銅鈸
如是眾妙音　盡持以供養　或以歡喜心　歌唄頌佛德
乃至一小音　皆已成佛道」
「若人散亂心　乃至以一華　供養於畫像　漸見無數佛
或有人禮拜　或復但合掌　乃至舉一手　或復小低頭
以此供養像　漸見無量佛　自成無上道　廣度無數眾
入無餘涅槃　如薪盡火滅」

<7> 約稱佛名明開顯：
「若人散亂心　入於塔廟中　一稱南無佛　皆已成佛道」

② 約聞經顯了因功德：
「於諸過去佛　在世或滅後　若有聞是法　皆已成佛道」

㈡頌未來佛章

1. 開三：「未來諸世尊　其數無有量　是諸如來等　亦方便說法」

2. 顯一分三

(1)明顯一：
「一切諸如來　以無量方便　度脫諸眾生　入佛無漏智
若有聞法者　無一不成佛」

(2)明佛本願：
「諸佛本誓願　我所行佛道　普欲令眾生　亦同得此道」

(3)重明開顯：
「未來世諸佛　雖說百千億　無數諸法門　其實為一乘」
「諸佛兩足尊　知法常無性　佛種從緣起　是故說一乘
是法住法位　世間相常住　於道場知已　導師方便說」

㈢頌現在佛章

1.出世意：「天人所供養　現在十方佛　其數如恒沙　出現於世間
安隱眾生故　亦說如是法」

2.頌顯實：「知第一寂滅　以方便力故　雖示種種道　其實為佛乘」

3.頌開權：「知眾生諸行　深心之所念　過去所習業　欲性精進力
及諸根利鈍　以種種因緣　譬喻亦言辭　隨應方便說」

「法華經」表解 P21

貳、廣開三顯一（壹）法說一周，被上根

一、正法說 B・偈頌

(二)頌上正法說：(B.頌釋迦佛章)

(一)廣頌開顯六義

(一)總頌開權顯實
1. 頌顯實：「今我亦如是　安隱眾生故　以種種法門　宣示於佛道」
2. 頌開權：「我以智慧力　知眾生性欲　方便說諸法　皆令得歡喜」

(二)頌上正法說：(B.頌釋迦佛章)

1. 頌五濁：
　「舍利弗當知　我以佛眼觀　見六道眾生　貧窮無福慧
　　入生死險道　相續苦不斷　深著於五欲　如犛牛愛尾
　　以貪愛自蔽　盲瞑無所見　不求大勢佛　及與斷苦法
　　深入諸邪見　以苦欲捨苦　為是眾生故　而起大悲心」

2. 頌施權

(1) 念用大乘擬宜不得：

① 大乘擬宜：
　「我始坐道場　觀樹亦經行　於三七日中　思惟如是事
　　我所得智慧　微妙最第一」

② 眾生無機：
　<1> 障重不堪聞大：
　　「眾生諸根鈍　著樂癡所盲　如斯之等類　云何而可度」
　<2> 梵王請佛說法：
　　「爾時諸梵王　及諸天帝釋　護世四天王　及大自在天
　　　並餘諸天眾　眷屬百千萬　恭敬合掌禮　請我轉法輪」

③ 念欲息化：
　「我即自思惟　若但讚佛乘　眾生沒在苦　不能信是法
　　破法不信故　墜於三惡道　我寧不說法　疾入於涅槃」

(2) 念同諸佛三乘隨宜：

① 明化得：
　<1> 明三乘擬宜：
　　「尋念過去佛　所行方便力　我今所得道　亦應說三乘」
　<2> 明有小機：
　　[1] 明諸佛讚善：
　　　「作是思惟時　十方佛皆現　梵音慰喻我　善哉釋迦文
　　　　第一之導師　得是無上法　隨諸一切佛　而用方便力」
　　　「我等亦皆得　最妙第一法　為諸眾生類　分別說三乘
　　　　少智樂小法　不自信作佛　是故以方便　分別說諸果
　　　　雖復說三乘　但為教菩薩」
　　[2] 明釋迦酬順：
　　　「舍利弗當知　我聞聖師子　深淨微妙音　稱南無諸佛
　　　　復作如是念　我出濁惡世　如諸佛所說　我亦隨順行」
　<3> 正明施化：
　　「思惟是事已　即趣波羅奈　諸法寂滅相　不可以言宣
　　　以方便力故　為五比丘說」
　<4> 明受行悟入：
　　「是名轉法輪　便有涅槃音　及以阿羅漢　法僧差別名」

② 釋疑：
　「從久遠劫來　讚示涅槃法　生死苦永盡　我常如是說」

「法華經」表解 P22

```
貳
、
廣
開
三
顯
一
（
壹
法
說
一
周
，
被
上
根
）
```

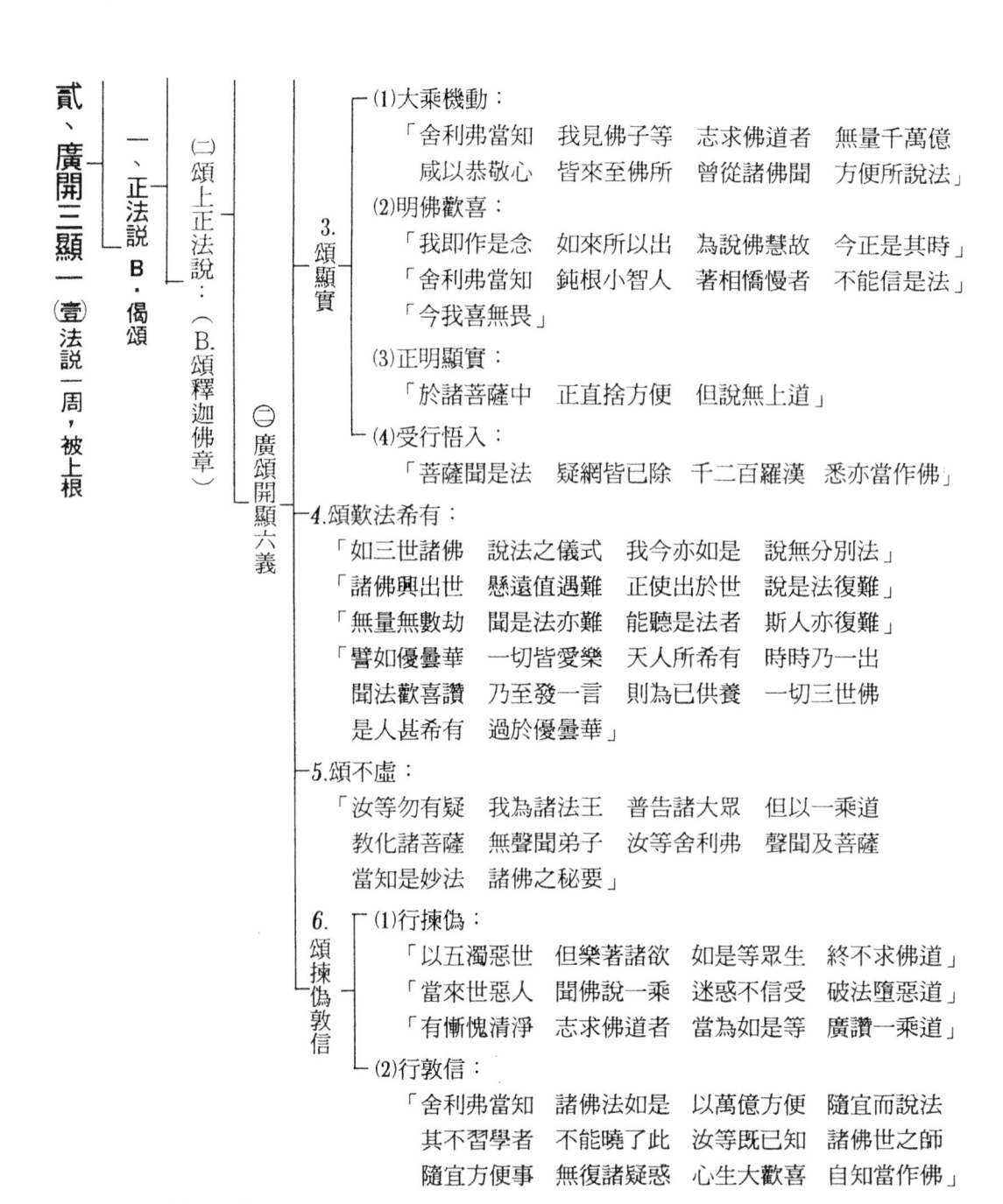

― 一、正法說 B．偈頌
　　├ (二)頌上正法說：(B.頌釋迦佛章)
　　│
　　└ (一)廣頌開顯六義
　　　├ 3.頌顯實
　　　│　├ (1)大乘機動：
　　　│　│　「舍利弗當知　我見佛子等　志求佛道者　無量千萬億
　　　│　│　　咸以恭敬心　皆來至佛所　曾從諸佛聞　方便所說法」
　　　│　├ (2)明佛歡喜：
　　　│　│　「我即作是念　如來所以出　為說佛慧故　今正是其時」
　　　│	│　「舍利弗當知　鈍根小智人　著相憍慢者　不能信是法」
　　　│	│　「今我喜無畏」
　　　│	├ (3)正明顯實：
　　　│	│　「於諸菩薩中　正直捨方便　但說無上道」
　　　│	└ (4)受行悟入：
　　　│　　　「菩薩聞是法　疑網皆已除　千二百羅漢　悉亦當作佛」
　　　├ 4.頌歎法希有：
　　　│　「如三世諸佛　說法之儀式　我今亦如是　說無分別法」
　　　│　「諸佛興出世　懸遠值遇難　正使出於世　說是法復難」
　　　│　「無量無數劫　聞是法亦難　能聽是法者　斯人亦復難」
　　　│　「譬如優曇華　一切皆愛樂　天人所希有　時時乃一出
　　　│　　聞法歡喜讚　乃至發一言　則為已供養　一切三世佛
　　　│　　是人甚希有　過於優曇華」
　　　├ 5.頌不虛：
　　　│　「汝等勿有疑　我為諸法王　普告諸大眾　但以一乘道
　　　│　　教化諸菩薩　無聲聞弟子　汝等舍利弗　聲聞及菩薩
　　　│　　當知是妙法　諸佛之秘要」
　　　└ 6.頌揀偽敦信
　　　　　├ (1)行揀偽：
　　　　　│　「以五濁惡世　但樂著諸欲　如是等眾生　終不求佛道」
　　　　　│　「當來世惡人　聞佛說一乘　迷惑不信受　破法墮惡道」
　　　　　│　「有慚愧清淨　志求佛道者　當為如是等　廣讚一乘道」
　　　　　└ (2)行敦信：
　　　　　　　「舍利弗當知　諸佛法如是　以萬億方便　隨宜而說法
　　　　　　　　其不習學者　不能曉了此　汝等既已知　諸佛世之師
　　　　　　　　隨宜方便事　無復諸疑惑　心生大歡喜　自知當作佛」

（卷第二終）

法華經大成卷第三

貳：正宗分　第三品：譬喻品

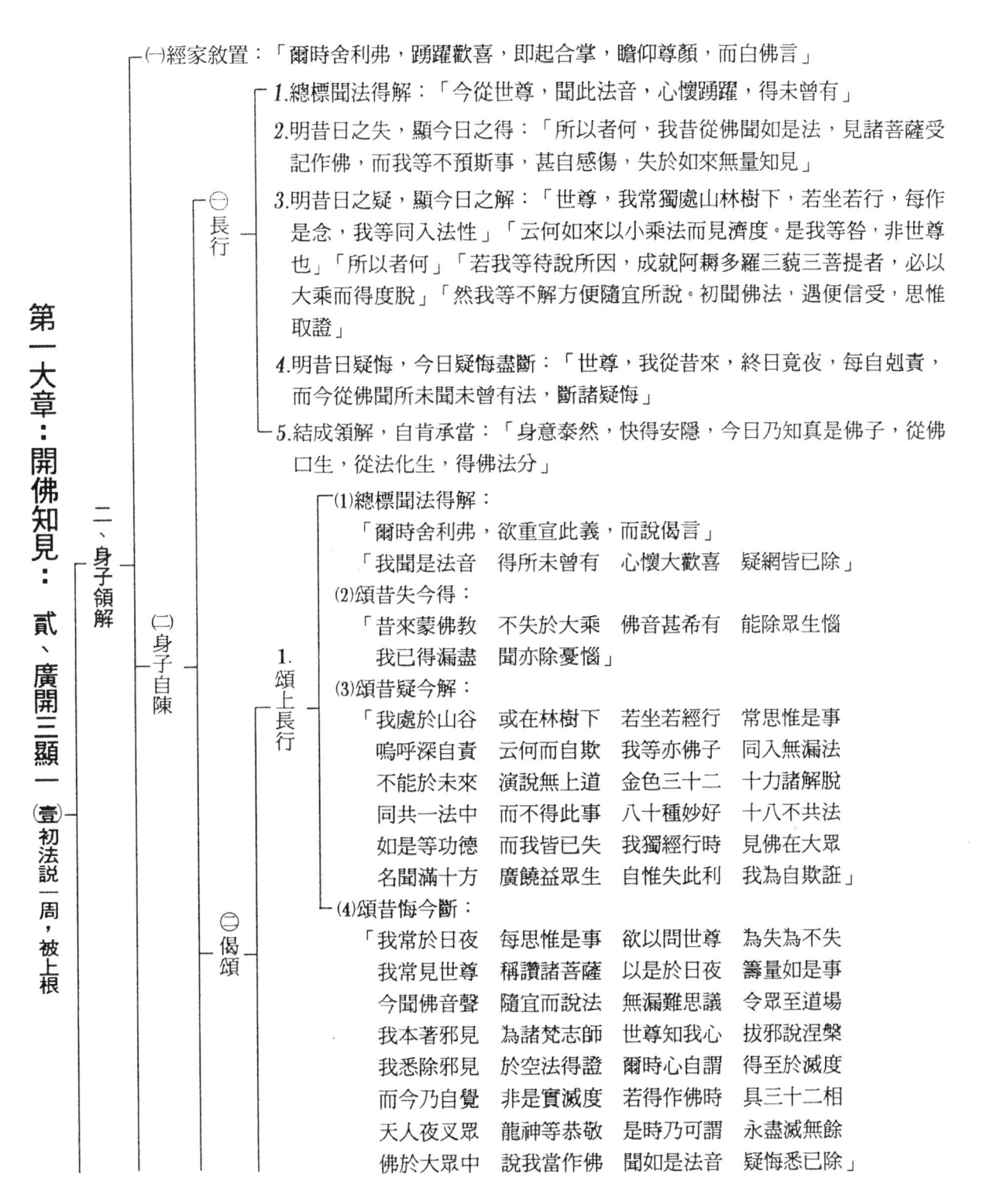

第一大章：開佛知見：貳、廣開三顯一 (壹)初法說一周，被上根

二、身子領解

(一)長行
　(一)經家敘置：「爾時舍利弗，踴躍歡喜，即起合掌，瞻仰尊顏，而白佛言」
　1.總標聞法得解：「今從世尊，聞此法音，心懷踴躍，得未曾有」
　2.明昔日之失，顯今日之得：「所以者何，我昔從佛聞如是法，見諸菩薩受記作佛，而我等不預斯事，甚自感傷，失於如來無量知見」
　3.明昔日之疑，顯今日之解：「世尊，我常獨處山林樹下，若坐若行，每作是念，我等同入法性」「云何如來以小乘法而見濟度。是我等咎，非世尊也」「所以者何」「若我等待說所因，成就阿耨多羅三藐三菩提者，必以大乘而得度脫」「然我等不解方便隨宜所說。初聞佛法，遇便信受，思惟取證」
　4.明昔日疑悔，今日疑悔盡斷：「世尊，我從昔來，終日竟夜，每自剋責，而今從佛聞所未聞未曾有法，斷諸疑悔」
　5.結成領解，自肯承當：「身意泰然，快得安隱，今日乃知真是佛子，從佛口生，從法化生，得佛法分」

(二)身子自陳

(二)偈頌
1.頌上長行
　(1)總標聞法得解：
　　「爾時舍利弗，欲重宣此義，而說偈言」
　　「我聞是法音　得所未曾有　心懷大歡喜　疑網皆已除」
　(2)頌昔失今得：
　　「昔來蒙佛教　不失於大乘　佛音甚希有　能除眾生惱
　　我已得漏盡　聞亦除憂惱」
　(3)頌昔疑今解：
　　「我處於山谷　或在林樹下　若坐若經行　常思惟是事
　　嗚呼深自責　云何而自欺　我等亦佛子　同入無漏法
　　不能於未來　演說無上道　金色三十二　十力諸解脫
　　同共一法中　而不得此事　八十種妙好　十八不共法
　　如是等功德　而我皆已失　我獨經行時　見佛在大眾
　　名聞滿十方　廣饒益眾生　自惟失此利　我為自欺誑」
　(4)頌昔悔今斷：
　　「我常於日夜　每思惟是事　欲以問世尊　為失為不失
　　我常見世尊　稱讚諸菩薩　以是於日夜　籌量如是事
　　今聞佛音聲　隨宜而說法　無漏難思議　令眾至道場
　　我本著邪見　為諸梵志師　世尊知我心　拔邪說涅槃
　　我悉除邪見　於空法得證　爾時心自謂　得至於滅度
　　而今乃自覺　非是實滅度　若得作佛時　具三十二相
　　天人夜叉眾　龍神等恭敬　是時乃可謂　永盡滅無餘
　　佛於大眾中　說我當作佛　聞如是法音　疑悔悉已除」

貳、廣開三顯一

(壹) 初法說一周，被上根

三、如來述成

2. 頌領前廣略開顯文：

「初聞佛所說　心中大驚疑　將非魔作佛　惱亂我心耶
佛以種種緣　譬喻巧言說　其心安如海　我聞疑網斷
佛說過去世　無量滅度佛　安住方便中　亦皆說是法
現在未來佛　其數無有量　亦以諸方便　演說如是法
如今者世尊　從生及出家　得道轉法輪　亦以方便說
世尊說實道　波旬無此事　以是我定知　非是魔作佛
我墮疑網故　謂是魔所為　聞佛柔軟音　深遠甚微妙
演暢清淨法　我心大歡喜　疑悔永已盡　安住實智中
我定當作佛　為天人所敬　轉無上法輪　教化諸菩薩」

(一) 昔曾教大：
「爾時，佛告舍利弗，吾今於天人，沙門，婆羅門等大眾中說，我昔曾於二萬億佛所，為無上道故，常教化汝，汝亦長夜隨我受學，我以方便引導汝故，生我法中」

(二) 中忘取小：
「舍利弗，我昔教汝志願佛道，汝今悉忘，而便自謂已得滅度」

(三) 還為說大：
「我今還欲令汝憶念本願所行道故。為諸聲聞，說是大乘經，名妙法蓮華，教菩薩法，佛所護念」

四、與之授記

(一) 四意
　㊀ 昔未記二乘，今須記故
　㊁ 中下未悟，以記勉勵故
　㊂ 令聞者結緣故
　㊃ 滿其本願故

(二) 長行
　㊀ 明時節：「舍利弗，汝於未來世，過無量無邊不可思議劫」
　㊁ 明行因：「供養若干千萬億佛，奉持正法，具足菩薩所行之道」
　㊂ 明得果：「當得作佛，號曰華光如來，應供，正遍知，明行足，善逝，世間解，無上士調御丈夫，天人師，佛，世尊」
　㊃ 明國土：「國名離垢，其土平正，清淨嚴飾，安隱豐樂，天人熾盛，琉璃為地，有八交道，黃金為繩，以界其側，其旁各有七寶行樹，常有華果」
　㊄ 明說法：「華光如來亦以三乘教化眾生」「舍利弗，彼佛出時雖非惡世，以本願故，說三乘法」
　㊅ 明劫號：「其劫名大寶莊嚴」「何故名曰大寶莊嚴」「其國中以菩薩為大寶故」
　㊆ 明眾數：「彼諸菩薩，無量無邊，不可思議。算術譬喻所不能及，非佛智力無能知者。若欲行時，寶華承足。此諸菩薩非初發意，皆久植德本，於無量百千萬億佛所，淨修梵行。恆為諸佛之所稱歎，常修佛慧，具大神通，善知一切諸法之門，質直無偽，志念堅固，如是菩薩，充滿其國」
　㊇ 明壽量：「舍利弗，華光佛壽十二小劫，除為王子未作佛時。其國人民壽八小劫」
　㊈ 轉記補處：「華光如來過十二小劫，授堅滿菩薩，阿耨多羅三藐三菩提記。告諸比丘，是堅滿菩薩，次當作佛，號曰華足安行。多陀阿伽度，阿羅訶，三藐三佛陀。其佛國土亦復如是」
　㊉ 法住久近：「舍利弗，是華光佛滅度之後，正法住世三十二小劫，像法住世亦三十二小劫」

「法華經」表解 P25

貳、廣開三顯一（壹初法說一周，被上根）

四、與之授記

(三)偈頌

(一)頌上長行

1. **頌得果**：「爾時世尊，欲重宣此義，而說偈言：舍利弗來世，成佛普智尊，號名曰華光，當度無量眾」
2. **追頌行因**：「供養無數佛　具足菩薩行　十力等功德　證於無上道」
3. **追頌時節**：「過無量劫已」
4. **頌劫號**：「劫名大寶嚴」
5. **頌國土**：「世界名離垢　清淨無瑕穢　以琉璃為地　金繩界其道　七寶雜色樹　常有華果實」
6. **頌眾數**：「彼國諸菩薩　志念常堅固　神通波羅密　皆已悉具足　於無數佛所　善學菩薩道」
7. **頌說法**：「如是等大士　華光佛所化」
8. **頌壽量**：「佛為王子時　棄國捨世榮　於最末後身　出家成佛道　華光佛住世　壽十二小劫　其國人民眾　壽命八小劫」
9. **頌法住久近**：「佛滅度之後　正法住於世　三十二小劫　廣度諸眾生　正法滅盡已　像法三十二」
10. **供養舍利**：「舍利廣流布　天人普供養」

(二)結歎：「華光佛所為　其事皆如是　其兩足聖尊　最勝無倫匹　彼即是汝身　宜應自欣慶」

五、四眾慶讚（領解）

(一)長行

(一)經家敘置

1. **初敘眾喜**：「爾時四部眾，比丘比丘尼，優婆塞優婆夷，天龍夜叉，乾闥婆，阿修羅，迦樓羅，緊那羅，摩睺羅伽等大眾，見舍利弗，於佛前受阿耨多羅三藐三菩提記，心大歡喜，踊躍無量」
2. **敘供養**：「各各脫身所著上衣，以供養佛。釋提桓因，梵天王等，與無數天子，亦以天妙衣，天曼陀羅華，摩訶曼陀羅華等，供養於佛。所散天衣，住虛空中而自迴轉。諸天伎樂百千萬種，於虛空中一時俱作，雨眾天華」

(二)四眾領解：「而作是言，佛昔於波羅奈初轉法輪。今乃復轉無上最大法輪」

(二)偈頌

(一)頌上長行開顯：「爾時諸天子，欲重宣此義，而說偈言：」
「昔於波羅奈　轉四諦法輪　分別說諸法　五眾之生滅　今復轉最妙　無上大法輪　是法甚深奧　少有能信者」

(二)自述得解迴向：「我等從昔來　數聞世尊說　未曾聞如是　深妙之上法　世尊說是法　我等皆隨喜　大智舍利弗　今得受尊記　我等亦如是　必當得作佛　於一切世間　最尊無有上　佛道叵思議　方便隨宜說　我所有福業　今世若過世　及見佛功德　盡迴向佛道」

「法華經」表解 P26

貳、廣開三顯一

一、身子代請

(一) 自述得記無疑：「爾時舍利弗白佛言，世尊，我今無復疑悔，親於佛前，得受阿耨多羅三藐三菩提記」

(二) 兼述同輩有感：「是諸千二百心自在者，昔住學地，佛常教化言，我法能離生老病死，究竟涅槃。是學無學人，亦各自以離我見及有無見等，謂得涅槃，而今於世尊前，聞所未聞，皆墮疑惑」

(三) 普為四眾代請：「善哉世尊，願為四眾，說其因緣，令離疑悔」

二、如來垂答

(壹) 正說譬喻

(一) 初抑揚發起：「爾時佛告舍利弗，我先不言，諸佛世尊，以種種因緣，譬喻言辭，方便說法，皆為阿耨多羅三藐三菩提耶」「是諸所說，皆為化菩薩故。然舍利弗，今當復以譬喻，更明此義。諸有智者，以譬喻得解」

(貳) 喻說一周，被中根

(二) 正說譬喻 A.長行 (一)喻說

1. 總喻
- (1) 長 者 喻：「舍利弗，若國邑聚落，有大長者，其年衰邁，財富無量，多有田宅及諸僮僕」
- (2) 舍 宅 喻：「其家廣大」
- (3) 門 喻：「唯有一門」
- (4) 五百人喻：「多諸人眾一百二百乃至五百人，止住其中」
- (5) 火 起 喻：「堂閣朽故，牆壁隤落，柱根腐敗，梁棟傾危，周匝俱時，欻然火起，焚燒舍宅」
- (6) 三十子喻：「長者諸子，若十二十，或至三十，在此宅中」。

2. 別喻

(1) 長者見火喻：「長者見是大火從四面起，即大驚怖，而作是念，我雖能於此所燒之門，安穩得出，而諸子等，於火宅內，樂著嬉戲，不覺不知，不驚不怖，火來逼身，苦痛切己，心不厭患，無求出意」

(2) 捨几用車喻

① 捨几喻
- <1> 長者念救喻：「舍利弗，是長者作是思惟，我身手有力，當以衣裓，若以几案，從舍出之。復再思惟，是舍唯有一門，而復狹小，諸子幼稚，未有所識，戀著戲處，或當墮落，為火所燒，我當為說怖畏之事，此舍已燒，宜時疾出，無令為火之所燒害。作是念已，如所思惟，具告諸子，汝等速出」
- <2> 諸子不聽喻：「父雖憐愍，善言誘喻。而諸子等樂著嬉戲，不肯信受，不驚不畏，了無出心。亦復不知，何者是火，何者為舍，云何為失」
- <3> 馳戲視父喻：「但東西走戲，視父而已」

② 用車喻
- <1> 擬宜三車喻：「爾時長者即作是念，此舍已為大火所燒，我及諸子若不時出，必為所焚。我今當設方便，令諸子等得免斯害」
- <2> 知子先心喻：「父知諸子，先心各有所好，種種珍玩奇異之物，情必樂著」
- <3> 歎美三車喻：
  - [1] 勸修轉：「而告之言，汝等所可玩好，希有難得，汝若不取，後必憂悔」
  - [2] 示相轉：「如此種種，羊車，鹿車，牛車，今在門外，可以遊戲」
  - [3] 作證轉：「汝等於此火宅，宜速出來，隨汝所欲，皆當與汝」
- <4> 適子所願喻：「爾時，諸子聞父所說珍玩之物，適其願故，心各勇銳，互相推排，競共馳走，爭出火宅」

貳、廣開三顯一

二、如來垂答
(二) 正說譬喻
A. 長行
(一) 喻說
2. 別喻

(3) 等賜大車

① 父見了免難歡喜喻：「是時長者，見諸子等安穩得出，皆於四衢道中，露地而坐，無復障礙，其心泰然，歡喜踴躍」

② 諸子索車喻：「時諸子等各白父言，父先所許玩好之具，羊車，鹿車，牛車，願時賜與。」

③ 賜諸子大車
- <1> 雙標子等車：「舍利弗，爾時長者各賜諸子等一大車」
- <2> 廣明車：
  - [1] 車之體相：「其車高廣，眾寶莊校，周匝欄楯，四面懸鈴。又於其上，張設幰蓋，亦以珍奇雜寶而嚴飾之。寶繩交絡垂諸華纓，重敷婉筵安置丹枕。駕以白牛膚色充潔，形體姝好，有大筋力，行步平正，其疾如風。又多僕從而侍衛之」
  - [2] 有車之由：「所以者何，是大長者，財富無量，種種諸藏，悉皆充溢」
- <3> 廣明心：
  - [1] 初廣心：「而作是念，我財物無極，不應以下劣小車與諸子等。今此幼童皆是吾子，愛無偏黨。我有如是七寶大車，其數無量，應當等心，各各與之，不宜差別」
  - [2] 釋心：「所以者何，以我此物，周給一國，猶尚不匱，何況諸子」

④ 諸子得車歡喜喻：「是時，諸子各乘大車，得未曾有，非本所望」

(4) 長者不虛喻

① 如來垂問：「舍利弗，於汝意云何」「是長者，等與諸子珍寶大車，寧有虛妄不」

② 舍利弗答：
- <1> 直答不虛：「舍利弗言，不也，世尊」
- <2> 申明不虛：
  - [1] 免其火難不虛：「是長者但令諸子得免火難，全其軀命，非為虛妄。何以故，若全身命，便為已得玩好之具。」
  - [2] 以重奪輕不虛：「況復方便，於彼火宅而拔濟之」
  - [3] 不乘本心不虛：「世尊，若是長者乃至不與最小一車，猶不虛妄，何以故」「是長者先作是意，我以方便令子得出，以是因緣，無虛妄也」
  - [4] 過本所望不虛：「何況長者自知財富無量，欲饒益諸子等與大車」

③ 如來歎善：「佛告舍利弗，善哉善哉，如汝所言」。

(貳) 喻說一周，被中根
(壹) 正說譬喻
(二) 法合
1. 總喻

(1) 合長者喻：「舍利弗，如來亦復如是，則為一切世間之父，於諸怖畏，衰惱憂患，無明闇蔽，永盡無餘，而悉成就無量知見，力無所畏，有大神力及智慧力，具足方便智慧波羅蜜」。

(2) 合五百人喻：「大慈大悲，常無懈倦，恆求善事，利益一切」。

(3) 合舍宅喻：「而生三界朽故火宅」。

(4) 合三十子喻：「為度眾生」。

(5) 合火起喻：「生老病死，憂悲苦惱，愚癡闇蔽，三毒之火」。

(6) 合一門喻：「教化令得阿耨多羅三藐三菩提」

貳、廣開三顯一 ㈡喻說一周，被中根 ㈠正說譬喻

二、如來垂答 ㈡正說譬喻 A.長行 ㈠法合

2. 別喻

(1) 長者見火喻

① 合能見：「見」。
② 合所見火：「諸眾生為生老病死，憂悲苦惱之所燒煮」「亦以五慾財利故，受種種苦」「又以貪著追求故，現受眾苦，後受地獄畜生餓鬼之苦」「若生天上及在人間，貧窮困苦，愛別離苦，怨憎會苦，如是等種種諸苦」
③ 廣前所見：「眾生沒在其中，歡喜遊戲，不覺不知，不驚不怖，亦不生厭，不求解脫，於此三界火宅，東西馳走，雖遭大苦，不以為患」
④ 長者驚怖：「舍利弗，佛見此已，便作是念，我為眾生之父，應拔其苦難，與無量無邊佛智慧樂，令其遊戲」

(2) 捨几用車喻

① 合捨几：
  <1> 長者念救：「舍利弗，如來復作是念，若我但以神力及智慧力，捨於方便，為諸眾生讚如來知見力無所畏者，眾生不能以是得度。」
  <2> 諸子不聽：「所以者何，是諸眾生，未免生老病死，憂悲苦惱，而為三界火宅所燒，何由能解佛之智慧。」

② 合用車：
  <1> 牒前三喻：「舍利弗，如彼長者，雖復身手有力而不用之，但以殷勤方便，勉濟諸子火宅之難，然後各與珍寶大車。」
  <2> 正合用車
    [1] 擬宜三車：「如來亦復如是，雖有力無所畏，而不用之，但以智慧方便於三界火宅，拔濟眾生」。
    [2] 知子先心：「為說三乘，聲聞，辟支佛，佛乘」。
    [3] 合歎三車希有：
      {1} 合示相轉：「而作是言，汝等莫得樂住三界火宅，勿貪粗弊色聲香味觸也，若貪著生愛，則為所燒，汝速出三界，當得三乘，聲聞，辟支佛，佛乘」。
      {2} 合作證轉：「我今為汝，保任此事，終不虛也」。
      {3} 合勸修轉：「汝等但當勤修精進，如來以是方便誘進眾生。復作是言，汝等當知此三乘法，皆是聖所稱歎，自在無繫，無所依求，乘是三乘，以無漏根力，覺道禪定解脫三昧等而自娛樂，便得無量安穩快樂」
    [4] 適子所願前喻：
      {1} 合羊車：「舍利弗，若有眾生，內有智性，從佛世尊聞法信受，殷勤精進，欲速出三界，自求涅槃，是名聲聞乘。如彼諸子，為求羊車，出於火宅」。
      {2} 合鹿車：「若有眾生，從佛世尊聞法信受，殷勤精進，求自然慧，樂獨善寂，深知諸法因緣，是名辟支佛乘。如彼諸子，為求鹿車，出於火宅」。
      {3} 合牛車：「若有眾生，從佛世尊聞法信受，勤修精進，求一切智，佛智，自然智，無師智，如來知見，力無所畏。愍念安樂無量眾生，利益天人，度脫一切，是名大乘。菩薩求此乘故，名為摩訶薩。如彼諸子，為求牛車，出於火宅」。

「法華經」表解

貳、廣開三顯一（貳）喻說一周，被中根（壹）正說譬喻

二、如來垂答（二）正說譬喻 A. 長行 ㈠法合

2. 別喻 (2) 拾几用車喻

③ 等賜大車喻
- <1> 牒前二喻：「舍利弗，如彼長者，見諸子等，安穩得出火宅，到無畏處，自惟財富無量，等以大車而賜諸子」。
- <2> 合二喻：
  - [1] 諸子免難：「如來亦復如是，為一切眾生之父，若見無量億千眾生，以佛教門，出三界苦，怖畏險道，得涅槃樂」
  - [2] 等賜大車：
    - {1} 釋有車之由：「如來爾時便作是念，我有無量無邊智慧，力無畏等諸佛法藏」
    - {2} 廣明心：「是諸眾生皆是我子。等與大乘，不令有人獨得滅度，皆以如來滅度而滅度之」。
    - {3} 廣明車：「是諸眾生脫三界者，悉與諸佛禪定解脫等娛樂之具，皆是一相一種，聖所稱歎，能生淨妙第一之樂」。

④ 長者不虛喻
- <1> 先牒前喻：「舍利弗，如彼長者，初以三車誘引諸子，然後但與大車，寶物莊嚴，安穩第一。然彼長者無虛妄之咎」。
- <2> 正合不虛：「如來亦復如是，無有虛妄。初說三乘，引導眾生，然後但以大乘而度脫之」「何以故」「如來有無量智慧，力無所畏諸法之藏，能與一切眾生大乘之法，但不盡能受」「舍利弗，以是因緣，當知諸佛方便力故，於一佛乘，分別說三」。

二、如來垂答（二）正說譬喻 B. 偈頌 ㈠長行

1. 頌總喻 (1) 頌喻說

① 長者喻：「佛欲重宣此義，而說偈言，譬如長者」
② 頌家宅喻：「有一大宅，其宅久故，而復頓弊，堂舍高危，柱根摧朽，梁棟傾斜，基陛隤毀，牆壁圮坼，泥塗阤落，覆苫亂墜，椽梠差脫，周障屈曲，雜穢充遍」。
③ 頌五百人喻：「有五百人，止住其中」。
④ 頌火起
- <1> 地上事（喻欲界火起）
  - [1] 所燒之類
    - {1} 正明所燒
      - ① 禽獸（五鈍使）
        - ① 喻慢使：「鴟梟鵰鷲烏鵲鳩鴿」。
        - ② 喻瞋使：「蚖蛇蝮蠍蜈蚣蚰蜒」。
        - ③ 喻癡使：「守宮百足，鼬狸鼷鼠，諸惡蟲輩，交橫馳走，屎尿臭處，不淨流溢，蜣蜋諸蟲而集其上」。
        - ④ 喻貪使：「狐狼野干，咀嚼踐踏，嚌齧死屍，骨肉狼藉，由是群狗，競來搏撮，飢羸慞惶，處處求食」。
        - ⑤ 喻疑使：「鬥諍揸掣，嘷吠嘊唉」。「其舍恐怖，變狀如是」
      - ② 鬼神被燒（五利使）
        - ① 總明五利：「處處皆有魑魅魍魎」。
        - ② 別明五利：
          - Ⓐ 喻邪見：「夜叉惡鬼，食噉人肉，毒蟲之屬，諸惡禽獸，孚乳產生，各自藏護，夜叉競來，爭取食之，食之既飽，惡心轉熾，鬥諍之聲，甚可怖畏」。
          - Ⓑ 喻戒禁取見：「鳩槃荼鬼，蹲踞土埵，或時離地，一尺二尺，往返遊行，縱逸嬉戲，捉狗兩足，撲令失聲，以腳加頸，怖狗自樂」
          - Ⓒ 喻身見：「復有諸鬼，其身長大，裸形黑瘦，常在其中，發大惡聲，叫呼求食」。
          - Ⓓ 喻見取見：「復有諸鬼，其咽如針」。
          - Ⓔ 喻邊見：「復有諸鬼，首如牛頭，或食人肉，或復噉狗，頭髮蓬亂，殘害兇險，飢渴所逼，叫喚馳走」
    - {2} 總結所燒：「夜叉餓鬼，諸惡鳥獸，飢急四向，窺看窗牖，如是諸難，恐畏無量」

貳、廣開三顯一
 (貳)喻說一周，被中根
 (壹)正說譬喻
 二、如來垂答
  (二)正說譬喻
   B.偈頌
    (一)長行
    1.頌喻說
     (1)頌總喻
      ④頌火起
       <1> 地上事（喻欲界火起）
        [2] 起火之由：（喻五濁之由）
         「是朽故宅，屬於一人，其人近出，未久之間」。
        [3] 火起之勢：（正起五濁）
         「於後宅舍，忽然火起，四面一時，其燄俱熾，棟梁椽柱，爆聲震裂，摧折墮落，牆壁崩倒」。
        [4] 被燒之相：（喻受五濁八苦）
         「諸鬼神等，揚聲大叫，鵰鷲諸鳥，鳩槃荼等，周慞惶怖，不能自出」。
       <2> 穴中事（喻色界火起）
        [1] 所燒之類：「惡獸毒蟲，藏竄孔穴，毗舍闍鬼，亦住其中」。
        [2] 火起之由：「薄福德故」。
        [3] 火燒之勢：「為火所逼」。
        [4] 被燒之相：「共相殘害，飲血噉肉，野干之屬，並已前死，諸大惡獸，競來食噉，臭煙烽勃，四面充塞」。
       <3> 空中事（喻無色界火起）
        [1] 明所燒之類：「蚖蛇蝮蜓，毒蛇之類，為火所燒，爭走出穴」。
        [2] 所燒之相：「鳩槃荼鬼，隨取而食，又諸餓鬼，頭上火燃，飢渴熱惱，周慞悶走」。
       <4> 總結：「其宅如是，甚可怖畏，毒害火災，眾難非一」。
     (2)頌別喻
      ①長者見火：
       <1> 長者能見：「是時宅主，在門外立，聞有人言」。
       <2> 頌所見：「汝諸子等，先因遊戲，來入此宅，稚小無知，歡娛樂著」。
       <3> 頌驚怖：「長者聞已，驚入火宅」。
      ②捨几用車：
       <1> 捨几
        [1] 長者念救：「方宜救濟，令無燒害，告喻諸子，說眾患難，惡鬼毒蟲，災火蔓莚，眾苦次第，相續不絕，毒蛇蚖蝮，及諸夜叉，鳩槃荼鬼，野干狐狗，鵰鷲鴟梟，百足之屬，飢渴惱急，甚可怖畏，此苦難處，況復大火」。
        [2] 諸子不聽：「諸子無知，雖聞父誨，猶故樂著」。
        [3] 馳戲視父：「嬉戲不已」。
       <2> 用車
        [1] 擬宜三車：「是時長者，而作是念，諸子如此，益我愁惱，今此舍宅，無一可樂，而諸子等，耽湎嬉戲，不受我教，將為火害，即便思惟，設諸方便」。
        [2] 歎美三車希有：「告諸子等，我有種種，珍玩之具，妙寶好車，羊車鹿車，大牛之車，今在門外，汝等出來，吾為汝等，造作此車，隨意所樂，可以遊戲」。
        [3] 適子所願：「諸子聞說，如此諸車，即時奔競，馳走而出，到於空地，離諸苦難」。

貳、廣開三顯一

二、如來垂答
(二)正說譬喻
B.偈頌
(一)長行
(貳)喻說一周，被中根
(壹)正說譬喻

1. 頌喻說
(2) 頌別喻
③ 等賜大車

<1> 頌免難歡喜：「長者見子，得出火宅，住於四衢，坐師子座，而自慶言，我今快樂，此諸子等，生育甚難，愚小無知，而入險宅，多諸毒蟲，魑魅可畏，大火猛燄，四面俱起，而此諸子，貪樂嬉戲，我已救之，令得脫難，是故諸人，我今快樂」

<2> 頌諸子索車：「爾時諸子，知父安坐，皆詣父所，而白父言，願賜我等，三種寶車，如前所許，諸子出來，當以三車，隨汝所欲，今正是時，惟垂給與」。

<3> 等賜大車：「長者大富，庫藏眾多，金銀琉璃，硨磲碼碯，以眾寶物，造諸大車，莊校嚴飾，周匝欄楯，四面懸鈴，金繩交絡，真珠羅網，張施其上，金華諸瓔，處處垂下，眾綵雜飾，周匝圍繞，柔軟繒纊，以為茵褥，上妙細氈，價值千億，鮮白淨潔，以覆其上，有大白牛，肥壯多力，形體姝好，以駕寶車，多諸儐從，而侍衛之，以是妙車，等賜諸子」。

<4> 得車歡喜：「諸子是時，歡喜踊躍，乘是寶車，遊於四方，嬉戲快樂，自在無礙」。

2. 頌法合

(1) 總喻：「告舍利弗，我亦如是，眾聖中尊，世間之父，一切眾生，皆是吾子，深著世樂，無有慧心，三界無安，猶如火宅，眾苦充滿，甚可怖畏，常有生老，病死憂患，如是等火，熾然不息」

(2) 別喻

① 長者見火：「如來已離，三界火宅，寂然閒居，安處林野，今此三界，皆是我有，其中眾生，悉是吾子，而今此處，多諸患難，唯我一人，能為救護」

② 捨几用車：
　<1> 捨几：「雖復教詔，而不信受，於諸欲染，貪著深故」
　<2> 用車：「以是方便，為說三乘，令諸眾生，知三界苦，開示演說，出世間道，是諸子等，若心決定，具足三明，及六神通，有得緣覺，不退菩薩」

③ 等賜大車
　<1> 等賜：「汝舍利弗，我為眾生，以此譬喻，說一佛乘，汝等若能，信受是語，一切皆當，成得佛道，是乘微妙，清淨第一，於諸世間，為無有上，佛所悅可，一切眾生，所應稱讚，供養禮拜，無量億千，諸力解脫，禪定智慧，及佛餘法」
　<2> 歡喜：「得如是乘，令諸子等，日夜劫數，常得遊戲，與諸菩薩，及聲聞眾，乘此寶乘，直至道場，以是因緣，十方諦求，更無餘乘，除佛方便」。

④ 合無虛妄：
　<1> 合不虛章門：「告舍利弗，汝諸人等，皆是吾子，我則是父，汝等累劫，眾苦所燒，我皆濟拔，令出三界，我雖先說，汝等滅度，但盡生死，而實不滅，今所應作，唯佛智慧」
　<2> 合不虛分：
　　[1] 皆是子，理應平等：「若有菩薩，於是眾中，能一心聽，諸佛實法，諸佛世尊，雖以方便，所化眾生，皆是菩薩」。
　　[2] 不能受大，乃說三乘：「若人小智，深著愛欲，為此等故，說於苦諦，眾生心喜，得未曾有，佛說苦諦，真實無異，若有眾生，不知苦本，深著苦因，不能暫捨，為是等故，方便說道，諸苦所因，貪慾為本，若滅貪慾，無所依止，滅盡諸苦，名第三諦，為滅諦故，修行於道，離諸苦縛，名得解脫，是人於何，而得解脫，但離虛妄，名為解脫」
　　[3] 後若堪能還與其大：「其實未得，一切解脫，佛說是人，未實滅度，斯人未得，無上道故，我意不欲，令至滅度，我為法王，於法自在，安穩眾生，故現於世」。

「法華經」表解 P32

貳、廣開三顯一（貳）喻說一周，被中根 壹 正說譬喻

二、如來垂答 (二)正說譬喻 B.偈頌 ㈠補頌二義

1. 嘆法希有

(1) 頌上三世諸佛，說無分別法：「汝舍利弗，我此法印，為欲利益，世間故說」。

(2) 頌上諸佛出興懸遠說是法復難：「在所遊方，勿妄宣傳」。

(3) 頌上聞法歡喜讚，乃至過於曇華：「若有聞者，隨喜頂受，當知是人，阿惟越致，若有信受，此經法者，是人已曾，見過去佛，恭敬供養，亦聞是法，若人有能，信汝所說，則為見我，亦見於汝，及比丘僧，並諸菩薩」。

(4) 頌上多劫聞法難：「斯法華經，為深智說，淺識聞之，迷惑不解」。

(5) 頌上能聽是法者，斯人亦復難：「一切聲聞，及辟支佛，於此經中，力所不及，汝舍利弗，尚於此經，以信得入，況餘聲聞，其餘聲聞，信佛語故，隨順此經，非己智分」

2. 揀偽敦信

(1) 揀偽

① 囑其非機莫說：「又舍利弗，憍慢懈怠，計我見者，莫說此經，凡夫淺識，深著五欲，聞不能解，亦勿為說」

② 明其謗毀罪因：「若人不信，毀謗此經，則斷一切，世間佛種，或復顰蹙，而懷疑惑」「汝當聽說，此人罪報，若佛在世，若滅度後，其有誹謗，如斯經典，見有讀誦，書持經者，輕賤憎嫉，而懷結恨，此人罪報，汝今復聽」。

③ 示其毀謗罪報

<1> 明地獄報：「其人命終，入阿鼻獄，具足一劫，劫盡更生，如是展轉，至無數劫」。

<2> 明畜生報：「從地獄出，當墮畜生，若狗野干，其形秃瘦，黧黮疥癩，人所觸嬈，又復為人，之所惡賤，常困飢渴，骨肉枯竭，生受楚毒，死被瓦石，斷佛種故，受斯罪報，若作駝駱，或生驢中，身常負重，加諸杖捶，但念水草，餘無所知，謗斯經故，獲罪如是，有作野干，來入聚落，身體疥癩，又無一目，為諸童子，之所打擲，受諸苦痛，或時致死，於此死已，更受蟒身，其形長大，五百由旬，聾騃無足，宛轉腹行，為諸小蟲，之所唼食，晝夜受苦，無有休息，謗斯經故，獲罪如是」

<3> 明人報：「若得為人，諸根闇鈍，矬陋攣躄，盲聾背傴，有所言說，人不信受，口氣常臭，鬼魅所著，貧窮下賤，為人所使，多病痟瘦，無所依怙，雖親附人，人不在意，若有所得，尋復忘失」「若修醫道，順方治病，更增他疾，或復致死」「若自有病，無人救療，設服良藥，而復增劇，若他反逆，抄劫竊盜，如是等罪，橫罹其殃，如斯罪人，永不見佛，眾聖之王，說法教化，如斯罪人，常生難處，狂聾心亂，永不聞法，於無數劫，如恆河沙，生輒聾啞，諸根不具，常處地獄，如遊園觀，在餘惡道，如己舍宅，駝驢豬狗，是其行處，謗斯經故，獲罪如是」「若得為人，聾盲瘖啞，貧窮諸衰，以自莊嚴，水腫乾痟，疥癩癰疽，如是等病，以為衣服，身常臭處，垢穢不淨，深著我見，增益瞋恚，淫欲熾盛，不擇禽獸，謗斯經故，獲罪如是」

④ 結其大悲莫說：「告舍利弗」「謗斯經者，若說其罪，窮劫不盡，以是因緣，我故語汝」「無智人中，莫說此經」

「法華經」表解 P33

貳、廣開三顯一 ㈡喻說一周，被中根 ㊀正說譬喻
　二、如來垂答 ㈡正說譬喻→B.偈頌 ㈡補頌二義
　　2.揀偽敦信
　　　(1)敕其是機應說
　　　　① 敕其是機應說
　　　　　<1> 過現一對：「若有利根，智慧明了，多聞強識，求佛道者，如是之人，乃可為說」「若人曾見，億百千佛，植諸善本，深心堅固，如是之人，乃可為說」
　　　　　<2> 上下一對：「若人精進，常修慈心，不惜身命，乃可為說」「若人恭敬，無有異心，離諸凡愚，獨處山澤，如是之人，乃可為說」。
　　　　　<3> 內外一對：「又舍利弗，若見有人，捨惡知識，親近善友，如是之人，乃可為說」「若見佛子，持戒清潔，如淨明珠，求大乘經，如是之人，乃可為說」
　　　　　<4> 自他一對：「若人無瞋，質直柔軟，常愍一切，恭敬諸佛，如是之人，乃可為說」。「復有佛子，於大眾中，以清淨心，種種因緣，譬喻言辭，說法無礙，如是之人，乃可為說」
　　　　　<5> 始終一對：「若有比丘，為一切智，四方求法，合掌頂受，但樂受持，大乘經典，乃至不受，餘經一偈，如是之人，乃可為說」「如人至心，求佛舍利，如是求經，得已頂受，其人不復，志求餘經，亦未曾念，外道典籍，如是之人，乃可為說」
　　　(2)敦信
　　　　② 結其大慈與傳：「告舍利弗」「我說是相，求佛道者」「窮劫不盡，如是等人，則能信解，汝當為說，妙法華經」。

（卷第三終）

法華經大成卷第四

貳：正宗分　第四品：信解品

第一大章：開佛知見：貳、廣開三顯一 (貳)喻說一周被中根 (貳)中根領解

一、經家敘喜
- (一)先內喜：「爾時，慧命須菩提，摩訶迦旃延，摩訶迦葉，摩訶目犍連，從佛所聞未曾有法」「世尊授舍利弗阿耨多羅三藐三菩提記」「發希有心，歡喜踊躍」
- (二)次外儀：「即從座起，整衣服，偏袒右肩，右膝著地，一心合掌，曲躬恭敬，瞻仰尊顏，而白佛言」

二、自陳領解
- (一)長行
  - (一)法中略說
    - 1. 昔日不求
      - (1)正明不求：「我等居僧之首，年並朽邁，自謂已得涅槃，無所堪任，不復進求阿耨多羅三藐三菩提」
      - (2)釋不求之意：「世尊往昔說法既久，我時在座，身體疲懈，但念空無相無作。於菩薩法，遊戲神通，淨佛國土，成就眾生，心不喜樂」
      - (3)不喜樂之意：「所以者何，世尊令我等出於三界，得涅槃證，又今我等年已朽邁，於佛教化菩薩阿耨多羅三藐三菩提，不生一念好樂之心。」
    - 2. 今日慶得：「我等今於佛前，聞授聲聞阿耨多羅三藐三菩提記」「心甚歡喜，得未曾有。不謂於今，忽然得聞希有之法，深自慶幸，獲大善利，無量珍寶，不求自得」
  - (二)喻中廣明
    - 1. 喻說
      - (1)先咨發：「世尊，我等今者，樂說譬喻，以明斯義」
      - (2)說喻
        - ①父子相失喻
          - <1> 子背父而逃走：
            - [1] 先背父而去：「譬若有人，年既幼稚，捨父逃逝，久住他國，或十二十至五十歲。」
            - [2] 向本而還：「年既長大，加復窮困，馳騁四方以求衣食，漸漸遊行，遇向本國。」
          - <2> 父求子而中止：
            - [1] 先求子不得：「其父先來求子不得」
            - [2] 中止一城：「中止一城，其家大富，財寶無量，金銀琉璃，珊瑚琥珀，玻璃珠等，其諸倉庫，悉皆盈溢。多有僮僕，臣佐吏民，象馬車乘，牛羊無數，出入息利，乃遍他國，商估賈客，亦甚眾多」
          - <3> 覓衣食而漸還：
            - [1] 先到城之由：「時貧窮子，遊諸聚落，經歷國邑」
            - [2] 遂到父城：「遂到其父所止之城」
          - <4> 慮家業以無傳：
            - [1] 先念失子苦：「父每念子，與子離別五十餘年，而未曾向人說如此事。但自思惟，心懷悔恨，自念老朽，多有財物，金銀珍寶，倉庫盈溢，無有子息，一旦終沒，財物散失，無所委付，是以殷勤，每憶其子。」
            - [2] 念得子樂：「復作是念，我若得子，委付財物，坦然快樂，無復憂慮。」

```
貳、廣開三顯一 ─┬─ (貳)喻說─周被中根
                │    (貳)中根領解
                │
                └─ 二、自陳領解 ─┬─ (一)長行 ─ ㊀喻中廣明 ─ 1.喻說 ─ (2)說喻 ─┬─ ②父子相見喻 ─┬─ <1> 子見父 ─┬─ [1] 見父之由：「世尊，爾時窮子傭賃展轉，遇到父舍」
                                                                                                                │                │
                                                                                                                │                ├─ [2] 見父之處：「住立門側，遙見其父」
                                                                                                                │                │
                                                                                                                │                ├─ [3] 見父之相：「踞師子床，寶几承足，諸婆羅門，剎利居士皆恭敬圍繞，以真珠瓔珞，價值千萬，莊嚴其身，吏民僮僕，手執白拂，侍立左右，覆以寶帳垂諸華旛，香水灑地，散眾名華，羅列寶物，出內取與，有如是等種種嚴飾，威德特尊。」
                                                                                                                │                │
                                                                                                                │                └─ [4] 見父避去：「窮子見父有大力勢，即懷恐怖，悔來至此。竊作是念，此或是王，或是王等，非我傭力得物之處，不如往至貧里，肆力有地，衣食易得，若久住此，或見逼迫，強使我作，作是念已，疾走而去」
                                                                                                                │
                                                                                                                └─ <2> 父見子喻 ─┬─ [1] 見子之處：「時富長者於師子座」
                                                                                                                                 │
                                                                                                                                 ├─ [2] 見子便識：「見子便識」
                                                                                                                                 │
                                                                                                                                 ├─ [3] 見子歡喜：「心大歡喜」
                                                                                                                                 │
                                                                                                                                 └─ [4] 見子適願：「即作是念，我財物庫藏，今有所付，我常思念此子，無由見之，而忽自來，甚適我願，我雖年朽，猶故貪惜」

                                                                                          ③遣使追誘喻 ─┬─ <1> 即遣傍人追 ─┬─ [1] 強追將還近領喻：「即遣傍人急追將還，爾時使者疾走往捉，窮子驚愕，稱怨大喚，我不相犯，何為見捉」「使者執之逾急，強牽將還」。
                                                                                                        │                   │
                                                                                                        │                   ├─ [2] 執急悶絕，近領喻：「於時窮子自念無罪，而被囚執，此必定死，轉更惶怖，悶絕躄地」
                                                                                                        │                   │
                                                                                                        │                   └─ [3] 暫放得喜近領喻：─┬─ {1} 愍癡命放：「父遙見之，而語使言，不須此人，勿強將來，以冷水灑面，令得醒悟，莫復與語」
                                                                                                        │                                          │
                                                                                                        │                                          ├─ {2} 徵釋放意：「所以者何，父知其子，志意下劣，自知豪貴，為子所難，審知是子，而以方便，不語他人，云是我子」
                                                                                                        │                                          │
                                                                                                        │                                          ├─ {3} 使者正放：「使者語之，我今放汝，隨意所趣」
                                                                                                        │                                          │
                                                                                                        │                                          └─ {4} 喜往貧里：「窮子歡喜，得未曾有，從地而起，往至貧里，以求衣食」
                                                                                                        │
                                                                                                        └─ <2> 密遣二人追誘 ─┬─ [1] 徐誘除糞領上三車擬宜：「爾時長者，將欲誘引其子，而設方便，密遣二人，形色憔悴，無威德者，汝可詣彼，徐語窮子，此有作處，倍與汝直，窮子若許，將來使作，若言欲何所作，便可語之，雇汝除糞，我等二人，亦共汝作，時二使人，即求窮子既已得之，具陳上事。爾時，窮子先取其價，尋與除糞，其父見子，愍而怪之」
                                                                                                                             │
                                                                                                                             └─ [2] 他日遙見領上知子先心：「又以他日，於窗牖中，遙見子身，羸瘦憔悴，糞土塵坌，污穢不淨，即脫瓔珞，細軟上服嚴飾之具，更著粗弊垢膩之衣，塵土坌身，右手執持除糞之器，狀有所畏。」
```

「法華經」表解 P36

法華經表解

貳、廣開三顯一　(貳)喻說—周被中根　(貳)中根領解

二、自陳領解
(一) 長行
㈠ 喻中廣明
1. 喻說
(2) 說喻

③ 遣使追誘喻 <2> 密遣二人追誘

[3] 親勸安意：
- {1} 勤修轉：「語諸作人，汝等勤作，勿得懈息，以方便故，得近其子。」
- {2} 示相轉：「後復告言，咄，男子，汝常此作，勿復餘去，當加汝價，諸有所須，盆器米麵，鹽醋之屬，莫自疑難，亦有老弊使人，須者相給，好自安意，我如汝父，勿復憂慮」。
- {3} 作證轉：「所以者何，我年老大，而汝少壯，汝常作時，無有欺怠瞋恨怨言，都不見汝有此諸惡，如餘作人。自今已後，如所生子，即時長者，更與作字，名之為兒。」
- {4} 欣遇久住：「爾時，窮子雖欣此遇，猶故自謂，客作賤人，由是之故，於二十年中，常令除糞」

④ 領付家業喻 <1> 初領家業

[1] 心相體信
- {1} 體信：「過是已後，心相體信，入出無難。」
- {2} 猶居本位：「然其所止，猶在本處」。

[2] 命領家業：
- {1} 命子知家事：
  - ① 明時節：「世尊，爾時長者有疾，自知將死不久。」
  - ② 命知家事：「語窮子言，我今多有金銀珍寶，倉庫盈溢。其中多少，所應取與，汝悉知之。」
  - ③ 誡令體心：「我心如是，當體此意，所以者何，今我與汝，便為不異」
  - ④ 敕無漏失：「宜加用心，無令漏失」。
- {2} 子受命領家業
  - ① 正受佛命，領知眾寶：「爾時窮子即受教敕，領知眾物，金銀珍寶及諸庫藏
  - ② 二心無希取自甘無分：「而無希取一餐之意」
  - ③ 未捨劣心，猶居本處：「然其所止，故在本處，下劣之心，亦未能捨」。
  - ④ 鄙棄先心，欲求大道：「復經少時，父知子意，漸以通泰成就大志，自鄙先心」

④ 領付家業喻 <2> 付家業

[1] 正付家業
- {1} 付業時節：「臨欲終時」
- {2} 集眾為證：「而命其子，並會親族國王大臣，剎利居士，皆悉已集」
- {3} 結會父子：「即自宣言，諸君當知，此是我子，我之所生，於某城中捨我逃走，怜俜辛苦五十餘年，其本字某，我名某甲。昔在本城，懷憂推覓，忽於此間遇會得之。此實我子，我實其父。」
- {4} 正付家業：「今我所有，一切財物，皆是子有，先所出內，是子所知」。

[2] 得付歡喜：「世尊，是時窮子，聞父此言，即大歡喜，得未曾有，而作是念，我本無心，有所希求，今以寶藏，自然而至。」

貳、廣開三顯一 (貳)喻說一周被中根

二、自陳領解

(一) 長行

㈠ 喻中廣明

2. 法合

- (1) 合父子相失：「世尊，大富長者，則是如來，我等皆似佛子」
- (2) 父子相見：「如來常說我等為子」
- (3) 遣使追誘喻
  - ① 傍人追：「世尊，我等以三苦故，於生死中，受諸熱惱，迷惑無知，樂著小法。」
  - ② 二人誘：
    - <1> 徐誘除糞：「今日世尊，令我等思惟，蠲除諸法戲論之糞。我等於中，勤加精進，得至涅槃一日之價。」
    - <2> 欣遇久住：「既得此已，心大歡喜，自以為足，便自謂言，於佛法中，勤精進故，所得弘多。」
    - <3> 他日遙見：「然世尊先知我等，心著弊欲，樂於小法，便見縱捨，不為分別，汝等當有如來知見寶藏之分」
- (4) 領付家業
  - ① 合領家業：「世尊以方便力，說如來智慧，我等從佛得涅槃一日之價，以為大得，於此大乘，無有志求，我等又因如來智慧為諸菩薩開示演說，而自於此無有志願。所以者何，佛知我等心樂小法，以方便力，隨我等說，而我等不知真是佛子」
  - ② 合付家業：「今我等方知世尊，於佛智慧無所吝惜。所以者何，我等昔來真是佛子，而但樂小法，若我等有樂大之心，佛則為我說大乘法。於此經中，唯說一乘。而昔於菩薩前，毀訾聲聞樂小法者。然佛實以大乘教化，是故我等說，本無心有所希求。今法王大寶自然而至，如佛子所應得者，皆已得之。」

(二) 偈頌

㈠ 頌上長行

1. 頌略法說：「爾時，摩訶迦葉，欲重宣此義，而說偈言」

「我等今日　聞佛音教　歡喜踊躍　得未曾有
佛說聲聞　當得作佛　無上寶聚　不求自得」

2. 頌喻說

(1) 頌喻說

- ① 頌父子相失
  - <1> 背父逃走：「譬如童子　幼稚無識　捨父逃逝　遠到他土　周流諸國　五十餘年」
  - <2> 父求子而中止：「其父憂念　四方推求　求之既疲　頓止一城　造立舍宅
五欲自娛　其家巨富　多諸金銀　硨磲碼瑙　珍珠琉璃
象馬牛羊　輦輿車乘　田業僮僕　人民眾多　出入息利
乃遍他國　商估賈人　無處不有　千萬億眾　圍繞恭敬
常為王者　之所愛念　群臣豪族　皆共宗重　以諸緣故
往來者眾　豪富如是　有大力勢」
  - <3> 慮家業以無傳：「而年朽邁　益憂念子　夙夜惟念　死時將至
癡子捨我　五十餘年　庫藏諸物　當如之何」
  - <4> 覓衣食而漸還：「爾時窮子　求索衣食　從邑至邑　從國至國　或有所得
或無所得　飢餓羸瘦　體生瘡癬　漸次經歷　到父住城」
- ② 頌父子相見
  - <1> 子見父：「傭賃展轉　遂至父舍　爾時長者　於其門內　施大寶帳
處師子座　眷屬圍繞　諸人侍衛　或有計算　金銀寶物
出內財產　注記券疏　窮子見父　豪貴尊嚴　謂是國王
若國王等　驚怖自怪　何故至此　覆自念言　我若久住
或見逼迫　強驅使作　思惟是已　馳走而去　借問貧里
欲往傭作」
  - <2> 父見子：「長者是時　在師子座　遙見其子　默而識之」

```
                                    ┌─③頌遣使追誘喻─┐
                                    │  ┌<1> 即遣傍人追:「即敕使者  追捉將來  窮人驚喚  迷悶躄地
                                    │  │                        是人執我  必當見殺  何用衣食  使我至此」
                                    │  │                      「長者知子  愚癡狹劣  不信我言  不信是父」
                                    │  └<2> 密遣二人誘:─┐
                             ┌(1)   │                    ┌[1] 徐誘除糞:「即以方便  更遣餘人  眇目矬陋  無威德者」
                             │頌    │                    │              汝可語之  云當相雇  除諸糞穢  倍與汝價
                             │喻    │                    │              窮子聞之  歡喜隨來  為除糞穢  淨諸房舍」
                             │說    │                    ├[2] 他日遙見:「長者於牖  常見其子  念子愚劣  樂為鄙事
                             │      │                    │              於是長者  著弊垢衣  執除糞器  往到子所」
                             │      │                    └[3] 親勸安意:「方便附近  語令勤作  既益汝價  並塗足油  飲食充足
                             │      │                                    薦席厚煖  如是苦言  汝當勤作  又以軟語  若如我子」
                             │      └④頌領付家業:─┐
                             │                      ┌<1> 頌領家業:「長者有智  漸令入出  經二十年  執作家事」
                             │                      │              示其金銀  珍珠玻璃  諸物出入  皆使令知  猶處門外
                             │                      │              止宿草庵  自念貧事  我無此物  父知子心  漸已曠大」
    ┌(二)┌㈠                 │                      └<2> 頌上付家業:「欲與財物  即聚親族  國王大臣  剎利居士  於此大眾
    │偈  │頌                 │                                       說是我子  捨我他行  經五十歲  自見子來  已二十年
貳  │頌  │上                 │                                       昔於某城  而失是子  周行求索  遂來至此  凡我所有
、  │    │長   2.            │                                       舍宅人民  悉以付之  恣其所用  子念昔貧  志意下劣
廣  │    │行   頌            │                                       今於父所  大獲珍寶  並及舍宅  一切財物  甚大歡喜
開  │    │     喻            │                                       得未曾有」
三  │    │     說            │
顯  │    │                   ┌①父子相失相見:「佛亦如是  知我樂小」
一  │    │                   ├②遣使追誘:「未曾說言  汝等作佛  而說我等  得諸無漏  成就小乘  聲聞弟子」
㈡  │    │                   │  ┌[1] 合領家業:「佛敕我等  說最上道  修習此者  當得成佛  我承佛教  為大菩薩
喻  │    │                   │  │              以諸因緣  種種譬喻  若干言辭  說無上道  諸佛子等  從我聞法
說  │    │                   │  │              日夜思惟  精勤修習  是時諸佛  即授其記  汝於來世  當得作佛
一  │    │                   │  │              一切諸佛  秘藏之法  但為菩薩  演其實事  而不為我  說斯真要」
周  │    │                   ├③└[2] 合無希取:─┐
被  │    │                   │合                ┌{1} 正明無希取:「如彼窮子  得近其父  雖知諸物  心不希取
中  │    │                   │領                │                我等雖說  佛法寶藏  自無志願  亦復如是」
根  │    │       ┌(2)        │付  <1>          └{2} 增明無取之意:─┐
    │    │       │頌         │家  合              ┌①標不喜大:「我等內滅  自謂為足  唯了此事  更無餘事
㈡  │    │       │法         │業  頌              │              我等若聞  淨佛國土  教化眾生  都無欣樂」
中  │    │       │合         │                    ├②徵釋所以:「所以者何  一切諸法  皆悉空寂  無生無滅
根  │    │                   │                    │              無大無小  無漏無為  如是思惟  不生喜樂
領  │    │                   │                    │              我等長夜  於佛智慧  無貪無著  無復志願
解  │    │                   │                    │              而自於法  謂是究竟  我等長夜  修習空法
    │    │                   │                    │              得脫三界  苦惱之患  住最後身  有餘涅槃
    │    │                   │                    │              佛所教化  得道不虛,則為已得  報佛之恩」
    │    │                   │                    └③結無希取:「我等雖為  諸佛子等  說菩薩法  以求佛道  而於是法
    │    │                   │                                    永無願樂  導師見捨  觀我心故  初不勸進  說有實利」
```

「法華經」表解 P39

```
貳
、
廣
開
三
顯
一
                ┌ ③ ┌[1] 頌合付家業：「如富長者　知子志劣　以方便力　柔伏其心
        ┌(二)┌(2)│合 │                然後乃付　一切財物」
        │偈│頌 │領 │          「佛亦如是　現希有事　知樂小者　以方便力
        │頌│法 │付 │                調伏其心　乃教大智」
  ┌(一)│  │合 │家 └[2] 得付歡喜：「我等今日　得未曾有　非先所望　而今自得
  │頌 │  │   │業                如彼窮子　得無量寶」
  │上 │  │   <2>         「世尊我今　得道得果　於無漏法　得清淨眼
  │長 │  │  合付            我等長夜　持佛淨戒　始於今日　得其果報
(貳)│行 │  │  家業           法王法中　久修梵行　今得無漏　無上大果」
喻 │  │2.│                「我等今者　真是聲聞　以佛道聲　令一切聞
說 │  │頌│                 我等今者　真阿羅漢　於諸世間　天人魔梵
一 │  │喻│                 普於其中　應受供養」
周 │  └說
被 │       ┌ 1.歎佛大恩莫能報：「世尊大恩　以希有事　憐愍教化　利益我等
中 │       │                無量億劫　誰能報者　手足供給　頭頂禮敬
根 │       │                一切供養　皆不能報　若以頂戴　兩肩荷負
(貳)│       │                於恆沙劫　盡心恭敬　又以美膳　無量寶衣
中 │       │                及諸臥具　種種湯藥　牛頭栴檀　及諸珍寶
根 │(二)     │                以起塔廟　寶衣布地　如斯等事　以用供養
領 │歎     │                於恒沙劫　亦不能報」（P936）
解 └佛    ┤ 2.歎佛實智不思議：「諸佛希有　無量無邊　不可思議　大神通力
    恩     │                無漏無為　諸法之王　能為下劣　忍於斯事
    德     │                取相凡夫　隨宜為說」
           └ 3.歎佛權智度眾生：「諸佛於法　得最自在　知諸眾生　種種欲樂
                            及其志力　隨所堪任　以無量喻　而為說法
                            隨諸眾生　宿世善根　又知成熟　未成熟者
                            種種籌量　分別知已　於一乘道　隨宜說三」

（卷第四終）
```

「法華經」表解 P40

法華經大成卷第五

貳：正宗分　第五品：藥草喻品

第一大章：開佛知見：貳、廣開三顯一 ⑵喻說一周被中根 ⑶如來述成

一、略述成
- (一) 雙歎善哉：「爾時世尊，告摩訶迦葉及諸大弟子」「善哉！善哉！」「迦葉善說如來真實功德，誠如所言」
- (二) 領所不及：「如來復有無量無邊阿僧祇功德，汝等若於無量億劫，說不能盡」

二、廣述成
(一) 長行
　(一) 先述成開三顯一
　　1. 法說
　　　(1) 舉不虛以勸信：「迦葉當知，如來是諸法之王，若有所說，皆不虛也」
　　　(2) 正述開三顯一：
　　　　① 約教明開顯：「於一切法，以智方便而演說之，其所說法，皆悉到於一切智地」
　　　　② 約智明開顯：「如來觀知一切諸法之所歸趣」「亦知一切眾生深心所行，通達無礙」「又於諸法究盡明了，示諸眾生一切智慧」
　　2. 喻說
　　　(1) 喻說
　　　　① 有差別喻（喻上權教權智）
　　　　　<1> 土地喻：「迦葉，譬如三千大千世界，山川谿谷土地」
　　　　　<2> 卉木喻：「所生卉木叢林及諸藥草，種類若干，名色各異」
　　　　　<3> 密雲喻：「密雲彌布，遍覆三千大千世界」
　　　　　<4> 澍雨喻：「一時等澍」
　　　　　<5> 受潤喻：「其澤普洽卉木叢林及諸藥草，小根小莖小枝小葉，中根中莖中枝中葉，大根大莖大枝大葉」
　　　　　<6> 增長喻：「諸樹大小，隨上中下，各有所受。一雲所雨，稱其種性而得生長，華果敷實」
　　　　② 無差別喻：（喻上實教實智）
　　　　　<1> 地所生喻：「雖一地所生」
　　　　　<2> 雨所潤喻：「一雨所潤」
　　　　　<3> 草木喻：「而諸草木，各有差別」
　　　(2) 法合
　　　　① 有差別喻：
　　　　　<1> 正合六喻
　　　　　　[1] 密雲喻：「迦葉當知，如來亦復如是，出現於世，如大雲起，以大音聲，普遍世界天人阿修羅，如彼大雲遍覆三千大千國土」
　　　　　　[2] 合澍雨喻：
　　　　　　　{1} 先唱號令知：「於大眾中而唱是言」「我是如來，應供，正遍知，明行足，善逝，世間解，無上士調御丈夫，天人師，佛，世尊」
　　　　　　　{2} 弘誓知見：「未度者，令度」「未解者，令解」「未安者，令安」「未涅槃者，令得涅槃」「今世後世，如實知之」「我是一切知者，一切見者，知道者，開道者，說道者」
　　　　　　　{3} 召機來聽：「汝等天人阿修羅眾，皆應到此，為聽法故」

「法華經」表解 P41

貳、廣開三顯一

二、廣述成

(一) 長行

(一) 開三顯一
2. 喻說

(1) 有差別喻

① 正合六喻：
- <1> [3] 土地喻：「爾時無數千萬億種眾生，來至佛所而聽法」
- [4] 卉木喻：「如來於時，觀是眾生諸根利鈍，精進懈怠」
- [5] 受潤喻：「隨其所堪，而為說法，種種無量，皆令歡喜，快得善利」
- [6] 增長喻：「是諸眾生，聞是法已，現世安隱，後生善處，以道受樂，亦得聞法，既聞法已，離諸障礙，於諸法中，任力所能，漸得入道」

(2) 法合

<2> 提喻帖合：「如彼大雲，雨於一切卉木叢林及諸藥草，如其種性，具足蒙潤各得生長」

② 無差別喻：
- <1> 無差別法，眾生蒙潤不知：
「如來說法，一相一味」「所謂解脫相，離相，滅相，究竟至於一切種智」「其有眾生，聞如來法，若持讀誦」「如說修行」「所得功德不自覺知」
- <2> 唯有如來如實知之：
「所以者何」「唯有如來，知此眾生種相體性，念何事，思何事，修何事，云何念，云何思，云何修，以何法念，以何法思，以何法修，以何法得何法，眾生住於種種之地」「唯有如來如實見之，明了無礙」
- <3> 喻帖合眾生不知：「如彼卉木叢林諸藥草等，而不自知上中下性」
- <4> 結釋如來能知：
「如來知是一相一味之法」「所謂解脫相，離相，滅相，究竟涅槃，常寂滅相，終歸於空」
- <5> 釋疑：「佛知是已，觀眾生心欲，而將護之，是故不即為說一切種智」

(二) 復宗稱歎
「汝等迦葉，甚為希有，能知如來隨宜說法，能信能受」「所以者何」「諸佛世尊，隨宜說法，難解難知」

(二) 偈頌

(一) 頌上法說
1. 頌法王不虛：「爾時世尊，欲重宣此義，而說偈言」「破有法王，出現世間」
2. 頌開權顯實：「隨眾生欲　種種說法　如來尊重　智慧深遠　久默斯要　不務速說　有智若聞　則能信解　無智疑悔　則為永失　是故迦葉　隨力為說　以種種緣　令得正見」

(二) 頌喻說
1. 頌上喻說

(1) 有差別
- ① 頌密雲喻：「迦葉當知　譬如大雲　起於世間　遍覆一切　慧雲含潤　電光晃曜　雷聲遠震　令眾悅豫　日光掩蔽　地上清涼　靉靆垂布　如可承攬」
- ② 頌澍雨喻：「其雨普等　四方俱下　流澍無量　率土充洽」
- ③ 頌土地喻：「山川險谷」
- ④ 頌卉木喻：「幽邃所生　卉木藥草」
- ⑤ 頌受潤喻：「大小諸樹　百穀苗稼　甘蔗葡萄　雨之所潤　無不豐足　乾地普洽　藥木並茂　其雲所出　一味之水　草木叢林　隨分受潤」
- ⑥ 增長喻：「一切諸樹　上中下等　稱其大小　各得生長　根莖枝葉　華果光色　一雨所及　皆得鮮澤」

(2) 無差別喻：「如其體相　性分大小　所潤是一　而各滋茂」

「法華經」表解 P42

```
貳、廣開三顯一
├─ 二、廣述成
│   ├─ (一) 頌喻說
│   │   └─ 1. 頌喻說
│   │       ├─ ①頌合密雲：「佛亦如是　出現於世　譬如大雲　普覆一切」
│   │       ├─ ②頌合澍雨：
│   │       │   ├─ <1> 頌唱號令歸：「既出於世　為諸眾生　分別演說　諸法之實
│   │       │   │                    大聖世尊　於諸天人　一切眾中　而宣是言
│   │       │   │                    我為如來　兩足之尊　出於世間　猶如大雲」
│   │       │   ├─ <2> 頌四弘度生：「充潤一切　枯槁眾生　皆令離苦　得安穩樂
│   │       │   │                    世間之樂　及涅槃樂」
│   │       │   └─ <3> 頌召機來聽：「諸天人眾　一心善聽　皆應到此　觀無上尊
│   │       │                        我為世尊　無能及者　安穩眾生　故現於世
│   │       │                        為大眾說　甘露淨法　其法一味　解脫涅槃
│   │       │                        以一妙音　演暢斯義　常為大乘　而作因緣」
│   │       ├─ ③頌合土地：「我觀一切　普皆平等　無有彼此　愛憎之心
│   │       │                我無貪著　亦無限礙　恒為一切　平等說法
│   │       │                如為一人　眾多亦然　常演說法　曾無他事
│   │       │                去來坐立　終不疲厭　充足世間　如雨普潤」
│   │       └─ ④頌合卉木：「貴賤上下　持戒毀戒　威儀具足　及不具足
│   │                        正見邪見　利根鈍根　等雨法雨　而無懈倦」
│   └─ 2. 頌法合
│       ├─ (1) 有差別
│       │   ├─ ⑤受潤分：
│       │   │   ├─ <1> 總明受潤：「一切眾生　聞我法者　隨力所受　住於諸地」
│       │   │   ├─ <2> 別明受潤：「或處人天　轉輪聖王　釋梵諸王　是小藥草」
│       │   │   │                「知無漏法　能得涅槃　起六神通　及得三明
│       │   │   │                 獨處山林　常行禪定　得緣覺證　是中藥草」
│       │   │   │                「求世尊處　我當作佛　行精進定　是上藥草」
│       │   │   │                「又諸佛子　專心佛道　常行慈悲　自知作佛
│       │   │   │                 決定無疑　是名小樹」
│       │   │   │                「安住神通　轉不退輪　度無量億　百千眾生
│       │   │   │                 如是菩薩　名為大樹」
│       │   │   └─ <3> 總結能潤所潤：「佛平等說　如一味雨　隨眾生性　所受不同
│       │   │                            如彼草木　所稟各異　佛以此喻　方便開示
│       │   │                            種種言辭　演說一法　於佛智慧　如海一滴」
│       │   └─ ⑥增長喻
│       │       ├─ <1> 總頌增長：「我雨法雨　充滿世間　一味之法　隨力修行
│       │       │                  如彼叢林　藥草諸樹　隨其大小　漸增茂好」
│       │       └─ <2> 別頌增長：「諸佛之法　常以一味　令諸世間　普得具足
│       │                          漸次修行　皆得道果　聲聞緣覺　處於山林
│       │                          住最後身　聞法得果　是名藥草　各得增長」
│       │                        「若諸菩薩　智慧堅固　了達三界　求最上乘
│       │                         是名小樹　而得增長」
│       │                        「復有住禪　得神通力　聞諸法空　心大歡喜
│       │                         放無數光　度諸眾生　是名大樹　而得增長」
│       └─ (2) 無差別：「如是迦葉　佛所說法　譬如大雲　以一味雨　潤於人華　各得成實」
│                      「迦葉當知　以諸因緣　種種譬喻　開示佛道　是我方便　諸佛亦然」
│                      「今為汝等　說最實事　諸聲聞眾　皆非滅度　汝等所行　是菩薩道
│                       漸漸修學　悉當成佛」
└─ (貳) 喻說一周被中根　(參) 如來述成
    └─ (二) 偈頌
```

法華經大成卷第五

貳：正宗分　第六品：授記品

第一大章：開佛知見：貳、廣開三顯一
- 一、正與中根授劫國莊嚴記
  - (一) 授迦葉記
    - (一) 長行
      1. 行因：「爾時，世尊說是偈已，告諸大眾，唱如是言，我此弟子，摩訶迦葉，於未來世，當得奉覲三百萬億諸佛世尊，供養恭敬尊重讚歎，廣宣諸佛無量大法」
      2. 得果：「於最後身，得成為佛，名曰光明如來，應供，正遍知，明行足，善逝，世間解，無上士調御丈夫，天人師，佛，世尊」
      3. 劫國：「國名光德，劫名大莊嚴」
      4. 壽命正像：「佛壽十二小劫，正法住世二十小劫，像法亦住二十小劫」
      5. 國淨眷屬：「國界嚴飾，無諸穢惡，瓦礫荊棘，便利不淨，其土平正，無有高下，坑坎堆阜，琉璃為地，寶樹行列，黃金為繩，以界道側，散諸寶華，周遍清淨，其國菩薩，無量千億，諸聲聞眾，亦復無數，無有魔事，雖有魔及魔民，皆護佛法」
    - (二) 偈頌
      1. 頌行因：「爾時世尊欲重宣此義，而說偈言」
         「告諸比丘　我以佛眼　見是迦葉　於未來世　過無數劫　當得作佛
          而於來世　供養奉覲　三百萬億　諸佛世尊　為佛智慧　淨修梵行
          供養最上　二足尊已　修習一切　無上之慧」
      2. 頌得果：「於最後身　得成為佛」
      3. 頌國淨眷屬：「其土清淨　琉璃為地　多諸寶樹　行列道側　金繩界道
          見者歡喜　常出好香　散眾名華　種種奇妙　以為莊嚴
          其地平正　無有丘坑　諸菩薩眾　不可稱計　其心調柔
          逮大神通　奉持諸佛　大乘經典　諸聲聞眾　無漏後身
          法王之子　亦不可計　乃以天眼　不能數知」
      4. 頌壽命正像：「其佛當壽　十二小劫　正法住世　二十小劫　像法亦住
          二十小劫」
      5. 總結：「光明世尊　其事如是」

- (貳) 喻說一周被中根 (肆) 授四子記
  - (二) 授三子記
    - (一) 三子請記
      1. 請記：「爾時大目犍連，須菩提，摩訶迦旃延等，皆悉悚慄，一心合掌，瞻仰尊顏，目不暫捨，即共同聲而說偈言：」
         「大雄猛世尊　諸釋之法王　哀愍我等故　而賜佛音聲
          若知我深心　見為授記者　如以甘露灑　除熱得清涼」
      2. 說喻：「如從飢國來　忽遇大王膳　心猶懷疑懼　未敢即便食
          若復得王教　然後乃敢食」
      3. 法合：「我等亦如是　每惟小乘過　不知當云何　得佛無上慧
          雖聞佛音聲　言我等作佛　心尚懷憂懼　如未敢便食
          若蒙佛授記　爾乃快安樂」
      4. 總結：「大雄猛世尊　常欲安世間　願賜我等記　如飢須教食」

貳、廣開三顯一

一、正與中根授劫國莊嚴記

(一) 如來與記

1. 初授須菩提記

(1) 長行

① 行因：「爾時世尊，知諸大弟子心之所念，告諸比丘，是須菩提，於當來世，奉覲三百萬億那由他佛，供養恭敬，尊重讚歎，常修梵行，具菩薩道」

② 得果：「於最後身，得成為佛，號曰名相如來，應供，正遍知，明行足，善逝，世間解，無上士調御丈夫，天人師，佛，世尊」

③ 劫國嚴淨：「劫名有寶，國名寶生，其土平正，玻璃為地，寶樹莊嚴，無諸丘坑，沙礫荊棘，便利之穢，寶華覆地，周遍清淨，其土人民，皆處寶台，珍妙樓閣，聲聞弟子，無量無邊，算數譬喻所不能知，諸菩薩眾，無數千萬億那由他」

④ 壽命正像：「佛壽十二小劫，正法住世二十小劫，像法亦住二十小劫，其佛常處虛空，為眾說法，度脫無量菩薩及聲聞眾」

(2) 偈頌

① 行誡聽：「爾時世尊欲重宣此義，而說偈言：」
「諸比丘眾　今告汝等　皆當一心　聽我所說」

② 頌行因得果：「我大弟子　須菩提者　當得作佛　號曰名相
當供無數　萬億諸佛　隨佛所行　漸具大道
最後身得　三十二相　端正殊妙　猶如寶山」

③ 頌劫國嚴淨：「其佛國土　嚴淨第一　眾生見者　無不受樂　佛於其中
度無量眾　其佛法中　多諸菩薩　皆悉利根　轉不退輪
彼國常以　菩薩莊嚴　諸聲聞眾　不可稱數　皆得三明
具六神通　住八解脫　有大威德　其佛說法　現於無量
神通變化　不可思議　諸天人民　數如恆沙　皆共合掌
聽受佛語」

④ 頌壽命正像：「其佛當壽　十二小劫　正法住世　二十小劫　像法亦住
二十小劫」

2. 授迦旃延記

(1) 長行

① 行因：「爾時世尊，復告諸比丘眾，我今語汝，是大迦旃延，於當來世，以諸供具，供養奉事八千億佛，恭敬尊重，諸佛滅後，各起塔廟，高千由旬，縱廣正等五百由旬，以金銀琉璃，硨磲碼碯，珍珠玫瑰，七寶合成，眾華瓔珞，塗香末香燒香，繒蓋幢幡供養塔廟，過是已後，當復供養二萬億佛，亦復如是，供養是諸佛已，具菩薩道」

② 得果：「當得作佛，號曰閻浮那提金光如來，應供，正遍知，明行足，善逝，世間解，無上士調御丈夫，天人師，佛，世尊」

③ 國淨眷屬：「其土平正，玻璃為地，寶樹莊嚴，黃金為繩，以界道側，妙華覆地，周遍清淨，見者歡喜，無四惡道，地獄餓鬼畜生阿修羅道，多有天人，諸聲聞眾及諸菩薩，無量萬億莊嚴其國」

④ 壽命正像：「佛壽十二小劫，正法住世二十小劫，像法亦住二十小劫」

(二) 授三子記
(貳) 喻說一周被中根
(肆) 授四子記

貳、廣開三顯一 (貳)喻說一周被中根 (肆)授四子記

一、正與中根授劫國莊嚴記

(一) 如來與記

(二) 授三子記

2. 授迦旃延記

(2) 偈頌

① 行誡聽：「爾時世尊，欲重宣此義，而說偈言：
　　　諸比丘眾　皆一心聽　如我所說　真實無異」

② 行因得果：「是迦旃延　當以種種　妙好供具　供養諸佛　諸佛滅後
　　　起七寶塔　亦以華香　供養舍利　其最後身　得佛智慧
　　　成等正覺」

③ 頌國淨眷屬：「國土清淨　度脫無量　萬億眾生　皆為十方　之所供養
　　　佛之光明　無能勝者　其佛號曰　閻浮金光　菩薩聲聞
　　　斷一切有　無量無數　莊嚴其國」

3. 授目連記

(1) 長行

① 行因：「爾時世尊復告大眾，我今語汝，是大目犍連，當以種種供具，供養八千諸佛，恭敬尊重，諸佛滅後，各起塔廟，高千由旬，縱廣正等五百由旬，以金銀琉璃，硨磲碼瑙，珍珠玫瑰，七寶合成，眾華瓔珞，塗香末香燒香，繒蓋幢幡，以用供養，過是已後，當復供養二百萬億諸佛，亦復如是」

② 得果：「當得成佛，號曰多摩羅跋栴檀香如來，應供，正遍知，明行足，善逝，世間解，無上士調御丈夫，天人師，佛，世尊」

③ 劫國：「劫名喜滿，國名意樂」

④ 國淨眷屬：「其土平正，玻璃為地，寶樹莊嚴，散真珠華，周遍清淨，見者歡喜，多諸天人，菩薩聲聞，其數無量」

⑤ 壽命正像：「佛壽二十四小劫，正法住世四十小劫，像法亦住四十小劫」

(2) 偈頌

① 行因：「爾時世尊欲重宣此義，而說偈言：」
「我此弟子　大目犍連　捨是身已　得見八千　二百萬億
　諸佛世尊　為佛道故　供養恭敬　於諸佛所　常修梵行
　於無量劫　奉持佛法　諸佛滅後　起七寶塔　長表金剎
　華香伎樂　而以供養　諸佛塔廟」

② 得果壽命：「漸漸具足　菩薩道已　於意樂國　而得作佛　號多摩羅
　　　栴檀之香　其佛壽命　二十四劫」

③ 眷屬眾多：「常為天人　演說佛道　聲聞無量　如恒河沙　三明六通
　　　有大威德　菩薩無數　志固精進　於佛智慧　皆不退轉」

④ 頌正像：「佛滅度後　正法當住　四十小劫　像法亦爾」

二、許為下根，作宿世因緣說：

「我諸弟子　威德具足　其數五百　皆當授記　於未來世
　咸得成佛　我及汝等　宿世因緣　吾今當說　汝等善聽」

法華經大成卷第五

貳：正宗分　第七品　化城喻品

第一大章：開佛知見：貳、廣開三顯一
- （參）因緣一周被下根
- 壹 正說因緣

一、明知見久遠
- （一）長行
  - ㈠明所見事：「佛告諸比丘，乃往過去，無量無邊不可思議阿僧祇劫，爾時有佛，名大通智勝如來，應供，正遍知，明行足，善逝，世間解，無上士調御丈夫，天人師，佛，世尊」，「其國名好城，劫名大相，諸比丘，彼佛滅度已來，甚大久遠」
  - ㈡喻明久遠：「譬如三千大千世界所有地種，假使有人，磨以為墨，過於東方千國土，乃下一點，大如微塵」「又過千國土，復下一點」「如是展轉，盡地種墨」「於汝等意云何」「是諸國土，若算師，若算師弟子，能得邊際知其數不」「不也世尊」「諸比丘，是人所經國土，若點不點，盡抹為塵，一塵一劫，彼佛滅度已來，復過是數，無量無邊百千萬億阿僧祇劫」
  - ㈢見昔如今：「我以如來知見力故，觀彼久遠，猶若今日」
- （二）偈頌
  - ㈠頌所見事：「爾時世尊，欲重宣此義，而說偈言：」
    「我念過去世　無量無邊劫　有佛兩足尊　名大通智勝」
  - ㈡頌喻明久遠：「如人以力磨　三千大千土　盡此諸地種　皆悉以為墨
    　　　　　　　過於千國土　乃下一塵點　如是展轉點　盡此諸塵墨
    　　　　　　　如是諸國土　點與不點等　復盡抹為塵　一塵為一劫
    　　　　　　　此諸微塵數　其劫復過是　彼佛滅度來　如是無量劫」
  - ㈢頌見昔如今：「如來無礙智　知彼佛滅度　及聲聞菩薩　如見今滅度
    　　　　　　　諸比丘當知　佛智淨微妙　無漏無所礙　通達無量劫」

二、明宿世因緣
- （一）長行
  - ㈠明結緣之由
    1. 遠由
      - (1) 先明大通智佛成道
        - ① 佛壽長遠：「佛告諸比丘，大通智勝佛，壽五百四十萬億那由他劫」
        - ② 成道前事
          - <1> 所經時節：「其佛本坐道場，破魔軍已，垂得阿耨多羅三藐三菩提，而諸佛法不現在前，如是一小劫，乃至十小劫，結跏趺坐，身心不動，而諸佛法猶不在前」
          - <2> 諸天供養：「爾時忉利諸天，先為彼佛，於菩提樹下，敷師子座，高一由旬，佛於此座，當得阿耨多羅三藐三菩提，適坐此座，時諸梵天王，雨眾天華，面百由旬，香風時來，吹去萎華，更雨新者，如是不絕，滿十小劫，供養於佛，乃至滅度，常雨此華，四王諸天，為供養佛，常擊天鼓，其餘諸天，作天伎樂，滿十小劫，至於滅度，亦復如是」
        - ③ 正明成道：「諸比丘，大通智勝佛，過十小劫，諸佛之法，乃現在前，成阿耨多羅三藐三菩提」
        - ④ 眷屬供養
          - <1> 明親近供養：「其佛未出家時，有十六子，其第一者，名曰智積，諸子各有種種珍異玩好之具，聞父得成阿耨多羅三藐三菩提，皆捨所珍，往詣佛所，諸母涕泣而隨送之，其祖轉輪聖王，與一百大臣，及餘百千萬億人民，皆共圍繞，隨至道場，咸欲親近大通智勝如來，供養恭敬，尊重讚歎，到已，頭面禮足，繞佛畢已，一心合掌，瞻仰世尊」

貳、廣開三顯一

二、明宿世因緣
(參) 因緣一周被下根
壹 正說因緣

(一) 長行

㈠ 明結緣之由

1. 遠由

(1) 先明大通智佛成道

④ 眷屬供養
<2> 偈頌歡慶

[1] 歎佛因果：以偈頌曰：「大威德世尊　為度眾生故　於無量億歲　爾乃得成佛
諸願已具足　善哉吉無上　世尊甚希有　一坐十小劫
身體及手足　靜然安不動　其心常澹泊　未曾有散亂
究竟永寂滅　安住無漏法」

[2] 慶己所遇：「今者見世尊　安隱成佛道　我等得善利　稱慶大歡喜
眾生常苦惱　盲瞑無導師　不識苦盡道　不知求解脫
長夜增惡趣　減損諸天眾　從冥入於冥　永不聞佛名」

[3] 總結：「今佛得最上　安隱無漏道　我等及天人　為得最大利
是故咸稽首　歸命無上尊」

⑤ 請轉法輪：「爾時十六王子，偈讚佛已，勸請世尊轉於法輪，咸作是言：」
「世尊說法，多所安隱，憐愍饒益，諸天人民，重說偈言：」
「世雄無等倫　百福自莊嚴　得無上智慧　願為世間說
度脫於我等　及諸眾生類　為分別顯示　令得是智慧
若我等得佛　眾生亦復然　世尊知眾生　深心之所念
亦知所行道　又知智慧力　欲樂及修福　宿命所行業
世尊悉知已　當轉無上輪」

(2) 次明十方梵王請法

① 威光照動：「佛告諸比丘，大通智勝佛，得阿耨多羅三藐三菩提時，十方各五百萬億諸佛世界，六種震動，其國中間幽冥之處，日月威光所不能照，而皆大明，其中眾生，各得相見，咸作是言，此中云何忽生眾生。又其國界，諸天宮殿，乃至梵宮，六種震動，大光普照，遍滿世界，勝諸天光」

② 十方梵請
<1> 先明九方
[1] 東方雲集

{1} 智佛現瑞：「爾時東方五百萬億諸國土中，梵天宮殿光明照曜，倍於常明」

{2} 梵眾驚駭：「諸梵天王，各作是念，今者宮殿光明，昔所未有，以何因緣，而現此相？」

{3} 互相問決：「是時諸梵天王，即各相詣，共議此事，時彼眾中，有一大梵天王，名救一切。為諸梵眾，而說偈言：」
「我等諸宮殿　光明昔未有　此是何因緣　宜各共求之
為大德天生　為佛出世間　而此大光明　遍照於十方」

{4} 尋光見佛：「爾時五百萬億國土諸梵天王，與宮殿俱，各以衣裓盛諸天華，共詣西方，推尋是相，見大通智勝如來，處於道場菩提樹下，坐師子座，諸天，龍王，乾闥婆，緊那羅，摩睺羅伽，人非人等，恭敬圍繞，及見十六王子，請佛轉法輪」

{5} 廣陳供養：「即時諸梵天王，頭面禮佛，繞百千匝，即以天華而散佛上，其所散華，如須彌山，并以供養佛菩提樹，其菩提樹，高十由旬，華供養已，各以宮殿，奉上彼佛，而作是言，惟見哀愍，饒益我等，所獻宮殿，願垂納處，時諸梵天王，即於佛前，一心同聲，以偈頌曰：」
「世尊甚希有　難可得值遇　具無量功德　能救護一切
天人之大師　哀愍於世間　十方諸眾生　普皆蒙饒益
我等所從來　五百萬億國　捨深禪定樂　為供養佛故
我等先世福　宮殿甚嚴飾　今以奉世尊　惟願哀納受」

{6} 請轉法輪：「爾時諸梵天王，偈讚佛已，各作是言，唯願世尊轉於法輪，度脫眾生，開涅槃道，時諸梵天王，一心同聲而說偈言：」
「世雄兩足尊　惟願演說法　以大慈悲力　度苦惱眾生」

{7} 默然允許：「爾時大通智勝如來，默然許之」

「法華經」表解 P48

```
貳
、
廣
開
三
顯
一　(參)因緣一周被下根　(壹)正說因緣
```

```
二、明宿世因緣　(一)長行　㈠明結緣之由　1.遠由
```

```
(2)次明十方梵王請法　② 十方梵請　<1>先明九方
```

[2] 次明東南方雲集

- {1} 智佛現瑞：「又諸比丘，東南方五百萬億國土，諸大梵王，各自見宮殿，光明照曜」
- {2} 梵眾驚駭：「昔所未有，歡喜踊躍，生希有心」
- {3} 互相問決：「即各相詣，共議此事，時彼眾中，有一大梵天王，名曰大悲，為諸梵眾，而說偈言：」

　「是事何因緣　而現如此相　我等諸宮殿　光明昔未有
　　為大德天生　為佛出世間　未曾見此相　當共一心求
　　過千萬億土　尋光共推之　多是佛出世　度脫苦眾生」

- {4} 尋光見佛：「爾時五百萬億諸梵天王，與宮殿俱，各以衣裓盛諸天華，共詣西北方，推尋是相，見大通智勝如來，處於道場，菩提樹下，坐師子座，諸天龍王，乾闥婆，緊那羅，摩睺羅伽，人非人等，恭敬圍繞，及見十六王子請佛轉法輪」
- {5} 廣陳供養：「時諸梵天王，頭面禮佛，繞百千匝，即以天華而散佛上，所散之華，如須彌山，并以供養佛菩提樹，華供養已，各以宮殿奉上彼佛，而作是言，惟見哀愍，饒益我等，所獻宮殿，願垂納受，爾時諸梵天王，即於佛前，一心同聲，以偈頌曰：」

　「聖主天中王　迦陵頻伽聲　哀愍眾生者　我等今敬禮
　　世尊甚希有　久遠乃一現　一百八十劫　空過無有佛
　　三惡道充滿　諸天眾減少　今佛出於世　為眾生作眼
　　世間所歸趣　救護於一切　為眾生之父　哀愍饒益者
　　我等宿福慶　今得值世尊」

- {6} 請轉法輪：「爾時諸梵天王，偈讚佛已，各作是言，惟願世尊，哀愍一切，轉於法輪，度脫眾生，時諸梵天王，一心同聲，而說偈言：」

　　「大聖轉法輪　顯示諸法相　度苦惱眾生　令得大歡喜
　　　眾生聞此法　得道若生天　諸惡道減少　忍善者增益」

- {7} 默然允許：「爾時大通智勝如來，默然許之」

[3] 南方雲集

- {1} 智佛現瑞：「又諸比丘，南方五百萬億國土諸大梵王，各自見宮殿，光明照曜」
- {2} 梵眾驚駭：「昔所未有，歡喜踊躍，生希有心」
- {3} 互相問決：「即各相詣，共議此事，以何因緣，我等宮殿，有此光曜，時彼眾中，有一大梵天王，名曰妙法，為諸梵眾，而說偈言：」

　「我等諸宮殿　光明甚威曜　此非無因緣　是相宜求之
　　過於百千劫　未曾見是相　為大德天生　為佛出世間」

- {4} 尋光見佛：「爾時五百萬億諸梵天王，與宮殿俱，各以衣裓盛諸天華共詣北方，推尋是相，見大通智勝如來，處於道場，菩提樹下，坐師子座，諸天龍王，乾闥婆，緊那羅，摩睺羅伽，人非人等，恭敬圍繞及見十六王子，請佛轉法輪」
- {5} 廣陳供養：「時諸梵天王頭面禮佛繞百千匝，即以天華而散佛上。所散之華，如須彌山，并以供養佛菩提樹，華供養已，各以宮殿奉上彼佛，而作是言，惟見哀愍，饒益我等，所獻宮殿，願垂納受。爾時諸梵天王，即於佛前，一心同聲，以偈頌曰：」「世尊甚難見　破諸煩惱者　過百三十劫　今乃得一見
　　　諸飢渴眾生　以法雨充滿　昔所未曾睹　無量智慧者
　　　如優曇缽華　今日乃值遇　我等諸宮殿　蒙光故嚴飾
　　　世尊大慈愍　惟願垂納受」

貳、廣開三顯一 （參）因緣一周被下根 （壹）正說因緣 二、明宿世因緣 （一）長行 ㊀明結緣之由 1.遠由 (2)次明十方梵王請法 ② 十方梵請

<1> 先明九方
　[3] 南方雲集
　　{6} 請轉法輪：
　　「爾時諸梵天王，偈讚佛已，各作是言，唯願世尊轉於法輪，令一切世間，諸天魔梵，沙門婆羅門，皆獲安穩，而得度脫，時諸梵天王，一心同聲，以偈頌曰：」
　　「唯願天人尊　轉無上法輪　擊於大法鼓　而吹大法螺
　　　普雨大法雨　度無量眾生　我等咸歸請　當演深遠音」
　　{7} 默然允許：「爾時大通智勝如來，默然許之」
　[4] 總明六方雲集：「西南方，乃至下方，亦復如是」

<2> 次明上方雲集
　[1] 智佛現瑞：「爾時上方五百萬億國土，諸大梵王，皆悉自睹所止宮殿，光明威曜」
　[2] 梵眾驚駭：「昔所未有，歡喜踊躍，生希有心」
　[3] 互相問決：
　　「即各相詣，共議此事，以何因緣，我等宮殿，有斯光明，時彼眾中，有一大梵天王，名曰尸棄，為諸梵眾，而說偈言：」
　　「今以何因緣　我等諸宮殿　威德光明曜　嚴飾未曾有
　　　如是之妙相　昔所未聞見　為大德天生　為佛出世間」
　[4] 尋光見佛：
　　「爾時五百萬億諸梵天王，與宮殿俱，各以衣裓盛諸天華，共詣下方，推尋是相，見大通智勝如來，處於道場，菩提樹下，坐師子座，諸天龍王，乾闥婆，緊那羅，摩睺羅伽，人非人等，恭敬圍繞，及見十六王子，請佛轉法輪」
　[5] 廣陳供養：
　　「時諸梵天王，頭面禮佛，繞百千匝，即以天華，而散佛上，所散之華，如須彌山，并以供養佛菩提樹，華供養已，各以宮殿，奉上彼佛，而作是言，惟見哀愍，饒益我等，所獻宮殿，願垂納處，時諸梵天王，即於佛前，一心同聲，以偈頌曰：」
　　「善哉見諸佛　救世之聖尊　能於三界獄　勉出諸眾生
　　　普智天人尊　哀愍群萌類　能開甘露門　廣度於一切
　　　於昔無量劫　空過無有佛　世尊未出時　十方常闇暝
　　　三惡道增長　阿修羅亦盛　諸天眾轉減　死多墮惡道
　　　不從佛聞法　常行不善事　色力及智慧　斯等皆減少
　　　罪業因緣故　失樂及樂想　住於邪見法　不識善儀則
　　　不蒙佛所化　常墮於惡道　佛為世間眼　久遠時乃出
　　　哀愍諸眾生　故現於世間　超出成正覺　我等甚欣慶
　　　及餘一切眾　喜歎未曾有　我等諸宮殿　蒙光故嚴飾
　　　今以奉世尊　惟垂哀納受　願以此功德　普及於一切
　　　我等與眾生　皆共成佛道」
　[6] 請轉法輪：
　　「爾時五百萬億諸梵天王，偈讚佛已，各白佛言，惟願世尊，轉於法輪，多所安隱，多所度脫，時諸梵天王，而說偈言：」
　　「世尊轉法輪　擊甘露法鼓　度苦惱眾生　開示涅槃道
　　　惟願受我請　以大微妙音　哀愍而敷演　無量劫習法」

貳、廣開三顯一 (參)因緣一周被下根 (壹)正說因緣

二、明宿世因緣

(一) 長行

(一) 明結緣之由

2. 近由

(1) 初轉半字教

① 智佛受請：「爾時大通智勝如來，受十方諸梵天王，及十六王子請」

② 正轉教法：
- <1> 四諦法：「即時三轉十二行法輪，若沙門，婆羅門，若天魔梵，及餘世間所不能轉，謂是苦，是苦集，是苦滅，是苦滅道」
- <2> 因緣法：「及廣說十二因緣法，無明緣行，行緣識，識緣名色，名色緣六入，六入緣觸，觸緣受，受緣愛，愛緣取，取緣有，有緣生，生緣老死憂悲苦惱。無明滅則行滅，行滅則識滅，識滅則名色滅，名色滅則六入滅，六入滅則觸滅，觸滅則受滅，受滅則愛滅，愛滅則取滅，取滅則有滅，有滅則生滅，生滅則老死憂悲苦惱滅」

③ 聞法得道：「佛於天人大眾之中，說是法時，六百萬億那由他人，以不受一切法故，而於諸漏，心得解脫，皆得深妙禪定，三明六通，具八解脫。第二第三第四說法時，千萬億恆河沙那由他等眾生，亦以不受一切法故，而於諸漏，心得解脫，從是已後，諸聲聞眾，無量無邊，不可稱數」

(2) 轉滿字教

① 王子出家：「爾時十六王子，皆以童子出家而為沙彌，諸根通利，智慧明了，已曾供養百千萬億諸佛，淨修梵行，求阿耨多羅三藐三菩提」

② 請轉法輪：「俱白佛言，世尊，是諸無量千萬億大德聲聞，皆已成就，世尊亦當為我等，說阿耨多羅三藐三菩提法，我等聞已，皆共修學。世尊，我等志願如來知見，深心所念，佛自證知」

③ 所將人眾出家：「爾時轉輪聖王，所將眾中，八萬億人，見十六王子出家，亦求出家，王即聽許」

④ 受請說經：「爾時彼佛，受沙彌請，過二萬劫已，乃於四眾之中，說是大乘經，名妙法蓮華，教菩薩法，佛所護念，說是經已，十六沙彌為阿耨多羅三藐三菩提故，皆共受持，諷誦通利」

⑤ 時眾有解不解：「說是經時，十六菩薩沙彌，皆悉信受，聲聞眾中，亦有信解，其餘眾生，千萬億種，皆生疑惑」

⑥ 說經時節：「佛說是經，於八千劫，未曾休廢」

⑦ 說已入定：「說此經已，即入靜室，住於禪定，八萬四千劫」

(二) 正明結緣

1. 法說結緣

(1) 昔共結緣

① 王子覆講：「是時十六菩薩沙彌，知佛入室，寂然禪定，各升法座，亦於八萬四千劫，為四部眾，廣說分別妙法華經」

② 眾得利益：「一一皆度六百萬億那由他恆河沙等眾生，示教利喜，令發阿耨多羅三藐三菩提心」

③ 出定稱歎：
- <1> 正歎希有：「大通智勝佛，過八萬四千劫已，從三昧起，往詣法座，安詳而坐，普告大眾，是十六菩薩沙彌，甚為希有，諸根通利，智慧明了，已曾供養無量千萬億數諸佛，於諸佛所，常修梵行，受持佛智，開示眾生，令入其中」
- <2> 勸物親近：「汝等皆當數數親近而供養之，所以者何，若聲聞，辟支佛，及諸菩薩，能信是十六菩薩所說經法，受持不毀者，是人皆當得阿耨多羅三藐三菩提如來之慧」

「法華經」表解 P51

```
貳、廣開三顯一
├ 二、明宿世因緣
│  ├ (一) 長行
│  │  ├ (壹) 正說因緣
│  │  └ (參) 因緣一周被下根
│  │     ├ ㊀ 正明結緣
│  │     │  ├ 1. 法說結緣
│  │     │  │  ├ ① 會結古今
│  │     │  │  │  └ (2) 中間值遇：「佛告諸比丘，是十六菩薩，常樂說是妙法蓮華經，一一菩薩，所化六百萬億那由他恆河沙等眾生，世世所生，與菩薩俱，從其聞法，悉皆信解，以此因緣，得值四萬億諸佛世尊，於今不盡」
│  │     │  │  ├ (3) 明今還為說
│  │     │  │  │  ├ <1> 會結古今：
│  │     │  │  │  │   「諸比丘，我今語汝，彼佛弟子十六沙彌，今皆得阿耨多羅三藐三菩提，於十方國土，現在說法，有無量百千萬億菩薩聲聞，以為眷屬。其二沙彌，東方作佛，一名阿閦，在歡喜國，二名須彌頂。東南方二佛，一名師子音，二名師子相。南方二佛，一名虛空住，二名常滅。西南方二佛，一名帝相，二名梵相。西方二佛，一名阿彌陀，二名度一切世間苦惱。西北方二佛，一名多摩羅跋栴檀香神通，二名須彌相。北方二佛，一名雲自在，二名雲自在王。東北方佛，名壞一切世間怖畏。第十六我釋迦牟尼佛，於娑婆國土，成阿耨多羅三藐三菩提」
│  │     │  │  │  └ <2> 會弟子古今：
│  │     │  │  │     ├ [1] 正會：
│  │     │  │  │     │  ├ {1} 受大後退：
│  │     │  │  │     │  │   「諸比丘，我等為沙彌時，各各教化無量百千萬億恆河沙等眾生，從我聞法，為阿耨多羅三藐三菩提，此諸眾生，於今有住聲聞地者，我常教化阿耨多羅三藐三菩提，是諸人等，應以是法，漸入佛道，所以者何，如來智慧，難信難解」
│  │     │  │  │     │  └ {2} 正會古今：
│  │     │  │  │     │      「爾時所化無量恆河沙等眾生者，汝等諸比丘，及我滅度後，未來世中聲聞弟子是也」
│  │     │  │  │     └ [2] 釋疑：
│  │     │  │  │         「我滅度後，復有弟子，不聞是經，不知不覺菩薩所行，自於所得功德，生滅度想，當入涅槃，我於餘國作佛，更有異名，是人雖生滅度之想，入於涅槃，而於彼土，求佛智慧，得聞是經，唯以佛乘，而得滅度，更無餘乘，除諸如來方便說法」
│  │     │  │  └ ② 正說法華
│  │     │  │     ├ <1> 眾清淨：「諸比丘，若如來自知涅槃時到，眾又清淨，信解堅固，了達空法，深入禪定」
│  │     │  │     ├ <2> 正說法華：「便集諸菩薩，及聲聞眾，為說是經，世間無有二乘而得滅度，唯一佛乘得滅度耳」
│  │     │  │     └ <3> 釋疑：「比丘當知，如來方便，深入眾生之性，知其志樂小法，深著五欲，為是等故，說於涅槃，是人若聞，則便信受」
│  │     │  └ 2. 喻說結緣
│  │     │     └ (1) 喻說
│  │     │         └ ① 先明導師喻
│  │     │             ├ <1> 五百由旬喻：「譬如五百由旬」
│  │     │             ├ <2> 險難惡道喻：「險難惡道，曠絕無人怖畏之處」
│  │     │             ├ <3> 多眾人喻：「若有多眾」
│  │     │             ├ <4> 欲過惡道喻：「欲過此道，至珍寶處」
│  │     │             └ <5> 有一導師喻：「有一導師，聰慧明達，善知險道通塞之相」
```

「法華經」表解 P52

```
貳、廣開三顯一
├─ 壹、正說因緣
│  ├─ 參、因緣一周被下根
│  │
二、明宿世因緣
├─ (一) 長行
│  ├─ ㈠ 正明結緣
│  │  ├─ 1. 喻說結緣（正明結緣）
│  │  │  ├─ (1) 喻說
│  │  │  │  ├─ ① 將導喻
│  │  │  │  │  ├─ <1> 所將人眾喻：「將導眾人，欲過此難」
│  │  │  │  │  ├─ <2> 中路懈退喻：
│  │  │  │  │  │  ├─ [1] 退大：
│  │  │  │  │  │  │  ├─ {1} 中路懈退：「所將人眾，中路懈退」
│  │  │  │  │  │  │  ├─ {2} 白導師言：「白導師言，我等疲極而復怖畏」
│  │  │  │  │  │  │  └─ {3} 不復前進：「不能復進，前路猶遠，今欲退還」
│  │  │  │  │  │  └─ [2] 接小：
│  │  │  │  │  │     ├─ {1} 多諸方便：「導師多諸方便」
│  │  │  │  │  │     ├─ {2} 傷其失寶：「而作是念，此等可愍，云何捨大珍寶，而欲退還」
│  │  │  │  │  │     ├─ {3} 化作一城：「作是念已，以方便力，於險道中，過三百由旬，化作一城，告眾人言，汝等勿怖，莫得退還，今此大城，可於中止，隨意所作，若入是城，快得安隱，若能前至寶所，亦可得去」
│  │  │  │  │  │     └─ {4} 歡喜入城：「是時疲極之眾，心大歡喜，歎未曾有，我等今者，免斯惡道，快得安隱，於是眾人，前入化城，生已度想，生安隱想」
│  │  │  │  │  └─ <3> 滅化城至寶所喻：「爾時導師，知此人眾，既得止息，無復疲倦，即滅化城，語眾人言，汝等去來，寶處在近，向者大城，我所化作，為止息耳」
│  │  │  │  └─ (2) 法合
│  │  │  │     ├─ ① 正合
│  │  │  │     │  ├─ <1> 合導師喻：「諸比丘，如來亦復如是，今為汝等作大導師，知諸生死煩惱惡道，險難長遠，應去應度」
│  │  │  │     │  └─ <2> 合將導喻
│  │  │  │     │     ├─ [1] 先合退大接小：「若眾生但聞一佛乘者，則不欲見佛，不欲親近，便作是念，佛道長遠，久受勤苦，乃可得成，佛知是心，怯弱下劣，以方便力，而於中道，為止息故，說二涅槃」
│  │  │  │     │     └─ [2] 合滅城至寶所：「若眾生住於二地，如來爾時即便為說，汝等所作未辦，汝所住地近於佛慧，當觀察籌量，所得涅槃，非真實也，但是如來方便之力，於一佛乘分別說三」
│  │  │  │     └─ ② 舉喻帖合：「如彼導師，為止息故，化作大城，既知息已，而告之言，寶處在近，此城非實，我化作耳」
│  │  └─ (二) 偈頌
│  │     ├─ ㈠ 結緣之由
│  │     │  ├─ 1. 遠由
│  │     │  │  ├─ (1) 頌大通成道：「爾時世尊，欲重宣此義，而說偈言」
│  │     │  │  │  「大通智勝佛　十劫坐道場　佛法不現前　不得成佛道
│  │     │  │  │　 諸天神龍王　阿修羅眾等　常雨於天華　以供養彼佛
│  │     │  │  │　 諸天擊天鼓　并作眾伎樂　香風吹萎華　更雨新好者
│  │     │  │  │　 過十小劫已　乃得成佛道　諸天及世人　心皆懷踊躍
│  │     │  │  │　 彼佛十六子　皆與其眷屬　千萬億圍繞　俱行至佛所
│  │     │  │  │　 頭面禮佛足　而請轉法輪　聖師子法雨　充我及一切」
│  │     │  │  └─ (2) 頌十方梵請：「世尊甚難值　久遠時一現　為覺悟群生　震動於一切
│  │     │  │  　　　　　　　　　 東方諸世界　五百萬億國　梵宮殿光曜　昔所未曾有
│  │     │  │  　　　　　　　　　 諸梵見此相　尋來至佛所　散華以供養　并奉上宮殿
│  │     │  │  　　　　　　　　　 請佛轉法輪　以偈而讚歎　佛知時未至　受請默然坐
│  │     │  │  　　　　　　　　　 三方及四維　上下亦復爾　散華奉宮殿　請佛轉法輪
│  │     │  │  　　　　　　　　　 世尊甚難值　願以本慈悲　廣開甘露門　轉無上法輪」
```

「法華經」表解 P53

```
貳
、
廣
開
三
顯
一

(參)因緣一周被下根　壹正說因緣
```

二、明宿世因緣

(二)偈頌

㈠結緣之由

2.近由

(1)頌轉半字教：
「無量慧世尊　受彼眾人請　為宣種種法　四諦十二緣
　無明至老死　皆從生緣有　如是眾過患　汝等應當知
　宣暢是法時　六百萬億姟　得盡諸苦際　皆成阿羅漢
　第二說法時　千萬恆沙眾　於諸法不受　亦得阿羅漢
　從是後得道　其數無有量　萬億劫算數　不能得其邊」

(2)頌滿字教：
「時十六王子　出家作沙彌　皆共請彼佛　演說大乘法
　我等及營從　皆當成佛道　願得如世尊　慧眼第一淨
　佛知童子心　宿世之所行　以無量因緣　種種諸譬喻
　說六波羅蜜　及諸神通事　分別真實法　菩薩所行道
　說是法華經　如恆河沙偈　彼佛說經已　靜室入禪定
　一心一處坐　八萬四千劫」

㈡頌正結緣

1.頌結說結緣

(1)頌昔日法緣：
「是諸沙彌等　知佛禪未出　為無量億眾　說佛無上慧
　各各坐法座　說是大乘經　於佛宴寂後　宣揚助法化
　一一沙彌等　所度諸眾生　有六百萬億　恆河沙等眾」

(2)頌中間值遇：
「彼佛滅度後　是諸聞法者　在在諸佛土　常與師俱生」

(3)頌今還為說：
「是十六沙彌　具足行佛道　今現在十方　各得成正覺
　爾時聞法者　各在諸佛所　其有住聲聞　漸教以佛道
　我在十六數　曾亦為汝說　是故以方便　引汝趣佛慧
　以是本因緣　今說法華經　令汝入佛道　慎勿懷驚懼」

2.頌諭說結緣

(1)喻說

①頌導師喻：
「譬如險惡道　迥絕多毒獸　又復無水草　人所怖畏處
　無數千萬眾　欲過此險道　其路甚曠遠　經五百由旬
　時有一導師　強識有智慧　明了心決定　在險濟眾難」

②頌將導喻：

<1> 頌中路權立化城：
「眾人皆疲倦　而白導師言　我等今頓乏　於此欲退還
　導師作是念　此輩甚可愍　如何欲退還　而失大珍寶
　尋時思方便　當設神通力　化作大城郭　莊嚴諸舍宅
　周匝有園林　渠流及浴池　重門高樓閣　男女皆充滿
　即作是化已　慰眾言勿懼　汝等入此城　各可隨所樂
　諸人既入城　心皆大歡喜　皆生安隱想　自謂已得度」

<2> 頌滅城引至寶所：
「導師知息已　集眾而告言　汝等當前進　此是化城耳
　我見汝疲極　中路欲退還　故以方便力　權化作此城
　汝今勤精進　當共至寶所」

(2)法合

①正頌法合

<1> 頌合導師喻：「我亦復如是　為一切導師」

<2> 頌合將導喻：

[1] 頌合懈退：「見諸求道者　中路而懈廢　不能度生死　煩惱諸險道
　　　　　　　　故以方便力　為息說涅槃　言汝等苦滅　所作皆已辦」

[2] 頌合滅城至寶所：
「既知到涅槃　皆得阿羅漢　爾乃集大眾　為說真實法
　諸佛方便力　分別說三乘　唯有一佛乘　息處故說二
　今為汝說實　汝所得非滅　為佛一切智　當發大精進
　汝證一切智　十力等佛法　具三十二相　乃是真實滅」

②頌舉喻帖合：「諸佛之導師　為息說涅槃　既知是息已　引入於佛慧」

法華經大成卷第六

貳：正宗分　第八品：五百弟子授記品

第一大章：開佛知見：貳、廣開三顯一
一、先授滿慈記
(參)因緣一周被下根
（壹）默念領解
㈠默念領解
㈡如來與之述成授記

○初序得解之由：「爾時富樓那彌多羅尼子，從佛聞是智慧方便，隨宜說法，又聞授諸大弟子阿耨多羅三藐三菩提記，復聞宿世因緣之事，復聞諸佛有大自在神通之力。」
○序得解歡喜：「得未曾有，心淨踊躍，即從座起，到於佛前，頭面禮足，卻住一面，瞻仰尊顏，目不暫捨。」
○序默念領解：「而作是念，世尊甚奇特，所為希有，隨順世間若干種性，以方便知見而為說法，拔出眾生處處貪著，我等於佛功德，言不能宣。」
○四念發跡請記：「唯佛世尊，能知我等深心本願。」

1. 初述本跡
　(1)釋迦世行因發跡：
　　①舉示其人：「爾時佛告諸比丘，汝等見是富樓那彌多羅尼子不？」
　　②發跡顯本：「我常稱其於說法人中，最為第一，亦常歎其種種功德，精勤護持，助宣我法，能於四眾示教利喜，具足解釋佛之正法，而大饒益同梵行者，自捨如來，無能盡其言論之辯。」
　(2)約過去世，顯其本行：「汝等勿謂富樓那，但能護持助宣我法，亦於過去九十億諸佛所，護持助宣佛之正法，於彼說法人中，亦最第一，又於諸佛所說空法，明了通達，得四無礙智，常能審諦清淨說法，無有疑惑，具足菩薩神通之力，隨其壽命，常修梵行，彼佛世人，咸皆謂之實是聲聞，而富樓那以斯方便，饒益無量百千眾生，又化無量阿僧祇人，令立阿耨多羅三藐三菩提，為淨佛土故，常作佛事，教化眾生。」
　(3)約三世佛，所述其修因：「諸比丘，富樓那亦於七佛說法人中，而得第一，今於我所說法人中，亦為第一，於賢劫中，當來諸佛說法人中，亦復第一，而皆護持助宣佛法，亦於未來護持助宣無量無邊諸佛之法，教化饒益無量眾生，令立阿耨多羅三藐三菩提，為淨佛土故，常勤精進教化眾生。」

2. 授與記
（一）長行
㈡正明授記之一‧授千二百記

　(1)明因圓果滿：「漸漸具足菩薩之道，過無量阿僧祇劫，當於此土得阿耨多羅三藐三菩提，號曰法明如來，應供，正遍知，明行足，善逝，世間解，無上士調御丈夫，天人師，佛，世尊。」
　(2)明國土嚴淨：
　　①國土嚴淨：「其佛以恆河沙等三千大千世界為一佛土，七寶為地，地平如掌，無有山陵谿澗溝壑，七寶臺觀，充滿其中，諸天宮殿，近處虛空，人天交接，兩得相見。」
　　②純是善道：「無諸惡道，亦無女人，一切眾生皆以化生，無有淫欲，得大神通，身出光明，飛行自在，志念堅固，精進智慧，普皆金色，三十二相而自莊嚴，其國眾生，常以二食，一者法喜食，二者禪悅食。」
　　③三乘眾多：「有無量阿僧祇千萬億那由他諸菩薩眾，得大神通，四無礙智，善能教化眾生之類，其聲聞眾，算數校計所不能知，皆得具足六通三明，及八解脫。」
　　④總結莊嚴：「其佛國土，有如是等無量功德莊嚴成就。」
　(3)明劫壽法塔：「劫名寶明，國名善淨，其佛壽命，無量阿僧祇劫，法住甚久，佛滅度後，起七寶塔，遍滿其國。」

「法華經」表解 P55

貳、廣開三顯一

一、先授滿慈記

(一) 如來與之述成授記

(二) 偈頌

1. 頌發跡顯本

   (1) 總發諸聲聞本跡
   - ① 總標為行難思：「爾時世尊，欲重宣此義，而說偈言：」
     「諸比丘諦聽　佛子所行道　善學方便故　不可得思議」
   - ② 明垂跡之由：「知眾樂小法　而畏於大智　是故諸菩薩　作聲聞緣覺」
   - ③ 明垂跡利益：「以無數方便　化諸眾生類　自說是聲聞　去佛道甚遠
     度脫無量眾　皆悉得成就　雖小欲懈怠　漸當令作佛」
   - ④ 明內秘外現：「內秘菩薩行　外現是聲聞　少欲厭生死　實自淨佛土
     示眾有三毒　又現邪見相　我弟子如是　方便度眾生」
   - ⑤ 結略抑廣：「若我具足說　種種現化事　眾生聞是者　心則懷疑惑」

   (2) 頌發滿慈本跡：「今此富樓那　於昔千億佛　勤修所行道　宣護諸佛法
   為求無上慧　而於諸佛所　現居弟子上　多聞有智慧
   所說無所畏　能令眾歡喜　未曾有疲倦　而以助佛事
   已度大神通　具四無礙智　知諸根利鈍　常說清淨法
   演暢如是義　教諸千億眾　令住大乘法　而自淨佛土
   未來亦供養　無量無數佛　護助宣正法　亦自淨佛土
   常以諸方便　說法無所畏　度不可計眾　成就一切智」

2. 頌與之授記

   (1) 頌因圓果滿：「供養諸如來　護持法寶藏　其後得成佛　號名曰法明」
   (2) 頌劫國名號：「其國名善淨　七寶所合成　劫名為寶明」
   (3) 頌國土嚴淨：「菩薩眾甚多　其數無量億　皆度大神通　威德力具足
   充滿其國土　聲聞亦無數　三明八解脫　得四無礙智
   以是等為僧　其國諸眾生　淫欲皆已斷　純一變化生
   具相莊嚴身　法喜禪悅食　更無餘食想　無有諸女人
   亦無諸惡道　富樓那比丘　功德悉成滿　當得斯淨土
   賢聖眾甚多　如是無量事　我今但略說」

二、授千二百記

(參) 因緣一周被下根

(貳) 正明授記之一・授千二百記

(一) 默念請記：「爾時千二百阿羅漢，心自在者，作是念，我等歡喜，得未曾有，若世尊各見授記，如餘大弟子者，不亦快乎。」

(二) 如來與記

(一) 長行

1. 許記千二：「佛知此等心之所念，告摩訶迦葉，是千二百阿羅漢，我今當現前次第與授阿耨多羅三藐三菩提記。」
2. 別授陳如：「於此眾中，我大弟子憍陳如比丘，當供養六萬二千億佛，然後得成為佛，號曰普明如來，應供，正遍知，明行足，善逝，世間解，無上士調御丈夫，天人師，佛，世尊。」
3. 別記五百：「其五百阿羅漢，優樓頻螺迦葉，伽耶迦葉，那提迦葉，迦留陀夷，優陀夷，阿㝹樓馱，離婆多，劫賓那，薄拘羅，周陀，莎伽陀等，皆當得阿耨多羅三藐三菩提，盡同一號，名曰普明。」

(二) 偈頌

1. 頌陳如五百名號：「爾時世尊，欲重宣此義，而說偈言：」
「憍陳如比丘　當見無量佛　過阿僧祇劫　乃成等正覺　常放大光明
具足諸神通　名聞遍十方　一切之所敬　常說無上道　故號為普明
其國土清淨　菩薩皆勇猛　咸升妙樓閣　遊諸十方國　以無上供具
奉獻於諸佛　作是供養已　心懷大歡喜　須臾還本國　有如是神力
佛壽六萬劫　正法住倍壽　像法復倍是　法滅天人憂　其五百比丘
次第當作佛　同號曰普明　轉次而授記　我滅度之後　某甲當作佛
其所化世間　亦如我今日　國土之嚴淨　及諸神通力　菩薩聲聞眾
正法及像法　壽命劫多少　皆如上所說」

2. 總授一切聲聞記：「迦葉汝已知　五百自在者　餘諸聲聞眾　亦當復如是
其不在此會　汝當為宣說」

貳、廣開三顯一

二、授千二百記

（參）因緣一周被下根
（貳）正明授記之二・授千二百記

（三）五百領解

（一）長行

1. 經家序喜：「爾時五百阿羅漢，於佛前得授記已，歡喜踊躍，即從座起，到於佛前，頭面禮足，悔過自責」

2. 自陳領解

(1) 法說
- ① 先悔得少為足：「世尊，我等常作是念，自謂已得究竟滅度」
- ② 責根鈍難悟：「今乃知之，如無智者，所以者何，我等應得如來智慧，而便自以小智為足」

(2) 喻說
- ① 喻說：
  - <1> 醉臥不覺喻：「世尊，譬如有人，至親友家，醉酒而臥，是時親友官事當行，以無價寶珠繫其衣裏，與之而去，其人醉臥，都不覺知，起已遊行，到於他國，為衣食故，勤力求索，甚大艱難，若少有所得，便以為足」
  - <2> 親友覺悟喻：「於後親友，會遇見之，而作是言，咄哉丈夫，何為衣食，乃至如是，我昔欲令汝得安樂，五欲自恣，於某年日月，以無價寶珠繫汝衣裏，今故現在，而汝不知，勤苦憂惱，以求自活，甚為癡也，汝今可以此寶，貿易所須，常可如意，無所乏短」
- ② 法合：
  - <1> 醉臥不覺喻：「佛亦如是，為菩薩時，教化我等令發一切智心，而尋廢忘，不知不覺，既得阿羅漢道，自謂滅度，資生艱難，得少為足」
  - <2> 親友覺悟喻：「一切智願，猶在不失，今者世尊覺悟我等，作如是言，諸比丘，汝等所得，非究竟滅，我久令汝等種佛善根，以方便故，示涅槃相，而汝謂為實得滅度，世尊，我今乃知實是菩薩，得受阿耨多羅三藐三菩提記，以是因緣甚大歡喜，得未曾有」

（二）偈頌

1. 頌得解歡喜：「爾時阿若憍陳如等，欲重宣此義，而說偈言：」

「我等聞無上　安隱授記聲　歡喜未曾有　禮無量智佛
今於世尊前　自悔諸過咎」

2. 自陳領解

(1) 頌法說：「於無量佛寶　得少涅槃分　如無智愚人　便自以為足」

(2) 頌喻說
- ① 喻說：
  - <1> 醉臥不覺喻：
  「譬如貧窮人　往至親友家　其家甚大富　具設諸餚膳
  以無價寶珠　繫著內衣裏　默與而捨去　時臥不覺知
  是人既已起　遊行詣他國　求衣食自濟　資生甚艱難
  得少便為足　更不願好者　不覺內衣裏　有無價寶珠」
  - <2> 頌親友覺悟喻：
  「與珠之親友　後見此貧人　苦切責之已　示以所繫珠
  貧人見此珠　其心大歡喜　富有諸財物　五欲而自恣」
- ② 頌法合：「我等亦如是　世尊於長夜　常愍見教化　令種無上願
  我等無智故　不覺亦不知　得少涅槃分　自足不求餘
  今佛覺悟我　言非實滅度　得佛無上慧　爾乃為真滅
  我今從佛聞　授記莊嚴事　及轉次受決　身心遍歡喜」

法華經大成卷第六

貳：正宗分　第九品：授學無學人記品

第一大章：開佛知見：貳、廣開三顯一（參）因緣一周被下根（貳）正明授記之二・授二千人記

一、二千請記

（一）二人請記

發言請記

㊀默念請記：「爾時阿難，羅候羅，而作是念，我等每自思惟，設得授記，不亦快乎」

1.引例：「即從座起，到於佛前，頭面禮足，俱白佛言，世尊，我等於此，亦應有分，唯有如來，我等所歸」

2.引望：「又我等為一切世間天人阿修羅所見知識，阿難常為侍者，護持法藏，羅候羅是佛之子，若佛見授阿耨多羅三藐菩提記者，我願既滿，眾望亦足」

（二）二千請記：「爾時學無學聲聞弟子二千人，皆從座起，偏袒右肩，到於佛前，一心合掌，瞻仰世尊，如阿難羅候羅所願，住立一面」

二、如來授與

（一）先記二人

㊀初記阿難

1.正與授記：
「爾時佛告阿難，汝於來世，當得作佛，號山海慧自在通王如來，應供，正遍知，明行足，善逝，世間解，無上士調御丈夫，天人師，佛，世尊，當供養六十二億諸佛，護持法藏，然後得阿耨多羅三藐三菩提，教化二十千萬億恆河沙諸菩薩等，令成阿耨多羅三藐三菩提。國名常立勝旛，其土清淨，琉璃為地，劫名妙音遍滿，其佛壽命，無量千萬億阿僧祇劫，若人於千萬億無量阿僧祇劫中，算數校計不能得知，正法住世倍於壽命，像法住世復倍正法，阿難，是山海慧自在通王佛，為十方無量千萬億恆河沙等，諸佛如來所共讚歎，稱其功德」

2.偈頌重明果德：
「爾時世尊，欲重宣此義，而說偈言：」
「我今僧中說　阿難持法者　當供養諸佛　然後成正覺　號曰山海慧
自在通王佛　其國土清淨　名常立勝旛　教化諸菩薩　其數如恆沙
佛有大威德　名聞滿十方　壽命無有量　以愍眾生故　正法倍壽命
像法復倍是　如恆河沙等　無數諸眾生　於此佛法中　種佛道因緣」

3.八千菩薩生疑：「爾時會中新發意菩薩八千人咸作是念，我等尚不聞諸大菩薩得如是記，有何因緣，而諸聲聞得如是決」

4.如來發跡釋疑：「爾時世尊知諸菩薩心之所念，而告之曰，諸善男子，我與阿難等，於空王佛所，同時發阿耨多羅三藐三菩提心，阿難常樂多聞，我常勤精進，是故我已得成阿耨多羅三藐三菩提，而阿難護持我法，亦護將來諸佛法藏，教化成就諸菩薩眾，其本願如是，故獲斯記」

5.阿難顯本述歡：
「阿難面於佛前，自聞授記，及國土莊嚴，所願具足，心大歡喜，得未曾有，即時憶念過去無量千萬億諸佛法藏，通達無礙，如今所聞，亦識本願，爾時阿難，而說偈言：」
「世尊甚希有　令我念過去　無量諸佛法　如今日所聞
我今無復疑　安住於佛道　方便為侍者　護持諸佛法」

貳、廣開三顯一 (參)因緣一周被下根 (貳)正明授記之二‧授二千人記

二、如來授與

(一)先記二人 — ㈠記羅雲

1.長行：「爾時佛告羅睺羅，汝於來世當得作佛，號蹈七寶華如來，應供，正遍知，明行足，善逝，世間解，無上士調御丈夫，天人師，佛，世尊。當供養十世界微塵等數諸佛如來，常為諸佛而作長子，猶如今也，是蹈七寶華佛，國土莊嚴，壽命劫數，所化弟子，正法像法，亦如山海慧自在通王如來無異，亦為此佛而作長子，過是已後，當得阿耨多羅三藐三菩提」

2.偈頌：「爾時世尊，欲重宣此義，而說偈言：」

「我為太子時　羅睺為長子　我今成佛道　受法為法子
於未來世中　見無量億佛　皆為其長子　一心求佛道
羅睺羅密行　唯我能知之　現為我長子　以示諸眾生
無量億千萬　功德不可數　安住於佛法　以求無上道」

(二)次記二千

㈠長行授記：
「爾時世尊見學無學二千人，其意柔軟，寂然清淨，一心觀佛，佛告阿難，汝見是學無學二千人不，唯然已見，阿難，是諸人等，當供養五十世界微塵數諸佛如來，恭敬尊重，護持法藏，末後同時於十方國，各得成佛，皆同一號，名曰寶相如來，應供，正遍知，明行足，善逝，世間解，無上士調御丈夫，天人師，佛，世尊，壽命一劫，國土莊嚴，聲聞菩薩，正法像法，皆悉同等」

㈡偈頌重明：「爾時世尊，欲重宣此義，而說偈言：」

「是二千聲聞　今於我前住　悉皆與授記　未來當成佛　所供養諸佛　如上說塵數
護持其法藏　後當成正覺　各於十方國　悉同一名號　俱時坐道場　以證無上慧
皆名為寶相　國土及弟子　正法與像法　悉等無有異　咸以諸神通　度十方眾生
名聞普周遍　漸入於涅槃」

㈢得記歡喜：「爾時學無學二千人，聞佛授記，歡喜踊躍，而說偈言」

「世尊慧燈明　我聞授記音　心歡喜充滿　如甘露見灌」

（三周授三根記已竟）

法華經大成卷第六
貳：正宗分　第十品：法師品

第一大章：開佛知見

一、歎美五種持經之人

(一) 長行

㈠ 明廣記現在

1. 揀出人類：「爾時世尊因藥王菩薩，告八萬大士，藥王，汝見是大眾中，無量諸天，龍王，夜叉，乾闥婆，阿修羅，迦樓羅，緊那羅，摩睺羅伽，人與非人，及比丘比丘尼，優婆塞優婆夷，求聲聞者，求辟支佛者，求佛道者」

2. 普為授記：「如是等類，咸於佛前，聞妙法華經，一偈一句，乃至一念隨喜者，我皆與授記，當得阿耨多羅三藐三菩提」

㈡ 明懸記未來：「佛告藥王，又如來滅度之後，若有人聞妙法華經，乃至一偈一句，一念隨喜者，我亦與授阿耨多羅藐三菩提記」

㈢ 明現未功報

1. 現在法師功報

    (1) 明法師供養：「若復有人，受持讀誦解說書寫妙法華經，乃至一偈，於此經卷，敬視如佛，種種供養，華香瓔珞，末香塗香燒香，繒蓋幢幡，衣服伎樂，乃至合掌恭敬」

    (2) 明法師功報：

    「藥王當知，是諸人等，已曾供養十萬億佛，於諸佛所成就大願，愍眾生故，生此人間。藥王，若有人問，何等眾生，於未來世，當得作佛，應示是諸人等，於未來世，必得作佛，何以故，若善男子善女人，於法華經，乃至一句，受持讀誦解說書寫，種種供養經卷，華香瓔珞，末香塗香燒香，繒蓋幢幡，衣服伎樂，合掌恭敬，是人一切世間所應瞻奉，應以如來供養而供養之，當知此人是大菩薩，成就阿耨多羅三藐三菩提，哀愍眾生，願生此間，廣演分別妙法華經，何況盡能受持種種供養者」

    (3) 明法師悲願：「藥王，當知是人，自捨清淨業報，於我滅度後，愍眾生故，生於惡世，廣演此經」

2. 未來法師功報

    (1) 明法師說經：

    「若是善男子善女人，我滅度後，能竊為一人說法華經，乃至一句」

    (2) 明法師功報：「當知是人，則如來使，如來所遣，行如來事，何況於大眾中，廣為人說」

㈣ 明逆順罪福

1. 先明逆者得罪：

    「藥王，若有惡人，以不善心，於一劫中，現於佛前，常毀罵佛，其罪尚輕，若人以一惡言，毀呰在家出家，讀誦法華經者，其罪甚重」

2. 次明順者得福：

    「藥王，其有讀誦法華經者，當知是人，以佛莊嚴，而自莊嚴，則為如來肩所荷擔，其所至方，應隨向禮，一心合掌，恭敬供養，尊重讚歎，華香瓔珞，末香塗香燒香，繒蓋幢幡，衣服餚饌，作諸伎樂，人中上供而供養之，應持天寶而以散之，天上寶聚，應以奉獻，所以者何，是人歡喜說法，須臾聞之，即得究竟阿耨多羅三藐三菩提故」

第一大章：開佛知見

一、歎美五種持經之人

(一) 行獎勵
「爾時世尊，欲重宣此義，而說偈言：」
「若欲住佛道　成就自然智　常當勤供養　受持法華者
　其有欲疾得　一切種智慧　當受持是經　并供養持者」

(二) 偈頌

㈠ 頌現在功報
「若有能受持　妙法華經者　當知佛所使　愍念諸眾生
　諸有能受持　妙法華經者　捨於清淨土　愍眾故生此
　當知如是人　自在所欲生　能於此惡世　廣說無上法
　應以天華香　及天寶衣服　天上妙寶聚　供養說法者」

㈡ 頌未來功報
「吾滅後惡世　能持是經者　當合掌禮敬　如供養世尊
　上饌眾甘美　及種種衣服　供養是佛子　冀得須臾聞
　若能於後世　受持是經者　我遣在人中　行於如來事」

㈢ 頌逆順罪福：
1. 頌逆者得罪：「若於一劫中　常懷不善心　作色而罵佛　獲無量重罪
　　　　　　　　其有讀誦持　是法華經者　須臾加惡言　其罪復過彼」
2. 頌順者得福：「有人求佛道　而於一劫中　合掌在我前　以無數偈讚
　　　　　　　　由是讚佛故　得無量功德　歎美持經者　其福復過彼
　　　　　　　　於八十億劫　以最妙色聲　及與香味觸　供養持經者
　　　　　　　　如是供養已　若得須臾聞　則應自欣慶　我今獲大利」

㈣ 結歎
「藥王今告汝　我所說諸經　而於此經中　法華最第一」

二、歎美所持之法

(一) 長行

㈠ 先歎經法

1. **約法歎**：「爾時佛復告藥王菩薩摩訶薩，我所說經典，無量千萬億，已說今說當說，而於其中，此法華經最為難信難解。藥王，此經是諸佛秘要之藏，不可分布妄授與人，諸佛世尊之所守護，從昔已來，未曾顯說，而此經者，如來現在，猶多怨嫉，況滅度後」

2. **約人歎**：「藥王當知，如來滅後，其能書持讀誦供養，為他人說者，如來則為以衣覆之，又為他方現在諸佛之所護念，是人有大信力，及志願力，諸善根力，當知是人與如來共宿，則為如來手摩其頭」

3. **約處歎**：「藥王，在在處處，若說若讀，若誦若書，若經卷所住處，皆應起七寶塔，極令高廣嚴飾，不須復安舍利，所以者何，此中已有如來全身，此塔應以一切華香瓔珞，繒蓋幢幡，伎樂歌頌，供養恭敬，尊重讚歎，若有人得見此塔，禮拜供養，當知是等，皆近阿耨多羅三藐三菩提」

4. **約因歎**：「藥王，多有人在家出家，行菩薩道，若不能得見聞讀誦，書持供養是法華經者，當知是人未善行菩薩道，若有得聞是經典者，乃能善行菩薩之道」

5. **約果歎**
   - (1) 明近果：「其有眾生，求佛道者，若見若聞是法華經，聞已信解受持者，當知是人，得近阿耨多羅三藐三菩提」
   - (2) 譬喻：「藥王，譬如有人，渴乏須水，於彼高原，穿鑿求之，猶見乾土，知水尚遠，施功不已，轉見溼土，逐漸至泥，其心決定，知水必近」
   - (3) 法合：「菩薩亦復如是，若未聞未解，未能修習是法華經，當知是人，去阿耨多羅三藐三菩提尚遠，若得聞解思惟修習，必知得近阿耨多羅三藐三菩提」
   - (4) 釋近意：「所以者何，一切菩薩阿耨多羅三藐三菩提，皆屬此經，此經開方便門，示真實相，是法華經藏，深固幽遠，無人能到，今佛教化成就菩薩，而為開示」
   - (5) 揀非：「藥王，若有菩薩，聞是法華經，驚疑怖畏，當知是為新發意菩薩，若聲聞人聞是經，驚疑怖畏，當知是為增上慢者」

「法華經」表解 P61

第一大章：開佛知見

二、歎美所持之法

(一) 長行

㈠ 示方軌

1. 先示方軌

(1) 初標章：「藥王，若有善男善女人，如來滅後，欲為四眾說是法華經者，云何應說，是善男子善女人，入如來室，著如來衣，坐如來座，爾乃應為四眾廣說斯經」

(2) 解釋：「如來室者，一切眾生中，大慈悲心是，如來衣者，柔和忍辱心是，如來座者，一切法空是」

(3) 勸修：「安住是中，然後以不懈怠心，為諸菩薩及四眾，廣說是法華經」

2. 明利益：「藥王，我於餘國遣化人，為其集聽法眾。亦遣化比丘比丘尼，優婆塞優婆夷，聽其說法。是諸化人，聞法信受，隨順不逆。若說法者在空閒處，我時廣遣天龍鬼神，乾闥婆，阿修羅等，聽其說法，我雖在異國，時時令說法者得見我身，若於此經忘失句讀，我還為說，令得具足」

(二) 偈頌

㈠ 總勸：「爾時世尊，欲重宣此義，而說偈言：」
「欲捨諸懈怠　應當聽此經　是經難得聞　信受者亦難」

㈡ 喻合：

1. 頌譬喻：「如人渴須水　穿鑿於高原　猶見乾燥土　知去水尚遠
　　　　　　　漸見溼土泥　決定知近水」

2. 頌法合：「藥王汝當知　如是諸人等　不聞法華經　去佛智甚遠
　　　　　　　若聞是深經　決了聲聞法　是諸經之王　聞已諦思惟
　　　　　　　當知此人等　近於佛智慧」

3. 頌示方軌：「若人說此經　應入如來室　著於如來衣　而坐如來座
　　　　　　　　處眾無所畏　廣為分別說　大慈悲為室　柔和忍辱衣
　　　　　　　　諸法空為座　處此為說法　若說此經時　有人惡口罵
　　　　　　　　如刀杖瓦石　念佛故應忍」

4. 頌利益：「我千萬億土　現淨堅固身　於無量億劫　為眾生說法
　　　　　　　若我滅度後　能說此經者　我遣化四眾　比丘比丘尼
　　　　　　　及清淨士女　供養於法師　引導諸眾生　集之令聽法
　　　　　　　若人欲加惡　刀杖及瓦石　則遣變化人　為之作衛護
　　　　　　　若說法之人　獨在空閒處　寂寞無人聲　讀誦此經典
　　　　　　　我爾時為現　清淨光明身　若忘失章句　為說令通利
　　　　　　　若人具是德　或為四眾說　空處讀誦經　皆得見我身
　　　　　　　若人在空閒　我遣天龍王　夜叉鬼神等　為作聽法眾
　　　　　　　是人樂說法　分別無罣礙　諸佛護念故　能令大眾喜」

㈢ 結勸：「若親近法師　速得菩薩道　隨順是師學　得見恆沙佛」

法華經大成卷第六
（第二大章：示佛知見：第十一及十二品）

貳：正宗分　第十一品：見寶塔品

第二大章：示佛知見：壹、初寶塔出現，顯示實相

一、長行

（壹）寶塔出現

（一）寶塔湧現

㈠塔現之相：「爾時佛前有七寶塔，高五百由旬，縱廣二百五十由旬，從地涌出，住在空中，種種寶物而莊校之，五千欄楯，龕室千萬，無數幢幡以為嚴飾，垂寶瓔珞，寶鈴萬億，而懸其上，四面皆出多摩羅跋栴檀之香，充遍世界，其諸幡蓋，以金銀琉璃，硨磲碼瑙，真珠玫瑰，七寶合成，高至四天王宮」

㈡諸天供養：「三十三天雨天曼陀羅華，供養寶塔。餘諸天龍，夜叉，乾闥婆，阿修羅，迦樓羅，緊那羅，摩睺羅伽，人非人等，千萬億眾，以一切華香瓔珞，幡蓋伎樂，供養寶塔，恭敬尊重讚歎」

㈢多寶稱歎：「爾時，寶塔中出大音聲，歎言善哉善哉，釋迦牟尼世尊，能以平等大慧，教菩薩法，佛所護念妙法華經，為大眾說，如是如是，釋迦牟尼世尊，如所說者，皆是真實」

㈣時眾驚怪：「爾時四眾，見大寶塔住在空中，又聞塔中所出音聲，皆得法喜，怪未曾有，從座而起，恭敬合掌，卻住一面」

㈤樂說請問：「爾時有菩薩摩訶薩，名大樂說，知一切世間天人阿修羅等心之所疑，而白佛言，世尊，以何因緣，有此寶塔，從地涌出，又於其中發是音聲」

㈥如來垂答：
　1.初答第二問：「爾時佛告大樂說菩薩，此寶塔中，有如來全身，乃往過去，東方無量千萬億阿僧祇世界，國名寶淨，彼中有佛，號曰多寶，其佛行菩薩道時，作大誓願，若我成佛，滅度之後，於十方國土，有說法華經處，我之塔廟，為聽是經故，涌現其前，為作證明，讚言善哉」
　2.二答第一問：「彼佛成道已，臨滅度時，於天人大眾中告諸比丘，我滅度後，欲供養我全身者，應起一大塔」
　3.三答第三問：「其佛以神通願力，十方世界，在在處處，若有說法華經者，彼之寶塔皆涌出其前，全身在於塔中，讚言善哉善哉，大樂說，今多寶如來塔，聞說法華經故，從地涌出，讚言善哉善哉」

（二）分身遠集

㈠樂說請見多寶：「是時大樂說菩薩，以如來神力故，白佛言，世尊，我等願欲見此佛身」

㈡佛告分身應集：「佛告大樂說菩薩摩訶薩，是多寶佛，有深重願，若我寶塔，為聽法華經故，出於諸佛前時，其有欲以我身示四眾者，彼佛分身諸佛，在於十方世界說法，盡還集一處，然後我身乃出現耳。大樂說，我分身諸佛，在於十方世界說法者，今應當集」

㈢樂說請集分身：「大樂說白佛言，世尊，我等亦願欲見世尊分身諸佛，禮拜供養」

㈣如來放光遠召：「爾時佛放白毫一光，即見東方五百萬億那由他恆河沙等國土諸佛，彼諸國土，皆以玻璃為地，寶樹寶衣，以為莊嚴，無數千萬億菩薩充滿其中，遍張寶幔，寶網羅上，彼國諸佛，以大妙音而說諸法，及見無量千萬億菩薩，遍滿諸國，為眾說法，南西北方，四維上下，白毫相光所照之處，亦復如是」

壹、初寶塔出現，顯示實相

一、長行

㈠寶塔出現

㈡分身遠集

　㈥嚴淨堪忍國界

　　㈤諸佛告眾同來：「爾時十方諸佛，各告眾菩薩言，善男子，我今應往娑婆世界，釋迦牟尼佛所，并供養多寶如來寶塔」

　　1.初變娑婆一界：「時娑婆世界，即變清淨，琉璃為地，寶樹莊嚴，黃金為繩，以界八道，無諸聚落，村營城邑，大海江河，山川林藪，燒大寶香，曼陀羅華，遍布其地，以寶網幔，羅覆其上，懸諸寶鈴，唯留此會眾，移諸天人，置於他土，是時諸佛，各將一大菩薩，以為侍者，至娑婆世界，各到寶樹下，一一寶樹高五百由旬，枝葉華果，次第莊嚴，諸寶樹下，皆有師子之座，高五由旬，亦以大寶而校飾之，爾時諸佛，各於此座結跏趺坐，如是展轉，遍滿三千大千世界，而於釋迦牟尼佛一方所分之身，猶故未盡」

　　2.再變八方世界：「時釋迦牟尼佛，欲容受所分身諸佛故，八方各更變二百萬億那由他國，皆令清淨，無有地獄餓鬼畜生，及阿修羅，又移諸天人，置於他土，所化之國，亦以琉璃為地，寶樹莊嚴，樹高五百由旬，枝葉華果，次第嚴飾，樹下皆有寶師子座，高五由旬，種種諸寶以為莊校，亦無大海江河，及目真鄰陀山，摩訶目真鄰陀山，鐵圍山，大鐵圍山，須彌山等諸山王，通為一佛國土，寶地平正，寶交露幔，遍覆其上，懸諸旛蓋，燒大寶香，諸天寶華，遍布其地」

　　3.再變八方世界：「釋迦牟尼佛，為諸佛當來坐故，復於八方，各更變二百萬億那由他國，皆令清淨，無有地獄餓鬼畜生，及阿修羅，又移諸天人，置於他土，所化之國，亦以琉璃為地，寶樹莊嚴，樹高五百由旬，枝葉華果，次第莊嚴，樹下皆有寶師子座，高五由旬，亦以大寶而校飾之，亦無大海江河，及目真鄰陀山，摩訶目真鄰陀山，鐵圍山，大鐵圍山，須彌山等諸山王，通為一佛國土，寶地平正，寶交露幔，遍覆其上，懸諸旛蓋，燒大寶香，諸天寶華，遍布其地，爾時東方釋迦牟尼所分之身，百千萬億那由他恆河沙等國土中諸佛，各各說法，來集於此，如是次第十方諸佛，皆悉來集，坐於八方，爾時一一方，四百萬億那由他國土諸佛如來，遍滿其中」

　㈦欲開此寶塔

　　1.諸佛問訊說欲：「是時諸佛，各在寶樹下，坐師子座，皆遣侍者，問訊釋迦牟尼佛，各齎寶華滿掬，而告之言，善男子，汝往詣耆闍崛山，釋迦牟尼佛所，如我辭曰，少病少惱，氣力安樂，及菩薩聲聞眾，悉安隱不，以此寶華，散佛供養，而作是言，彼某甲佛，與欲開此寶塔，諸佛遣使，亦復如是」

　　2.釋迦右指開塔：「爾時釋迦牟尼佛，見所分身佛，悉已來集，各各坐於師子之座，皆聞諸佛與欲同開寶塔，即從座起，住虛空中。一切四眾，起立合掌，一心觀佛，於是釋迦牟尼佛，以右指開七寶塔戶，出大音聲，如卻關鑰，開大城門」

　　3.四眾一同見聞：「即時一切眾會，皆見多寶如來，於寶塔中，坐師子座，全身不散，如入禪定，又聞其言，善哉善哉，釋迦牟尼佛，快說是法華經，我為聽是經故，而來至此。爾時四眾等，見過去無量千萬億劫滅度佛，說如是言，歎未曾有，以天寶華聚，散多寶佛，及釋迦牟尼佛上」

　　4.二佛分座並坐：「爾時多寶佛於寶塔中，分半座與釋迦牟尼佛，而作是言，釋迦牟尼佛，可就此座，即時釋迦牟尼佛，入其塔中，坐其半座，結跏趺坐」

　　5.默念請加：「爾時大眾見二如來，在七寶塔中，師子座上，結跏趺坐，各作是念，佛座高遠，唯願如來，以神通力，令我等輩，俱處虛空，即時釋迦牟尼佛，以神通力，接諸大眾，皆在虛空」

㈢釋迦唱募：「以大音聲，普告四眾，誰能於此娑婆國土，廣說妙法華經，今正是時，如來不久當入涅槃，佛欲以此妙法華經，付囑有在」

壹、初寶塔出現，顯示實相

二、偈頌

(壹)寶塔出現

(一)頌寶塔湧現：
「爾時世尊，欲重宣此義，而說偈言：」

「聖主世尊　雖久滅度　在寶塔中　尚為法來　諸人云何　不勤為法　此佛滅度
無央數劫　處處聽法　以難遇故　彼佛本願　我滅度後　在在所往　常為聽法」

(二)頌分身遠集：

「又我分身　無量諸佛　如恆沙等　來欲聽法　及見滅度　多寶如來　各捨妙土
及弟子眾　天人龍神　諸供養事　令法久住　故來至此　為坐諸佛　以神通力
移無量眾　令國清淨　諸佛各各　詣寶樹下　如清淨池　蓮華莊嚴　其寶樹下
諸師子座　佛坐其上　光明嚴飾　如夜闇中　然大炬火　身出妙香　遍十方國
眾生蒙熏　喜不自勝　譬如大風　吹小樹枝　以是方便　令法久住」

(一)舉三佛以勸持經

1. 募覓其人：「告諸大眾　我滅度後　誰能護持　讀說此經　今於佛前　自說誓言」

2. 舉三佛以勸：「其多寶佛　雖久滅度　以大誓願　而師子吼
　　　多寶如來　及與我身　所集化佛　當知此意
　　　諸佛子等　誰能護法　當發大願　令得久住」

3. 釋上勸意：「其有能護　此經法者　則為供養　我及多寶　此多寶佛　處於寶塔
　　　常遊十方　為是經故　亦復供養　諸來化佛　莊嚴光飾　諸世界者
　　　若說此經　則為見我　多寶如來　及諸化佛」

(三)頌釋迦唱募

(一)舉難持以堅誓願

1. 正舉勸持

(1)誡勸：「諸善男子　各諦思惟　此為難事　宜發大願」

(2)正勸：

① 無願說難：「諸餘經典　數如恆沙　雖說此等　未足為難　若接須彌
　　　擲置他方　無數佛土　亦未為難　若以足指　動大千界
　　　遠擲他國　亦未為難　若立有頂　為眾演說　無量餘經
　　　亦未為難　若佛滅後　於惡世中　能說此經　是則為難」

② 無願書難：「假使有人　手把虛空　而以遊行　亦未為難
　　　於我滅後　若自書持　若使人書　是則為難」

③ 無願讀難：「若以大地　置足甲上　升於梵天　亦未為難
　　　佛滅度後　於惡世中　暫讀此經　是則為難」

④ 無願持難：「假使劫燒　擔負乾草　入中不燒　亦未為難
　　　我滅度後　若持此經　為一人說　是則為難」

⑤ 無願聽難：「若持八萬　四千法藏　十二部經　為人演說
　　　令諸聽者　得六神通　雖能如是　亦未為難
　　　於我滅後　聽受此經　問其義趣　是則為難」

⑥ 無願奉難：「若人說法　令千萬億　無量無數　恆沙眾生
　　　得阿羅漢　具六神通　雖有是益　亦未為難
　　　於我滅後　若能奉持　如斯經典　是則為難」

(3)結勸：「我為佛道　於無量土　從始至今　廣說諸經
　　　而於其中　此經第一　若有能持　則持佛身」

2. 總釋勸意：
「諸善男子　於我滅後　誰能受持　讀誦此經　今於佛前
自說誓言　此經難持　若暫持者　我則歡喜　諸佛亦然
如是之人　諸佛所歎　是則勇猛　是則精進　是名持戒
行頭陀者　則為疾得　無上佛道　能於來世　讀持此經
是真佛子　住淳善地　佛滅度後　能解其義　是諸天人
世間之眼　於恐畏世　能須臾說　一切天人　皆應供養」

法華經大成卷第六

貳：正宗分　第十二品：提婆達多品

第二大章：示佛知見： 貳、難易得果，證法平法 (貳)得果證法
　一、明達多通經，釋迦資之成道

(一)師弟原委
　(一)長行
　　1.明求法時節：
　　　「爾時佛告諸菩薩及天人四眾，吾於過去無量劫中，求法華經，無有懈倦」
　　2.正明求法
　　　(1)初明發願：「於多劫中常作國王，發願求於無上菩提，心不退轉」
　　　(2)明修行
　　　　①先明六度圓滿：「為欲滿足六波羅蜜，勤行布施，心無吝惜，象馬七珍，國城妻子，奴婢僕從，頭目髓腦，身肉手足，不惜軀命」
　　　　②明推求妙法：「時世人民，壽命無量，為於法故，捐捨國位，委政太子，擊鼓宣令，四方求法，誰能為我說大乘者，吾當終身供給走使」
　　3.求得法師：
　　　「時有仙人，來白王言，我有大乘名妙法蓮華經，若不違我，當為宣說」
　　4.受法奉行：
　　　「王聞仙言，歡喜踊躍，即隨仙人，供給所須，采果汲水，拾薪設食，乃至以身而為床座，身心無倦，於時奉事，經於千歲，為於法故，精勤給侍，令無所乏」

　(二)偈頌
　　1.頌求法時節：
　　　「爾時世尊，欲重宣此義，而說偈言：」
　　　「我念過去劫　為求大法故」
　　2.頌正明求法：
　　　「雖作世國王　不貪五欲樂　椎鐘告四方　誰有大法者　若為我解說　身當為奴僕」
　　3.頌求得法師：
　　　「時有阿私仙　來白於大王　我有微妙法　世間所希有　若能修行者　吾當為汝說」
　　4.頌受法奉行：
　　　「時王聞仙言　心生大喜悅　即便隨仙人　供給於所須　采薪及果蓏　隨時恭敬與　情存妙法故　身心無懈倦」
　　5.結證勸信：
　　　「普為諸眾生　勤求於大法　亦不為己身　及以五欲樂　故為大國王　勤求獲此法　遂致得成佛　今故為汝說」

(二)結會古今
　(一)正結會古今：「佛告諸比丘，爾時王者，則我身是，時仙人者，今提婆達多是」
　(二)明師弟功滿
　　1.弟子功報圓滿：「由提婆達多善知識故，令我具足六波羅密，慈悲喜捨，三十二相，八十種好，紫磨金色，十力，四無所畏，四攝法，十八不共，神通道力，成等正覺，廣度眾生，皆因提婆達多善知識故」
　　2.明法師妙果
　　　(1)正明得果：「告諸四眾，提婆達多，卻後過無量劫，當得成佛，號曰天王如來，應供，正遍知，明行足，善逝，世間解，無上士調御丈夫，天人師，佛，世尊，世界名天道」
　　　(2)明果後化度：「時天王佛，住世二十中劫，廣為眾生說於妙法，恆河沙眾生得阿羅漢果，無量眾生發緣覺心，恆河沙眾生發無上道心，得無生忍，至不退轉」
　　　(3)明滅後利益：「時天王佛般涅槃後，正法住世二十中劫，全身舍利起七寶塔，高六十由旬，縱廣四十由旬，諸天人民，悉以雜華，末香燒香塗香，衣服瓔珞，幢幡寶蓋，伎樂歌頌，禮拜供養，七寶妙塔，無量眾生得阿羅漢果，無量眾生悟辟支佛，不可思議眾生發菩提心，至不退轉」

貳、難易得果，證法平法 (貳)

一、明達多通經，釋迦資之成道

(三)勸信生善：
「佛告諸比丘，未來世中，若有善男子善女人，聞妙法華經，提婆達多品，淨心信敬，不生疑惑者，不墮地獄餓鬼畜生，生十方佛前，所生之處，常聞此經，若生人天中，受勝妙樂，若在佛前，蓮華化生」

二、文殊弘經，龍女因之成佛 / 得果証法

(一)文殊通經
- ㈠初智積請退：「於時下方多寶世尊，所從菩薩，名曰智積，白多寶佛，當還本土」
- ㈡釋迦止之：「釋迦牟尼佛告智積曰，善男子，且待須臾，此有菩薩，名文殊師利，可與相見，論說妙法，可還本土」
- ㈢文殊尋來：「爾時文殊師利，坐千葉蓮華，大如車輪，俱來菩薩，亦坐寶蓮華，從於大海娑竭羅龍宮，自然涌出，住虛空中，詣靈鷲山，從蓮華下，至於佛所，頭面敬禮二世尊足，修敬已畢，往智積所，共相慰問，卻坐一面」
- ㈣智積請問：「智積菩薩問文殊師利，仁往龍宮，所化眾生，其數幾何」
- ㈤文殊垂答：「文殊師利言，其數無量，不可稱計，非口所宣，非心所測，且待須臾，自當證知，所言未竟，無數菩薩，坐寶蓮華，從海涌出，詣靈鷲山，住在虛空，此諸菩薩，皆是文殊師利之所化度，具菩薩行，皆共論說六波羅蜜，本聲聞人，在虛空中，說聲聞行，今皆修行大乘空義，文殊師利謂智積曰，於海教化，其事如是」

(二)明通經利益
- ㈠智積偈問：「爾時智積菩薩，以偈讚曰：」
  「大智德勇健　化度無量眾　今此諸大會　及我皆已見
　　演暢實相義　開闡一乘法　廣導諸眾生　令速成菩提」
- ㈡文殊略答：「文殊師利言，我於海中，唯常宣說妙法華經」
- ㈢問有得果：「智積問文殊師利言，此經甚深微妙，諸經中寶，世所希有，頗有眾生勤加精進，修行此經速得佛不」
- ㈣答有其人：「文殊師利言，有娑竭羅龍王女，年始八歲，智慧利根，善知眾生諸根行業，得陀羅尼，諸佛所說甚深祕藏，悉能受持，深入禪定，了達諸法，於剎那頃，發菩提心，得不退轉，辯才無礙，慈念眾生，猶如赤子，功德具足，心念口演，微妙廣大，慈悲仁讓，志意和雅，能至菩提」
- ㈤智積疑問：「智積菩薩言，我見釋迦如來，於無量劫，難行苦行，積功累德，求菩提道，未曾止息，觀三千大千世界，乃至無有如芥子許，非是菩薩捨身命處，為眾生故，然後乃得成菩提道，不信此女，於須臾頃，便成正覺」
- ㈥龍女釋疑：「言論未訖，時龍王女，忽現於前，頭面禮敬，卻住一面以偈讚曰：」
  「深達罪福相　遍照於十方　微妙淨法身　具相三十二　以八十種好
　　用莊嚴法身　天人所戴仰　龍神咸恭敬　一切眾生類　無不宗奉者
　　又聞成菩提　唯佛當證知　我闡大乘教　度脫苦眾生」
- ㈦挾權難問：「時舍利弗語龍女言，汝謂不久得無上道，是事難信，所以者何，女身垢穢，非是法器，云何能得無上菩提，佛道懸曠，經無量劫，勤苦積行，具修諸度，然後乃成，又女人身，猶有五障，一者不得作梵天王，二者帝釋，三者魔王，四者轉輪聖王，五者佛身，云何女身速得成佛」

```
貳、難易得果，證法平法 ── 二、文殊弘經，龍女因之成佛 ── ㈡明通經利益
```

- ㈧獻珠除疑
  - 1. 先獻珠以表圓解：
    「爾時龍女有一寶珠，價值三千大千世界，持以上佛，佛即受之，龍女謂智積菩薩，尊者舍利弗言，我獻寶珠，世尊納受，是事疾不，答言甚疾，女言，以汝神力，觀我成佛，復速於此」
  - 2. 次果滿正除眾疑：
    「當時眾會，皆見龍女，忽然之間，變成男子，具菩薩行，即往南方無垢世界，坐寶蓮華，成等正覺，三十二相，八十種好，普為十方一切眾生演說妙法」
- ㈨時眾得益：「爾時娑婆世界，菩薩聲聞，天龍八部，人與非人，皆遙見彼龍女成佛，普為時會人天說法，心大歡喜，悉遙敬禮，無量眾生聞法解悟，得不退轉，無量眾生得受道記，無垢世界，六反震動，娑婆世界三千眾生住不退地，三千眾生發菩提心，而得授記」
- ㈩會眾默然：「智積菩薩及舍利弗，一切眾會，默然信受」

貳 得果証法

法華經大成卷第六
（第三大章：悟佛知見－第十三品至十六品）
貳：正宗分　第十三品　勸持品

第三大章：悟佛知見：壹、因跡門弟子通經，文殊請問，如來示軌 (壹)因跡門弟子通經

一、明持經

(一)明受持

(一)菩薩奉命此土弘經：
「爾時藥王菩薩摩訶薩，及大樂說菩薩摩訶薩，與二萬菩薩眷屬俱，皆於佛前，作是誓言，唯願世尊不以為慮，我等於佛滅後，當奉持讀誦，說此經典，後惡世眾生，善根轉少，多增上慢，貪利供養，增不善根，遠離解脫，雖難可教化，我等當起大忍力，讀誦此經，持說書寫，種種供養，不惜身命」

(二)聲聞發願他土弘經：
「爾時眾中，五百阿羅漢得授記者，白佛言，世尊，我等亦自誓願，於異國土廣說此經。復有學無學八千人，得授記者，從座而起，合掌向佛，作是誓言，世尊，我等亦當於他國土，廣說此經，所以者何，是娑婆國中，人多弊惡，懷增上慢，功德淺薄，瞋濁諂曲，心不實故」

(三)六千比丘尼眾請記

1. 波闍波提請記：
   (1)先請記：「爾時佛姨母，摩訶波闍波提比丘尼，與學無學比丘尼，六千人俱，從座而起，一心合掌，瞻仰尊顏，目不暫捨」
   (2)次與記：「於時世尊告憍曇彌，何故憂色而視如來，汝心將無謂我不說汝名，授阿耨多羅三藐三菩提記耶，憍曇彌，我先總說一切聲聞皆已授記，今汝欲知記者，將來之世，當於六萬八千億諸佛法中，為大法師，及六千學無學比丘尼，俱為法師，汝如是漸漸具菩薩道，當得作佛，號一切眾生喜見如來，應供，正遍知，明行足，善逝，世間解，無上士調御丈夫，天人師，佛，世尊。憍曇彌，是一切眾生喜見佛，及六千菩薩，轉次授記，得阿耨多羅三藐三菩提」

2. 耶輸陀羅請記
   (1)先請記：「爾時羅睺羅母，耶輸陀羅比丘尼，作是念，世尊於授記中，獨不說我名」
   (2)次與記：「佛告耶輸陀羅，汝於來世百千萬億諸佛法中，修菩薩行，為大法師，漸具佛道，於善國中，當得作佛，號具足千萬光相如來，應供，正遍知，明行足，善逝，世間解，無上士調御丈夫，天人師，佛，世尊。佛壽無量阿僧祇劫」

3. 尼眾領解發願：
   「爾時摩訶波闍波提比丘尼，及耶輸陀羅比丘尼，并其眷屬，皆大歡喜，得未曾有，即於佛前，而說偈言：」
   「世尊導師　安隱天人　我等聞記　心安具足」
   「諸比丘尼說是偈已，白佛言，世尊，我等亦能於他方國，廣宣此經」

壹、因跡門弟子通經，文殊請問，如來示軌

(壹)因跡門弟子通經

一、明持經

(一)長行

1. 如來目視：「爾時世尊，視八十萬億那由他諸菩薩摩訶薩」
2. 次菩薩發願：「是諸菩薩，皆是阿惟越致，轉不退法輪，得諸陀羅尼，即從座起，至於佛前，一心合掌，而作是念，若世尊告敕我等，持說此經者，當如佛教，廣宣斯法，復作是念，佛今默然，不見告敕，我當云何，時諸菩薩敬順佛意，并欲自滿本願，便於佛前，作師子吼，而發誓言，世尊，我等於如來滅後，周旋往反十方世界，能令眾生書寫此經，受持讀誦，解說其義，如法修行，正憶念，皆是佛之威力，唯願世尊，在於他方，遙見守護」

(二)明勸持

(一)偈頌

1. 廣明忍難

   (1) 總明惡世弘經：「即時諸菩薩，俱同發聲，而說偈言：」
   「唯願不為慮　於佛滅度後　恐怖惡世中　我等當廣說」

   (2) 廣明所忍之境

   ① 總明忍惡：「有諸無智人　惡口罵詈等　及加刀杖者　我等皆當忍」

   ② 邪慢行事：「惡世中比丘　邪智心諂曲　未得謂為得　我慢心充滿
   或有阿練若　衲衣在空閒　自謂行真道　輕賤人間者
   貪著利養故　與白衣說法　為世所恭敬　如六通羅漢
   是人懷惡心　常念世俗事　假名阿練若」

   ③ 出過謗毀：「好出我等過　而作如是言　此諸比丘等　為貪利養故
   說外道論義　自作此經典　誑惑世間人　為求名聞故
   分別於是經　常在大眾中　欲毀我等故　向國王大臣
   婆羅門居士　及餘比丘眾　誹謗說我惡　謂是邪見人
   說外道論義　我等敬佛故　悉忍是諸惡　為斯所輕言
   汝等皆是佛　如此輕慢言　皆當忍受之」

   ④ 敬佛忍難：「濁劫惡世中　多有諸恐怖　惡鬼入其身　罵詈毀辱我
   我等敬信佛　當著忍辱鎧　為說是經故　忍此諸難事
   我不愛身命　但惜無上道　我等於來世　護持佛所囑
   世尊自當知　濁世惡比丘　不知佛方便　隨宜所說法
   惡口而顰蹙　數數見擯出　遠離於塔寺　如是等眾惡
   念佛告敕故　皆當忍是事」

2. 略明通經：「諸聚落城邑　其有求法者　我皆到其所　說佛所囑法　我是世尊使　處眾無所畏　我當善說法　願佛安隱住」

3. 總結誓願：「我於世尊前　諸來十方佛　發如是誓言　佛自知我心」

（卷第六終）

法華經大成卷第七

貳：正宗分　第十四品：安樂行品

第三大章：悟佛知見：壹、因跡門弟子通經
- 二、示方軌
  - (一) 文殊請問
    - (一) 初歎深位，如是弘經：「爾時文殊師利法王子菩薩摩訶薩，白佛言，世尊，是諸菩薩，甚為難有，敬順佛故，發大誓願，於後惡世，護持讀說是法華經」
    - (二) 次問淺行，云何宜說：「世尊，菩薩摩訶薩，於後惡世，云何能說是經」
  - (二) 如來垂答
    - (一) 總標章門：「佛告文殊師利，若菩薩摩訶薩，於後惡世欲說是經，當安住四法」
    - (二) 詳釋四行
      - 1. 身安樂行 A. 長行
        - (1) 初標行近：「一者安住菩薩行處，及親近處，能為眾生演說是經」
        - (2) 別釋行近
          - ① 釋行處
            - <1> 明事行：「文殊師利，云何名菩薩摩訶薩行處，若菩薩摩訶薩住忍辱地，柔和善順，而不卒暴，心亦不驚」
            - <2> 明理行：「又復於法無所行，而觀諸法如實相，亦不行，不分別，是名菩薩摩訶薩行處」
          - ② 釋近處
            - <1> 事行
              - [1] 遠
                - {1} 遠豪勢：「云何名菩薩摩訶薩親近處，菩薩摩訶薩，不親近國王王子，大臣官長」
                - {2} 遠邪人：「不親近諸外道梵志尼犍子等，及造世俗文筆，讚詠外書，及路伽耶陀，逆路伽耶陀者」
                - {3} 遠險戲：「亦不親近諸有兇戲，相扠相撲，及那羅等，種種變現之戲」
                - {4} 遠惡人：「又不親近旃陀羅，及畜豬羊雞狗，畋獵漁捕，諸惡律儀，如是人等，或時來者，則為說法，無所希望」
                - {5} 遠二乘：「又不親近求聲聞，比丘比丘尼，優婆塞優婆夷，亦不問訊，若於房中，若經行處，若在講堂中，不共住止，或時來者，隨宜說法，無所希求」
                - {6} 遠欲想：「文殊師利，又菩薩摩訶薩，不應於女人身，取能生欲想相而為說法，亦不樂見，若入他家，不與小女處女寡女等共語」
                - {7} 遠不男：「亦復不近五種不男之人，以為親厚」
                - {8} 遠危害：「不獨入他家，若有因緣，須獨入時，但一心念佛」
                - {9} 遠譏嫌：「若為女人說法，不露齒笑，不現胸臆，乃至為法，猶不親厚，況復餘事」
                - {10} 遠畜養：「不樂畜年少弟子，沙彌小兒，亦不樂與同師」
              - [2] 近：「常好坐禪，在於閒處，修攝其心，文殊師利，是名初親近處」
            - <2> 明理行：「復次菩薩摩訶薩，觀一切法空，如實相，不顛倒，不動不退不轉，如虛空無所有性，一切語言道斷，不生不出不起無名無相，實無所有，無量無邊，無礙無障，但以因緣有，從顛倒生故說，常樂觀如是法相，是名菩薩摩訶薩第二親近處」

壹、因跡門弟子通經 (壹)因跡門弟子通經

二、示方軌
（一）如來垂答　（二）詳釋四行

1. 身安樂行

B. 偈頌

(1) 頌上長行

① 處事行：「爾時世尊，欲重宣此義，而說偈言：」

「若有菩薩　於後惡世　無怖畏心　欲說是經　應入行處　及親近處
常離國王　及國王子　大臣官長　兇險戲者　及旃陀羅　外道梵志
亦不親近　增上慢人　貪著小乘　三藏學者　破戒比丘　名字羅漢
及比丘尼　好戲笑者　深著五欲　求現滅度　諸優婆夷　皆勿親近
若是人等　以好心來　到菩薩所　為聞佛道　菩薩則以　無所畏心
不懷希望　而為說法　寡女處女　及諸不男　皆勿親近　以為親厚
亦莫親近　屠兒魁膾　畋獵漁捕　為利殺害　販肉自活　衒賣女色
如是之人　皆勿親近　兇險相撲　種種嬉戲　諸淫女等　盡勿親近
莫獨屏處　為女說法　若說法時　無得戲笑　入里乞食　將一比丘
若無比丘　一心念佛　是則名為　行處近處　以此二處　能安樂說」

② 處理行：

<1> 處理行：「又復不行　上中下法　有為無為　實不實法　亦不分別
是男是女　不得諸法　不知不見　是則名為　菩薩行處」

<2> 近處理行：
「一切諸法　空無所有　無有常住　亦無起滅　是名智者
所親近處　顛倒分別　諸法有無　是實非實　是生非生
在於閑處　修攝其心　安住不動　如須彌山　觀一切法
皆無所有　猶如虛空　無有堅固　不生不出　不動不退
常住一相　是名近處」

(2) 結明行成：「若有比丘　於我滅後　入是行處　及親近處　說斯經時
無有怯弱　菩薩有時　入於靜室　以正憶念　隨義觀法
從禪定起　為諸國王　王子臣民　婆羅門等　開化演暢
說斯經典　其心安隱　無有怯弱　文殊師利　是名菩薩
安住初法　能於後世　說法華經」

2. 口安樂行

A. 長行

(1) 先標章：「又文殊師利，如來滅後，於末法中，欲說是經，應住安樂行」

(2) 次釋行法

① 初明止行：「若口宣說，若讀經時，不樂說人及經典過，亦不輕慢諸餘法師，不說他人好惡長短，於聲聞人，亦不稱名說其過惡，亦不稱名讚歎其美，又亦不生怨嫌之心」

② 明觀行：「善修如是安樂心故，諸有聽者，不逆其意，有所難問，不以小乘法答，但以大乘而為解說，令得一切種智」

B. 偈頌

(1) 頌上長行

① 頌止行：「爾時世尊，欲重宣此義，而說偈言：」

「菩薩常樂　安隱說法　於清淨地　而施床座　以油塗身　澡浴塵穢
著新淨衣　內外俱淨　安處法座　隨問為說　若有比丘　及比丘尼
諸優婆塞　及優婆夷　國王王子　群臣士民　以微妙義　和顏為說
若有難問　隨義而答　因緣譬喻　敷演分別　以是方便　皆使發心
漸漸增益　入於佛道　除懶惰意　及懈怠想　離諸憂惱　慈心說法」

② 頌觀行：「晝夜常說　無上道教　以諸因緣　無量譬喻
開示眾生　咸令歡喜　衣服臥具　飲食醫藥
而於其中　無所希望　但一心念　說法因緣
願成佛道　令眾亦爾　是則大利　安樂供養」

(2) 結明行成：「我滅度後　若有比丘　能演說斯　妙法華經　心無嫉恚
諸惱障礙　亦無憂愁　及罵詈者　又無怖畏　如刀杖等
亦無擯出　安住忍故　智者如是　善修其心　能住安樂
如我上說　其人功德　千萬億劫　算數譬喻　說不能盡」

「法華經」表解 P72

壹、因跡門弟子通經

二、示方軌
(一) 如來垂答
(二) 詳釋四行

3. 意安樂行

A. 長行
- (1) 先標章：「又文殊師利，菩薩摩訶薩，於後末世，法欲滅時，受持讀誦斯經典者」
- (2) 釋行法
  - ① 釋止行：「無懷嫉妒諂誑之心，亦勿輕罵學佛道者，求其長短，若比丘比丘尼，優婆塞優婆夷，求聲聞者，求辟支佛者，求菩薩道者，無得惱之，令其疑悔，語其人言，汝等去道甚遠，終不能得一切種智，所以者何，汝是放逸之人，於道懈怠故，又亦不應戲論諸法，有所諍競」
  - ② 明觀行：「當於一切眾生起大悲想，於諸如來起慈父想，於諸菩薩起大師想，於十方諸大菩薩，常應深心恭敬禮拜，於一切眾生，平等說法，以順法故，不多不少，乃至深愛法者，亦不為多說」
  - ③ 結行成：「文殊師利，是菩薩摩訶薩，於後末世法欲滅時，有成就是第三安樂行者，說是法時，無能惱亂，得好同學，共讀誦是經，亦得大眾，而來聽受，聽已能持，持已能誦，誦已能說，說已能書，若使人書，供養經卷，恭敬尊重讚歎」

B. 偈頌
- (1) 頌止行：「爾時世尊，欲重宣此義，而說偈言：」
  「若欲說是經　當捨嫉恚慢　諂誑邪偽心　常修質直行
   不輕蔑於人　亦不戲論法　不令他疑悔　云汝不得佛」
- (2) 頌觀行：「是佛子說法　常柔和能忍　慈悲於一切　不生懈怠心
   十方大菩薩　愍眾故行道　應生恭敬心　是則我大師
   於諸佛世尊　生無上父想　破於憍慢心　說法無障礙」
- (3) 頌行成：「第三法如是　智者應守護　一心安樂行　無量眾所敬」

4. 誓願安樂行

A. 長行
- (1) 明行法
  - ① 初標章：「又文殊師利，菩薩摩訶薩，於後末世法欲滅時，有持是法華經者」
  - ② 釋行法：「於在家出家人中，生大慈心，於非菩薩人中，生大悲心，應作是念，如是之人，則為大失，如來方便隨宜說法，不聞不知不覺，不問不信不解，其人雖不問不信不解是經，我得阿耨多羅三藐三菩提時，隨在何地，以神通力，智慧力，引之令得住是法中」
  - ③ 結行成
    - <1> 明行成無過：「文殊師利，是菩薩摩訶薩，於如來滅後，有成就此第四法者，說是法時，無有過失」
    - <2> 行成利益：「常為比丘比丘尼，優婆塞優婆夷，國王王子，大臣人民，婆羅門居士等，供養恭敬，尊重讚歎，虛空諸天，為聽法故，亦常隨侍，若在聚落城邑，空閒林中，有人來欲難問者，諸天晝夜，常為法故，而衛護之，能令聽者皆得歡喜，所以者何，此經是一切過去未來現在諸佛，神力所護故」

- (2) 歎經法
  - ① 初法說：「文殊師利，是法華經，於無量國中，乃至名字不可得聞，何況得見受持讀誦」
  - ② 喻說
    - <1> 不與珠喻（喻昔未顯說）
      - [1] 先喻說：
        「文殊師利，譬如強力轉輪聖王，欲以威勢降伏諸國，而諸小王不順其命，時轉輪王，起種種兵，而往討伐，王見兵眾，戰有功者，即大歡喜，隨功賞賜，或與田宅聚落城邑，或與衣服嚴身之具，或與種種珍寶，金銀琉璃，硨磲碼碯，珊瑚琥珀，象馬車乘，奴婢人民，惟髻中明珠，不以與之，所以者何，獨王頂上，有此一珠，若以與之，王諸眷屬，必大驚怪」

壹、因跡門弟子通經（壹因跡門弟子通經）

二、示方軌 ㈠如來垂答 ㈡詳釋四行

4. 誓願安樂行

A. 長行

(2) 歎經法

② 喻說

[2] 法合：「文殊師利，如來亦復如是，以禪定智慧力，得法國土，王於三界，而諸魔王不肯順伏，如來賢聖諸將，與之共戰，其有功者，心亦歡喜，於四眾中，為說諸經，令其心悅，賜以禪定解脫，無漏根力，諸法之財，又復賜與涅槃之城，言得滅度，引導其心，令皆歡喜，而不為說，是法華經」

<2> 與珠喻（喻今日得聞）

[1] 喻說：
「文殊師利，如轉輪王，見諸兵眾有大功者，心甚歡喜，以此難信之珠，久在髻中，不妄與人，而今與之」

[2] 法合：
「如來亦復如是，於三界中為大法王，以法教化一切眾生，見賢聖軍，與五陰魔，煩惱魔，死魔共戰，有大功勳，滅三毒，出三界，破魔網，爾時如來，亦大歡喜，此法華經，能令眾生至一切智，一切世間多怨難信，先所未說，而今說之，文殊師利，此法華經，是諸如來第一之說，於諸說中最為甚深，末後賜與，如彼強力之王，久護明珠，今乃與之，文殊師利，此法華經，諸佛如來，秘密之藏，於諸經中，最在其上，長夜守護，不妄宣說，始於今日，乃與汝等而敷演之」

B. 偈頌

(1) 頌上長行

① 頌釋行法：「爾時世尊，欲重宣此義，而說偈言：」

「常行忍辱　哀愍一切　乃能演說　佛所讚經
後末世時　持此經者　於家出家　及非菩薩
應生慈悲　斯等不聞　不信是經　則為大失
我得佛道　以諸方便　為說此法　令住其中」

② 頌歎經法：

<1> 頌喻說：

[1] 頌不與珠喻：「譬如強力　轉輪之王　兵戰有功　賞賜諸物
象馬車乘　嚴身之具　及諸田宅　聚落城邑
或與衣服　種種珍寶　奴婢財物　歡喜賜與」

[2] 頌與珠喻：「如有勇健　能為難事　王解髻中　明珠賜之」

<2> 頌法合：

[1] 頌合不與珠喻：「如來亦爾　為諸法王　忍辱大力　智慧寶藏
以大慈悲　如法化世　見一切人　受諸苦惱
欲求解脫　與諸魔戰　為是眾生　說種種法
以大方便　說此諸經」

[2] 頌合與珠喻：「既知眾生　得其力已　末後乃為　說是法華
如王解髻　明珠與之　此經為尊　眾經中上
我常守護　不妄開示　今正是時　為汝等說」

(2) 總結行成

① 結勸四行：「我滅度後　求佛道者　欲得安隱　演說斯經
應當親近　如是四法」

「法華經」表解 P74

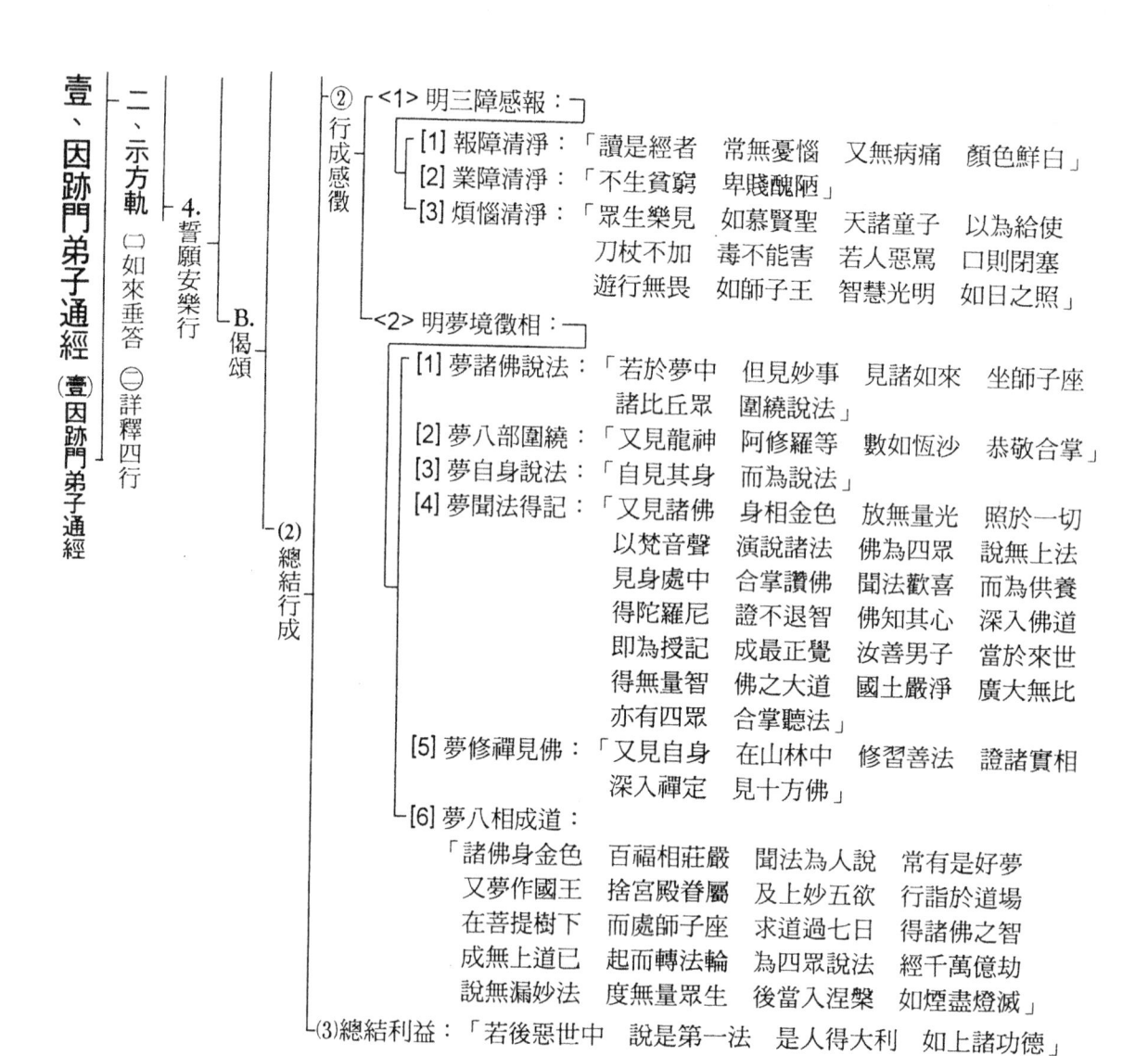

壹、因跡門弟子通經 (壹因跡門弟子通經)

二、示方軌
㈠如來垂答　㈡詳釋四行

4. 誓願安樂行

B. 偈頌

(2) 總結行成

- ② 行成感徵
  - <1> 明三障感報：
    - [1] 報障清淨：「讀是經者　常無憂惱　又無病痛　顏色鮮白」
    - [2] 業障清淨：「不生貧窮　卑賤醜陋」
    - [3] 煩惱清淨：「眾生樂見　如慕賢聖　天諸童子　以為給使
      刀杖不加　毒不能害　若人惡罵　口則閉塞
      遊行無畏　如師子王　智慧光明　如日之照」
  - <2> 明夢境徵相：
    - [1] 夢諸佛說法：「若於夢中　但見妙事　見諸如來　坐師子座
      諸比丘眾　圍繞說法」
    - [2] 夢八部圍繞：「又見龍神　阿修羅等　數如恆沙　恭敬合掌」
    - [3] 夢自身說法：「自見其身　而為說法」
    - [4] 夢聞法得記：「又見諸佛　身相金色　放無量光　照於一切
      以梵音聲　演說諸法　佛為四眾　說無上法
      見身處中　合掌讚佛　聞法歡喜　而為供養
      得陀羅尼　證不退智　佛知其心　深入佛道
      即為授記　成最正覺　汝善男子　當於來世
      得無量智　佛之大道　國土嚴淨　廣大無比
      亦有四眾　合掌聽法」
    - [5] 夢修禪見佛：「又見自身　在山林中　修習善法　證諸實相
      深入禪定　見十方佛」
    - [6] 夢八相成道：
      「諸佛身金色　百福相莊嚴　聞法為人說　常有是好夢
      又夢作國王　捨宮殿眷屬　及上妙五欲　行詣於道場
      在菩提樹下　而處師子座　求道過七日　得諸佛之智
      成無上道已　起而轉法輪　為四眾說法　經千萬億劫
      說無漏妙法　度無量眾生　後當入涅槃　如煙盡燈滅」

- (3) 總結利益：「若後惡世中　說是第一法　是人得大利　如上諸功德」

法華經大成卷第七

貳：正宗分　第十五品：從地湧出品

第三大章：悟佛知見：貳、發本門弟子通經，彌勒騰疑，如來開本

一、從地湧出

（貳）發本門弟子通經

(一) 他土菩薩請命：
「爾時他方國土諸來菩薩摩訶薩，過八恆河沙數，於大眾中起，合掌作禮，而白佛言，世尊，若聽我等於佛滅後，在此娑婆世界，勤加精進，護持讀誦書寫供養是經典者，當於此土而廣說之」

(二) 如來止他召此：
「爾時佛告諸菩薩摩訶薩眾，止，善男子，不須汝等護持此經，所以者何，我娑婆世界，自有六萬恆河沙等菩薩摩訶薩，一一菩薩，各有六萬恆河沙眷屬，是諸人等，能於我滅後，護持讀誦廣說此經」

(三) 下方菩薩湧出

(一) 經家敘相

1. 地裂湧出：「佛說是時，娑婆世界三千大千國土，地皆振裂，而於其中，有無量千萬億菩薩摩訶薩，同時涌出」
2. 菩薩身相：「是諸菩薩，身皆金色，三十二相，無量光明」
3. 菩薩住處：「先盡在此娑婆世界之下，此界虛空中住」
4. 聞召故來：「是諸菩薩，聞釋迦牟尼佛，所說音聲，從下發來」
5. 眷屬眾多：「一一菩薩，皆是大眾唱導之首，各各將六萬恆河沙眷屬，況將五萬四萬三萬二萬一萬恆河沙等眷屬者，況復乃至一恆河沙，半恆河沙，四分之一，乃至千萬億那由他分之一，況復千萬億那由他眷屬，況復億萬眷屬，況復千萬百萬乃至一萬，況復一千一百乃至一十，況復將五四三二一弟子者，況復單己樂遠離行，如是等比，無量無邊，算數譬喻，所不能知」

(二) 讚歎問訊

1. 海眾讚歎：
「是諸菩薩，從地出已，各詣虛空，七寶妙塔，多寶如來，釋迦牟尼佛所，到已，向二世尊，頭面禮足，及至諸寶樹下，師子座上佛所，亦皆作禮，右繞三匝，合掌恭敬，以諸菩薩，種種讚法，而以讚歎，住在一面，欣樂瞻仰，於二世尊，是諸菩薩摩訶薩從初涌出，以諸菩薩種種讚法，而讚於佛，如是時間，經五十小劫，是時釋迦牟尼佛，默然而坐，及諸四眾，亦皆默然，五十小劫，佛神力故，令諸大眾，謂如半日，爾時四眾，亦以佛神力故，見諸菩薩，遍滿無量百千萬億國土虛空」

2. 上首問訊：
「是菩薩眾中，有四導師，一名上行，二名無邊行，三名淨行，四名安立行，是四菩薩於其眾中，最為上首唱導之師，在大眾前，各共合掌，觀釋迦牟尼佛，而問訊言，世尊，少病少惱，安樂行不，所應度者受教易不，不令世尊生疲勞耶」
「爾時四大菩薩，而說偈言：」
「世尊安樂　少病少惱　教化眾生　得無疲倦
又諸眾生　受化易不　不令世尊　生疲勞耶」

「法華經」表解

貳、發本門弟子通經，彌勒騰疑，如來開本

一、從地涌出

(三) 下方菩薩湧出
(一) 讚歎問訊

3. 佛答安樂：
「爾時世尊於菩薩大眾中，而作是言，如是如是，諸善男子，如來安樂，少病少惱，諸眾生等易可化度，無有疲勞，所以者何，是諸眾生，世世已來，常受我化，亦於過去諸佛，恭敬尊重，種諸善根，此諸眾生，始見我身，聞我所說，即皆信受，入如來慧，除先修習學小乘者，如是之人，我今亦令得聞是經，入於佛慧」

4. 偈頌隨喜：「爾時諸大菩薩，而說偈言：」
「善哉善哉　大雄世尊　諸眾生等　易可化度
　能問諸佛　甚深智慧　聞已信行　我等隨喜」

5. 如來述歎：「於時世尊，讚歎上首諸大菩薩，善哉善哉，善男子，汝等能於如來發隨喜心」

二、彌勒疑問

(貳) 發本門弟子通經

(一) 此土菩薩疑

(一) 長行疑念：「爾時彌勒菩薩，及八千恆河沙諸菩薩眾，皆作是念，我等從昔已來，不見不聞，如是大菩薩摩訶薩眾，從地涌出，住世尊前，合掌供養，問訊如來，時彌勒菩薩摩訶薩，知八千恆河沙諸菩薩等心之所念，并欲自決所疑，合掌向佛，以偈問曰」

(二) 偈頌：

1. **問從所來：**「無量千萬億　大眾諸菩薩　昔所未曾見　願兩足尊說　是從何所來」

2. **問何緣來：**「以何因緣集　巨身大神通　智慧叵思議　其志念堅固
　　　　　　　　有大忍辱力　眾生所樂見　為從何所來」

3. **敘數無量：**「一一諸菩薩　所將諸眷屬　其數無有量　如恆河沙等
　　　　　　　　或有大菩薩　將六萬恆沙　如是諸大眾　一心求佛道
　　　　　　　　是諸大師等　六萬恆河沙　俱來供養佛　及護持是經
　　　　　　　　將五萬恆沙　其數過於是　四萬及三萬　二萬至一萬
　　　　　　　　一千一百等　乃至一恆沙　半及三四分　億萬分之一
　　　　　　　　千萬那由他　萬億諸弟子　乃至於半億　其數復過上
　　　　　　　　百萬至一萬　一千及一百　五十與一十　乃至三二一
　　　　　　　　單己無眷屬　樂於獨處者　俱來至佛所　其數轉過上
　　　　　　　　如是諸大眾　若人行籌數　過於恆沙劫　猶不能盡知」

4. **問師是誰：**「是諸大威德　精進菩薩眾　誰為其說法　教化而成就
　　　　　　　　從誰初發心　稱揚何佛法　受持行誰經　修習何佛道」

5. **請答原委：**「如是諸菩薩　神通大智力　四方地振裂　皆從中涌出
　　　　　　　　世尊我昔來　未曾見是事　願說其所從　國土之名號
　　　　　　　　我常遊諸國　未曾見是眾　我於此眾中　乃不識一人
　　　　　　　　忽然從地出　願說其因緣　今此之大會　無量百千億
　　　　　　　　是諸菩薩等　皆欲知此事　是諸菩薩眾　本末之因緣
　　　　　　　　無量德世尊　唯願決眾疑」

(二) 他土菩薩疑：「爾時釋迦牟尼分身諸佛，從無量千萬億他方國土來者，在於八方，諸寶樹下，師子座上，結跏趺坐，其佛侍者，各各見是菩薩大眾，於三千大千世界四方，從地涌出，住於虛空，各白其佛言，世尊，此諸無量無邊阿僧祇菩薩大眾，從何所來，爾時諸佛各告侍者，諸善男子，且待須臾，有菩薩摩訶薩，名曰彌勒，釋迦牟尼佛之所授記，次後作佛，已問斯事，佛今答之，汝等自當，因是得聞。」

貳、發本門弟子通經，彌勒騰疑，如來開本

三、如來詳答

(一) 誡聽

㈠ 長行：「爾時釋迦牟尼佛告彌勒菩薩，善哉善哉，阿逸多，乃能問佛如是大事，汝等當共一心，被精進鎧，發堅固意，如來今欲顯發宣示諸佛智慧，諸佛自在神通之力，諸佛師子奮迅之力，諸佛威猛大勢之力」

㈡ 偈頌：「爾時世尊，欲重宣此義，而說偈言：」

　　「當精進一心　我欲說此事　勿得有疑悔　佛智叵思議
　　汝今出信力　住於忍善中　昔所未聞法　今皆當得聞
　　我今安慰汝　勿得懷疑懼　佛無不實語　智慧不可量
　　所得第一法　甚深叵分別　如是今當說　汝等一心聽」

(二) 正答

1. 開近顯遠

(1) 長行

① 初答師弟：「爾時世尊說此偈已，告彌勒菩薩，我今於此大眾，宣告汝等，阿逸多，是諸大菩薩摩訶薩，無量無數阿僧祇，從地涌出，汝等昔所未見者，我於是娑婆世界，得阿耨多羅三藐三菩提已，教化示導是諸菩薩，調伏其心，令發道意」

② 答處所：「此諸菩薩，皆於是娑婆世界之下，此界虛空中住，於諸經典，讀誦通利，思惟分別正憶念，阿逸多，是諸善男子等，不樂在眾多有所說，常樂靜處，勤行精進，未曾休息，亦不依止，人天而住，常樂深智，無有障礙，亦常樂於諸佛之法，一心精進求無上慧」

(2) 偈頌

① 頌長行：「爾時世尊，欲重宣此義，而說偈言：」

　　「阿逸汝當知　是諸大菩薩　從無數劫來　修習佛智慧
　　悉是我所化　令發大道心　此等是我子　依止是世界
　　常行頭陀事　志樂於靜處　捨大眾憒鬧　不樂多所說
　　如是諸子等　學習我道法　晝夜常精進　為求佛道故
　　在娑婆世界　下方空中住　志念力堅固　常勤求智慧
　　說種種妙法　其心無所畏」

② 行動執生疑：「我於伽耶城　菩提樹下坐　得成最正覺　轉無上法輪
　　爾乃教化之　令初發道心　今皆住不退　悉當得成佛
　　我今說實語　汝等一心信　我從久遠來　教化是等眾」

(二) 發本門弟子通經

㈠ 略開近顯遠

① 疑念：「爾時彌勒菩薩摩訶薩，及無數諸菩薩等，心生疑惑，怪未曾有，而作是念，云何世尊，於少時間，教化如是無量無邊阿僧祇諸大菩薩，令住阿耨多羅三藐三菩提」

2. 因疑更請

(1) 長行

② 陳情 <1> 法說

[1] 執近疑遠：

「即白佛言，世尊，如來為太子時，出於釋宮，去伽耶城不遠，坐於道場，得成阿耨多羅三藐三菩提，從是已來，始過四十餘年，世尊，云何於此少時，大作佛事，以佛勢力，以佛功德，教化如是無量大菩薩眾，當成阿耨多羅三藐三菩提」

[2] 執遠疑近：

「世尊，此大菩薩眾，假使有人，於千萬億劫數不能盡，不得其邊，斯等久遠已來，於無量無邊諸佛所，植諸善根，成就菩薩道，常修梵行」

[3] 結其難信：「世尊，如此之事，世所難信」

「法華經」表解 P78

貳、發本門弟子通經，彌勒騰疑，如來開本

三、如來詳答

(一) 略開近顯遠

(二) 正答

2. 因疑更請

(貳) 發本門弟子通經

(1) 長行

② 陳情

<2> 喻說

[1] 喻說：
「譬如有人，色美髮黑，年二十五，指百歲人，言是我子，其百歲人亦指年少，言是我父，生育我等，是事難信」

[2] 法合：

{1} 成道近喻：「佛亦如是，得道已來，其實未久」

{2} 所化多喻：「而此大眾諸菩薩等，已於無量千萬億劫，為佛道故，勤行精進，善入出住無量百千萬億三昧，得大神通，久修梵行，善能次第習諸善法，巧於問答，人中之寶，一切世間，甚為希有」

{3} 難信請答：

① 初舉佛語：
「今日世尊，方云得佛道時，初令發心，教化示導，令向阿耨多羅三藐三菩提，世尊得佛未久，乃能作此大功德事」

② 明請意：
「我等雖復信佛隨宜所說，佛所出言未曾虛妄，佛所知者皆悉通達，然諸新發意菩薩，於佛滅後，若聞是語，或不信受，而起破法罪業因緣」

③ 正請答：
「唯然世尊，願為解說，除我等疑，及未來世諸善男子，聞此事已，亦不生疑」

(2) 偈頌

① 法說：「爾時彌勒菩薩，欲重宣此義，而說偈言：」

「佛昔從釋種　出家近伽耶　坐於菩提樹　爾來尚未久
此諸佛子等　其數不可量　久已行佛道　住於神通力
善學菩薩道　不染世間法　如蓮華在水　從地而涌出
皆起恭敬心　住於世尊前　是事難思議　云何而可信
佛得道甚近　所成就甚多　願為除眾疑　如實分別說」

② 喻說

<1> 頌喻說：「譬如少壯人　年始二十五　示人百歲子　髮白而面皺
是等我所生　子亦說是父　父少而子老　舉世所不信」

<2> 頌法合：

{1} 成道近喻：「世尊亦如是　得道來甚近」

{2} 所化多喻：
「是諸菩薩等　志固無怯弱　從無量劫來　而行菩薩道
巧於難問答　其心無所畏　忍辱心決定　端正有威德
十方佛所讚　善能分別說　不樂在人眾　常好在禪定
為求佛道故　於下空中住」

{3} 難信請答：
「我等從佛聞　於此事無疑　願佛為未來　演說令開解
若有於此經　生疑不信者　即當墮惡道　願今為解說
是無量菩薩　云何於少時　教化令發心　而住不退地」

法華經大成卷第七

貳：正宗分　第十六品　如來壽量品

第三大章：悟佛知見：貳、發本門弟子通經，彌勒騰疑，如來開本

二、廣開近顯遠

(壹) 發本門弟子通經

(一) 先誠信
- ㈠ 三誠：「爾時佛告諸菩薩，及一切大眾，諸善男子，汝等當信解如來誠諦之語，復告大眾，汝等當信解如來誠諦之語，又復告諸大眾，汝等當信解如來誠諦之語」
- ㈡ 三請：「是時菩薩大眾，彌勒為首，合掌白佛言，世尊，唯願說之，我等當信受佛語，如是三白已」
- ㈢ 重請重誠：「復言，唯願說之，我等當信受佛語，爾時世尊，知諸菩薩三請不止，而告之言，汝等諦聽」

(二) 正答　㈠ 長行　1. 法說　(1) 三世益物

① 明過去益物

<1> 初出執近之情：
「如來祕密神通之力，一切世間天人，及阿修羅，皆謂今釋迦牟尼佛，出釋氏宮，去伽耶城不遠，坐於道場，得阿耨多羅三藐三菩提」

<2> 明破近顯遠

[1] 顯遠舉喻
- {1} 正明顯遠：「然善男子，我實成佛已來，無量無邊百千萬億那由他劫」
- {2} 舉喻格量
  - ① 舉喻難問：「譬如五百千萬億那由他阿僧祇三千大千世界，假使有人，抹為微塵，過於東方五百千萬億那由他阿僧祇國，乃下一塵，如是東行，盡是微塵，諸善男子，於意云何，是諸世界，可得思惟校計，知其數不」
  - ② 答其難知：「彌勒菩薩等，俱白佛言，世尊，是諸世界，無量無邊，非算數所知，亦非心力所及，一切聲聞辟支佛，以無漏智，不能思惟知其限數，我等住阿惟越致地，於是事中，亦所不達，世尊，如是諸世界，無量無邊」
  - ③ 合顯長遠：「爾時佛告大菩薩眾，諸善男子，今當分明宣語汝等，是諸世界，若著微塵，及不著者，盡以為塵，一塵一劫，我成佛已來，復過於此，百千萬億那由他阿僧祇劫」

[2] 過去益物
- {1} 益物之處：「自從是來，我常在此娑婆世界，說法教化，亦於餘處，百千萬億那由他阿僧祇國，導利眾生」
- {2} 拂跡中疑：「諸善男子於是中間，我說然燈佛等，又復言其入於涅槃，如是皆以方便分別」
- {3} 正明益物
  - ① 先明感應：「諸善男子，若有眾生，來至我所，我以佛眼，觀其信等諸根利鈍，隨所應度」
  - ② 明施化：「處處自說，名字不同，年紀大小，亦復現言，當入涅槃，又以種種方便，說微妙法，能令眾生發歡喜心」

貳、發本門弟子通經，彌勒騰疑，如來開本

二、廣開近顯遠

㈡ 正答

㈠ 長行

1. 法說

(1) 三世益物

① 明現在益物

<1> 明機感：「諸善男子，如來見諸眾生，樂於小法，德薄垢重者」

<2> 明應化

[1] 非生現生

{1} 明非生現生：
「為是人說，我少出家，得阿耨多羅三藐三菩提，然我實成佛已來，久遠若斯，但以方便，教化眾生，令入佛道，作如是說」

{2} 明現生利益

① 明益物不虛：
「諸善男子，如來所演經典，皆為度脫眾生，或說己身，或說他身，或示己身，或示他身，或示己事，或示他事，諸所言說，皆實不虛」

② 徵釋不虛

　① 照理不虛：
「所以者何，如來如實知見三界之相，無有生死，若退若出，亦無在世及滅度者，非實非虛，非如非異，不如三界見於三界，如斯之事，如來明見無有錯謬」

　② 稱機不虛：
「以諸眾生，有種種性，種種欲，種種行，種種憶想分別故，欲令生諸善根，以若干因緣譬喻言辭，種種說法，所作佛事，未曾暫廢」

[2] 非滅現滅

{1} 非滅現滅

① 本實不滅：
「如是我成佛已來，甚大久遠，壽命無量阿僧祇劫，常住不滅，諸善男子，我本行菩薩道，所成壽命，今猶未盡，復倍上數」

② 跡中唱滅：
「然今非實滅度，而便唱言當取滅度，如來以是方便，教化眾生」

{2} 現滅利益

① 不滅眾生有損

　① 不滅有損：
「所以者何，若佛久住於世，薄德之人，不種善根，貧窮下賤，貪著五欲，入於憶想妄見網中」

　② 釋有損意：
「若見如來常在不滅，便起憍恣而懷厭怠，不能生難遭之想，恭敬之心」

② 唱滅於物有益

　① 歎佛難值：
「是故如來以方便說，比丘當知，諸佛出世，難可值遇」

　② 徵釋難值：
「所以者何，諸薄德人，過無量百千萬億劫，或有見佛，或不見者，以此事故，我作是言，諸比丘，如來難可得見，斯眾生等，聞如是語，必當生於難遭之想，心懷戀慕，渴仰於佛，便種善根，是故如來雖不實滅，而言滅度」

(2) 總結不虛：
「又善男子，諸佛如來，法皆如是，為度眾生，皆實不虛」

```
貳
、                                              ┌ <1> 醫師遠行喻（過去） ─┬ [1] 初喻應化：
發                                              │                          │  ┌ {1} 先喻應化：「譬如良醫，智慧聰達，明練方藥，善治眾病」
本                                              │                          └──┤
門                                              │                             └ {2} 喻機感：「其人多諸子息，若十二十，乃至百數」
弟                                              │                          [2] 喻現滅：「以有事緣，遠至餘國」
子                                              │
通                                              │                          [1] 喻機感：「諸子於後，飲他毒藥，藥發悶亂，宛轉於地」
經                                              │                         ┌ {1} 非生現生：
、                                              │                         │  ┌ 1 喻形聲：
彌                                              │                         │  │  ┌ ① 明形益：「是時其父，還來歸家，諸子飲毒，或失本心，或
勒                        ①                    │                         │  │  │    不失者，遙見其父，皆大歡喜，拜跪問訊，善安隱歸，我等
騰                        良                    │  <2> 還已復去喻         │  │  │    愚癡，誤服毒藥，願見救療，更賜壽命」
疑                        醫                    │  （喻現在應化）         │  │  └ ② 明聲益：「父見子等，苦惱如是，依諸經方，求好藥草，色
、                        治                    │                         │  │       香美味，皆悉具足，擣篩和合，與子令服，而作是言，此大
如                        子      二            │                         │  │       良藥，色香美味，皆悉具足，汝等可服，速除苦惱，無復眾
來                        喻      、            │                         │  │       患」
開                       （      廣            │                         │  └ 2 喻利益不虛：「其諸子中，不失心者，見此良藥，色香俱好，即
本                        喻      開            │                         │       便服之，病盡除愈」
                          三      近   （1）    │                         └ {2} 非滅現滅：
（                        世      顯    喻      │                            ┌ 1 不久應死喻：
貳                        應      遠    說      │                            │  ┌ ① 明唱滅之由：「餘失心者，見其父來，雖亦歡喜問訊，求索
）                        化            ┌      │                            │  │    治病，然與其藥，而不肯服，所以者何，毒氣深入，失本心
發                        所    （二）  │      │                            │  │    故，於此好色香藥，而謂不美，父作是念，此子可愍，為毒
本                        宜     正      ㈠    │                            │  │    所中，心皆顛倒，雖見我喜，求索救療，如是好藥，而不肯
門                       ）      答      長    │                            │  │    服」
弟                                       行    │                            │  └ ② 正唱應死喻：「我今當設方便，令服此藥，即作是言，汝等
子                                       2.    │                            │       當知，我今衰老，死時已至，是好良藥，今留在此，汝可取
通                                       喻    │                            │       服，勿憂不瘥，作是教已，復至他國，遣使還告，汝父已死」
經                                       說    │                            └ 2 諸子醒悟喻：
                                               │                               ┌ ① 現滅利益：「是時諸子，聞父背喪，心大憂惱，而作是念，
                                               │                               │    若父在者，慈愍我等，能見救護，今者捨我，遠喪他國」
                                               │                               └ ② 未來機感：「自惟孤露，無復恃怙，常懷悲感，心遂醒悟，
                                               │                                    乃知此藥，色香美味，即取服之，毒病皆愈」
                                               └ <3> 尋後來歸喻（喻未來應化）：
                                                    「其父聞子，悉已得瘥，尋便來歸，咸使見之」
                                               ② 治子實益喻：
                                                    「諸善男子，於意云何，頗有人，能說此良醫虛妄罪不，不也，世尊」
                                          (2) 法合：「佛言，我亦如是，成佛已來，無量無邊百千萬億那由他阿僧祇劫，為眾生故，以
                                                    方便力，言當滅度，亦無有能如法說我，虛妄過者」
```

「法華經」表解 P82

貳、發本門弟子通經，彌勒騰疑，如來開本

二、廣開近顯遠

(貳) 發本門弟子通經

(二) 正答

(一) 偈頌

1. 頌法說

(1) 頌三世益物

① 頌過去益物：「爾時世尊，欲重宣此義，而說偈言：」

「自我得佛來　所經諸劫數　無量百千萬　億載阿僧祇
常說法教化　無數億眾生　令入於佛道　爾來無量劫
為度眾生故　方便現涅槃　而實不滅度　常住此說法
我常住於此　以諸神通力　令顛倒眾生　雖近而不見」

② 頌現在益物：

<1> 頌非生現生：

「眾見我滅度　廣供養舍利　咸皆懷戀慕　而生渴仰心
眾生既信伏　質直意柔軟　一心欲見佛　不自惜身命
時我及眾僧　俱出靈鷲山　我時語眾生　常在此不滅」

<2> 頌非滅現滅：

「以方便力故　現有滅不滅　餘國有眾生　恭敬信樂者
我復於彼中　為說無上法　汝等不聞此　但謂我滅度」

③ 頌未來益物

<1> 未來機感：

「我見諸眾生　沒在於苦惱　故不為現身　令其生渴仰
因其心戀慕　乃出為說法」

<2> 明常住不滅：

「神通力如是　於阿僧祇劫　常在靈鷲山　及餘諸住處
眾生見劫盡　大火所燒時　我此土安隱　天人常充滿
園林諸堂閣　種種寶莊嚴　寶樹多華果　眾生所遊樂
諸天擊天鼓　常作眾伎樂　雨曼陀羅華　散佛及大眾」

<3> 明不見因緣：

「我淨土不毀　而眾見燒盡　憂怖諸苦惱　如是悉充滿
是諸罪眾生　以惡業因緣　過阿僧祇劫　不聞三寶名」

<4> 得見因緣：

「諸有修功德　柔和質直者　則皆見我身　在此而說法
或時為此眾　說佛壽無量　久乃見佛者　為說佛難值
我智力如是　慧光照無量　壽命無數劫　久修業所得」

(2) 頌皆實不虛：「汝等有智者　勿於此生疑　當斷令永盡　佛語實不虛」

2. 頌喻說

(1) 頌喻說：「如醫善方便　為治狂子故　實在而言死　無能說虛妄」

(2) 頌法合：「我亦為世父　救諸苦患者　為凡夫顛倒　實在而言滅
以常見我故　而生憍恣心　放逸著五欲　墮於惡道中
我常知眾生　行道不行道　隨所應可度　為說種種法
每自作是意　以何令眾生　得入無上道　速成就佛身」

法華經大成卷第七

（第四大章：入佛知見道：第十七品至第二十品）
貳：正宗分　第十七品　分別功德品

第四大章：入佛知見：壹、明證解功德

一、先明證入

（一）長行

㈠ 經家敘益：「爾時大會，聞佛說壽命劫數長遠如是，無量無邊阿僧祇眾生，得大饒益」

㈡ 如來分別：
1. 入道功德：「於時世尊，告彌勒菩薩摩訶薩，阿逸多，我說是如來壽命長遠時，六百八十萬億那由他恆河沙眾生，得無生法忍，復有千倍菩薩摩訶薩，得聞持陀羅尼門，復有一世界微塵數菩薩摩訶薩，得樂說無礙辯才，復有一世界微塵數菩薩摩訶薩，得百千萬億無量旋陀羅尼，復有三千大千世界微塵數菩薩摩訶薩，能轉不退法輪，復有二千中國土微塵數菩薩摩訶薩，能轉清淨法輪」
2. 得果功德：「復有小千國土微塵數菩薩摩訶薩，八生當得阿耨多羅三藐三菩提，復有四四天下微塵數菩薩摩訶薩，四生當得阿耨多羅三藐三菩提，復有三四天下微塵數菩薩摩訶薩，三生當得阿耨多羅三藐三菩提，復有二四天下微塵數菩薩摩訶薩，二生當得阿耨多羅三藐三菩提，復有一四天下微塵數菩薩摩訶薩，一生當得阿耨多羅三藐三菩提」
3. 發心功德：「復有八世界微塵數眾生，皆發阿耨多羅三藐三菩提心」

㈢ 時眾供養：「佛說是諸菩薩摩訶薩，得大法利時，於虛空中，雨曼陀羅華，摩訶曼陀羅華，以散無量百千萬億寶樹下，師子座上諸佛，并散七寶塔中，師子座上釋迦牟尼佛，及久滅度多寶如來，亦散一切諸大菩薩，及四部眾，又雨細末，栴檀沈水香等，於虛空中，天鼓自鳴，妙聲深遠，又雨千種天衣，垂諸瓔珞真珠瓔珞，摩尼珠瓔珞，如意珠瓔珞，遍於九方，眾寶香鑪，燒無價香，自然周至，供養大會，一一佛上，有諸菩薩執持幡蓋，次第而上，至於梵天，是諸菩薩，以妙音聲，歌無量頌，讚歎諸佛」

（二）偈頌

㈠ 頌如來分別：「爾時彌勒菩薩，從座而起，偏袒右肩，合掌向佛，而說偈言」

「佛說希有法　昔所未曾聞　世尊有大力　壽命不可量　無數諸佛子
聞世尊分別　說得法利者　歡喜充遍身　或住不退地　或得陀羅尼
或無礙樂說　萬億旋總持　或有大千界　微塵數菩薩　各各皆能轉
不退之法輪　復有中千界　微塵數菩薩　各各皆能轉　清淨之法輪
復有小千界　微塵數菩薩　餘各八生在　當得成佛道　復有四三二
如此四天下　微塵數菩薩　隨數生成佛　或一四天下　微塵數菩薩
餘有一生在　當成一切智　如是等眾生　聞佛壽長遠　得無量無漏
清淨之果報　復有八世界　微塵數眾生　聞佛說壽命　皆發無上心
世尊說無量　不可思議法　多有所饒益　如虛空無邊」

㈡ 頌時眾供養：「雨天曼陀羅　摩訶曼陀羅　釋梵如恆沙　無數佛土來　雨栴檀沈水
繽紛而亂墜　如鳥飛空下　供散於諸佛　天鼓虛空中　自然出妙聲
天衣千萬種　旋轉而來下　眾寶妙香鑪　燒無價之香　自然悉周遍
供養諸世尊　其大菩薩眾　執七寶幡蓋　高妙萬億種　次第至梵天
一一諸佛前　寶幢懸勝幡　亦以千萬偈　歌詠諸如來　如是種種事
昔所未曾有　聞佛壽無量　一切皆歡喜　佛名聞十方　廣饒益眾生
一切具善根　以助無上心」

壹、明證解功德

二、次明解入

(一) 現在解入

1. 一念信解

1. 長行

(1) 標舉其人：「爾時佛告彌勒菩薩摩訶薩，阿逸多，其有眾生，聞佛壽命，長遠如是，乃至能生一念信解」

(2) 格量功德
　① 標德無量：「所得功德，無有限量」
　② 舉格量本：「若有善男子善女人，為阿耨多羅三藐三菩提故，於八十萬億那由他劫，行五波羅蜜，檀波羅蜜，尸羅波羅蜜，羼提波羅蜜，毘梨耶波羅蜜，禪波羅蜜，除般若波羅蜜」
　③ 格量多少：「以是功德，比前功德，百分千分，百千萬億分，不及其一，乃至算數譬喻所不能知」

(3) 法明不退：「若善男子善女人，有如是功德，於阿耨多羅三藐三菩提退者，無有是處」

2. 偈頌

(1) 頌格量功德：「爾時世尊，欲重宣此義，而說偈言：」

「若人求佛慧　於八十萬億　那由他劫數　行五波羅蜜
於是諸劫中　布施供養佛　及緣覺弟子　并諸菩薩眾
珍異之飲食　上服與臥具　栴檀立精舍　以園林莊嚴
如是等布施　種種皆微妙　盡此諸劫數　以迴向佛道
若復持禁戒　清淨無缺漏　求於無上道　諸佛之所歎
若復行忍辱　住於調柔地　設眾惡來加　其心不傾動
諸有得法者　懷於增上慢　為斯所輕惱　如是亦能忍
若復勤精進　志念常堅固　於無量億劫　一心不懈息
又於無數劫　住於空閒處　若坐若經行　除睡常攝心
以是因緣故　能生諸禪定　八十億萬劫　安住心不亂
持此一心福　願求無上道　我得一切智　盡諸禪定際
是人於百千　萬億劫數中　行此諸功德　如上之所說
有善男女等　聞我說壽命　乃至一念信　其福過於彼
若人悉無有　一切諸疑悔　深心須臾信　其福為如此」

(2) 頌結明不退：「其有諸菩薩　無量劫行道　聞我說壽命　是則能信受
如是諸人等　頂受此經典　願我於未來　長壽度眾生
如今日世尊　諸釋中之王　道場師子吼　說法無所畏
我等未來世　一切所尊敬　坐於道場時　說壽亦如是」

(3) 深心信解：「若有深心者　清淨而質直　多聞能總持　隨義解佛語
如是之人等　於此無有疑」

(二) 略解言趣：
1. 標舉其人：「又阿逸多，若有聞佛壽命長遠，解其言趣」
2. 格量功德：「是人所得功德，無有限量，能起如來無上之慧」

(三) 廣為人說：
1. 況舉人相：「何況廣聞是經，若教人聞，若自持，若教人持，若自書，若教人書，若以華香瓔珞，幢幡繒蓋，香油酥燈，供養經卷」
2. 格量功德：「是人功德，無量無邊，能生一切種智」

(四) 深信解相：
1. 舉示其人：「阿逸多，若善男子善女人，聞我說壽命長遠，深心信解」
2. 極顯觀成：「則為見佛常在耆闍崛山，共大菩薩諸聲聞眾，圍繞說法，又見此娑婆世界，其地琉璃，坦然平正，閻浮檀金，以界八道，寶樹行列，諸臺樓觀，皆悉寶成，其菩薩眾，咸處其中，若有能如是觀者，當知是為深信解相」

壹、明證解功德

二、次明解入

㈠ 明未來解入

㈡ 五種持經功德

1. 長行

(1) 直起隨喜：
「又復如來滅後，若聞是經而不毀訾，起隨喜心，當知已為深信解相」

(2) 加自受持分
- ① 況舉人相：「何況讀誦受持之者，斯人則為頂戴如來」
- ② 格量功德：
「阿逸多，是善男子善女人，不須為我復起塔寺，及作僧坊，以四事供養眾僧，所以者何，是善男子善女人，受持讀誦是經典者，為已起塔，造立僧坊，供養眾僧，則為以佛舍利起七寶塔，高廣漸小，至於梵天，懸諸幡蓋，及眾寶鈴，華香瓔珞，末香塗香燒香，眾鼓伎樂，簫笛箜篌，種種舞戲，以妙音聲，歌唄讚頌，則為於無量千萬億劫，作是供養已」

(3) 加他受持
- ① 標舉人相：
「阿逸多，若我滅後，聞是經典，有能受持，若自書，若教人書」
- ② 格量功德：
「則為起立僧坊，以赤栴檀，作諸殿堂，三十有二，高八多羅樹，高廣嚴好，百千比丘於其中止，園林浴池，經行禪窟，衣服飲食，床褥湯藥，一切樂具，充滿其中，如是僧坊堂閣，若干百千萬億，其數無量，以此現前，供養於我，及比丘僧，是故我說，如來滅後，若有受持讀誦，為他人說，若自書，若教人書，供養經卷，不須復起塔寺，及造僧坊，供養眾僧」

(4) 兼行六度
- ① 況舉人相：
「況復有人，能持是經，兼行布施持戒，忍辱精進，一心智慧」
- ② 格量功德：
「其德最勝，無量無邊，譬如虛空，東西南北四維上下，無量無邊，是人功德，亦復如是無量無邊，疾至一切種智」

(5) 備行六度
- ① 標舉人相：
「若人讀誦受持是經，為他人說，若自書，若教人書，復能起塔，及造僧坊，供養讚歎聲聞眾僧，亦以百千萬億讚歎之法，讚歎菩薩功德，又為他人種種因緣，隨義解說，此法華經，復能清淨持戒，與柔和者而共同止，忍辱無瞋，志念堅固，常貴坐禪，得諸深定，精進勇猛，攝諸善法，利根智慧，善答問難」
- ② 格量功德：
「阿逸多，若我滅後，諸善男子善女人，受持讀誦是經典者，復有如是諸善功德，當知是人，已趣道場，近阿耨多羅三藐三菩提，坐道樹下，阿逸多，是善男子善女人，若坐若立若經行處，此中便應起塔，一切天人，皆應供養，如佛之塔」

壹、明證解功德

二、次明解入

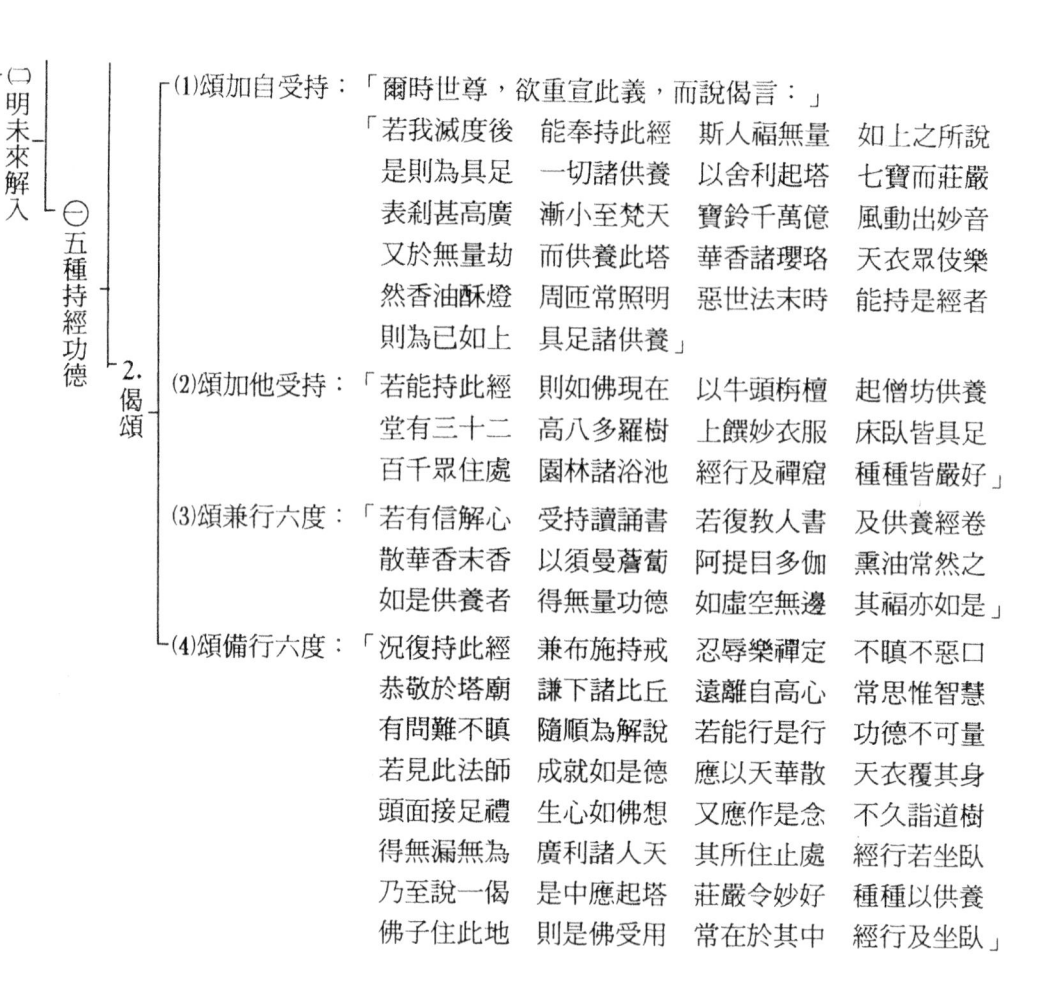

(二) 明未來解入

(一) 五種持經功德

2. 偈頌

(1) 頌加自受持：「爾時世尊，欲重宣此義，而說偈言：」

「若我滅度後　能奉持此經　斯人福無量　如上之所說
是則為具足　一切諸供養　以舍利起塔　七寶而莊嚴
表剎甚高廣　漸小至梵天　寶鈴千萬億　風動出妙音
又於無量劫　而供養此塔　華香諸瓔珞　天衣眾伎樂
然香油酥燈　周匝常照明　惡世法末時　能持是經者
則為已如上　具足諸供養」

(2) 頌加他受持：「若能持此經　則如佛現在　以牛頭栴檀　起僧坊供養
堂有三十二　高八多羅樹　上饌妙衣服　床臥皆具足
百千眾住處　園林諸浴池　經行及禪窟　種種皆嚴好」

(3) 頌兼行六度：「若有信解心　受持讀誦書　若復教人書　及供養經卷
散華香末香　以須曼瞻蔔　阿提目多伽　熏油常然之
如是供養者　得無量功德　如虛空無邊　其福亦如是」

(4) 頌備行六度：「況復持此經　兼布施持戒　忍辱樂禪定　不瞋不惡口
恭敬於塔廟　謙下諸比丘　遠離自高心　常思惟智慧
有問難不瞋　隨順為解說　若能行是行　功德不可量
若見此法師　成就如是德　應以天華散　天衣覆其身
頭面接足禮　生心如佛想　又應作是念　不久詣道樹
得無漏無為　廣利諸人天　其所住止處　經行若坐臥
乃至說一偈　是中應起塔　莊嚴令妙好　種種以供養
佛子住此地　則是佛受用　常在於其中　經行及坐臥」

（卷第七終）

法華經大成卷第八

貳：正宗分　第十八品：隨喜功德品

第四大章：入佛知見：壹、明證解功德（續前品）
　二、次明解入（續前品）
　　㈠格量隨喜功德（接前品）
　　㈡明未來解入（續前品）

1. 彌勒請問：

「爾時彌勒菩薩摩訶薩白佛言，世尊，若有善男子善女人，聞是法華經隨喜者，得幾所福，而說偈言：」

「世尊滅度後　其有聞是經　若能隨喜者　為得幾所福」

2. 如來垂答
　(1)長行
　　①明隨喜能說功德

　<1> 展轉相教：

「爾時佛告彌勒菩薩摩訶薩，阿逸多，如來滅後，若比丘比丘尼，優婆塞優婆夷，及餘智者，若長若幼，聞是經隨喜已，從法會出，至於餘處，若在僧仿，若空閒地，若城邑巷陌，聚落田里，如其所聞，為父母宗親善友知識，隨力演說，是諸人等，聞已隨喜，復行轉教，餘人聞已，亦隨喜轉教，如是展轉至第五十」

　<2> 舉格量本：

　　[1] 誡聽許校：

「阿逸多，其第五十善男子善女人隨喜功德，我今說之，汝當善聽」

　　[2] 舉受施之人：

「若四百萬億阿僧祇世界，六趣四生眾生，卵生，胎生，溼生，化生，若有形無形，有想無想，非有想非無想，無足二足，四足多足，如是等在眾生數者」

　　[3] 舉能施之人：

「有人求福，隨其所欲娛樂之具，皆給與之，一一眾生，與滿閻浮提金銀琉璃，硨磲碼瑙，珊瑚琥珀，諸妙珍寶，及象馬車乘，七寶所成，宮殿樓閣等，是大施主，如是布施滿八十年已，而作是念，我已施眾生娛樂之具，隨意所欲，然此眾生皆已衰老，年過八十，髮白面皺，將死不久，我當以佛法而訓導之，即集此眾生，宣佈法化，示教利喜，一時皆得須陀洹道，斯陀含道，阿那含道，阿羅漢道，盡諸有漏，於深禪定，皆得自在，具八解脫」

　<3> 問答顯勝：

「於汝意云何，是大施主所得功德，寧為多不，彌勒白佛言，世尊，是人功德甚多，無量無邊，若是施主，但施眾生一切樂具，功德無量，何況令得阿羅漢果」

　<4> 正為格量：

「佛告彌勒，我今分明語汝，是人以一切樂具，施於四百萬億阿僧祇世界六趣眾生，又令得阿羅漢果，所得功德，不如是第五十人，聞法華經一偈隨喜功德，百分千分百千萬億分不及其一乃至算數譬喻所不能知，阿逸多，如是第五十人，展轉聞法華經隨喜功德，尚無量無邊阿僧祇，何況最初於會中聞而隨喜者，其福復勝，無量無邊阿僧祇，不可得比」

「法華經」表解 P88

壹、明證解功德

二、次明解入（續前品）

(一) 格量隨喜功德（接前品）

(二) 明未來解入（續前品）

2. 如來垂答

(1) 長行 — ② 明聽法勸人功德

<1> 自往聽經：
「又阿逸多，若人為是經故，往詣僧坊，若坐若立，須臾聽受，緣是功德，轉身所生，得好上妙象馬車乘，珍寶輦輿，及乘天宮」

<2> 分坐與人：
「若復有人於講法處坐，更有人來，勸令坐聽，若分座令坐，是人功德，轉身得帝釋坐處，若梵王坐處，若轉輪聖王所坐之處」

<3> 勸往聽經：
「阿逸多，若復有人，語餘人言，有經名法華，可共往聽，即受其教，乃至須臾間聞，是人功德，轉身得與陀羅尼菩薩，共生一處，利根智慧，百千萬世，終不瘖瘂，口氣不臭，舌常無病，口亦無病，齒不垢黑，不黃不疏，亦不缺落，不差不曲，脣不下垂，亦不褰縮，不麤澀，不瘡胗，亦不缺壞，亦不喎斜，不厚不大，亦不黧黑，無諸可惡，鼻不匾㔸，亦不曲戾，面色不黑，亦不狹長，亦不窊曲，無有一切不可喜相，脣舌牙齒，悉皆嚴好，鼻修高直，面貌圓滿，眉高而長，額廣平正，人相具足，世世所生，見佛聞法，信受教誨」

<4> 具聽修行：
「阿逸多，汝且觀是，勸於一人，令往聽法，功德如此，何況一心聽說讀誦，而於大眾為人分別，如說修行」

(2) 偈頌

① 隨喜能說功德

<1> 頌展轉相教：「爾時世尊，欲重宣此義而說偈言：」
「若人於法會　得聞是經典　乃至於一偈　隨喜為他說
　如是展轉教　至於第五十」

<2> 頌舉格量本：「最後人獲福　今當分別之　如有大施主　供給無量眾
　具滿八十歲　隨意之所欲　見彼衰老相　髮白而面皺
　齒疏形枯竭　念其死不久　我今應當教　令得於道果
　即為方便說　涅槃真實法　世皆不牢固　如水沫泡燄
　汝等咸應當　疾生厭離心　諸人聞是法　皆得阿羅漢
　具足六神通　三明八解脫」

<3> 頌正為格量：「最後第五十　聞一偈隨喜　是人福勝彼　不可為譬喻
　如是展轉聞　其福尚無量　何況於法會　初聞隨喜者」

② 頌聽法勸人功德

<1> 頌勸往聽經：「若有勸一人　將引聽法華　言此經深妙　千萬劫難遇
　即受教往聽　乃至須臾聞　斯人之福報　今當分別說
　世世無口患　齒不疏黃黑　脣不厚褰缺　無有可惡相
　舌不乾黑短　鼻高修且直　額廣而平正　面目悉端嚴
　為人所喜見　口氣無臭穢　優鉢華之香　常從其口出」

<2> 頌自往聽經：「若故詣僧坊　欲聽法華經　須臾聞歡喜　今當說其福
　後生天人中　得妙象馬車　珍寶之輦輿　及乘天宮殿」

<3> 頌分座於人：「若於講法處　勸人坐聽經　是福因緣得　釋梵轉輪座」

<4> 頌具聽修行：「何況一心聽　解說其義趣　如說而修行　其福不可限」

法華經大成卷第八

貳：正宗分　第十九品　法師功德品

- 第四大章：入佛知見：貳、明持經根淨
  - 一、總列六根清淨：
    「爾時佛告常精進菩薩摩訶薩，若善男子善女人，受持是法華經，若讀若誦，若解說，若書寫，是人當得八百眼功德，千二百耳功德，八百鼻功德，千二百舌功德，八百身功德，千二百意功德，以是功德，莊嚴六根，皆令清淨」
  - 二、別作六章解釋
    - (一) 眼根功德
      - (㇐) 長行：「是善男子善女人，父母所生清淨肉眼，見於三千大千世界，內外所有山林河海，下至阿鼻地獄，上至有頂，亦見其中一切眾生，及業因緣果報生處，悉見悉知」
      - (㇓) 偈頌：「爾時世尊欲重宣此義，而說偈言：」
        「若於大眾中　以無所畏心　說是法華經　汝聽其功德　是人得八百
        　功德殊勝眼　以是莊嚴故　其目甚清淨　父母所生眼　悉見三千界
        　內外彌樓山　須彌及鐵圍　并諸餘山林　大海江河水　下至阿鼻獄
        　上至有頂處　其中諸眾生　一切皆悉見　雖未得天眼　肉眼力如是」
    - (二) 耳根功德
      - (㇐) 長行
        - 1. 總標耳聞：「復次，常精進，若善男子善女人，受持此經，若讀若誦，若解說，若書寫，得千二百耳功德，以是清淨耳，聞三千大千世界，下至阿鼻地獄，上至有頂，其中內外種種所有語言音聲」
        - 2. 別列諸聲
          - (1) 明雜類聲：「象聲，馬聲，牛聲，車聲，啼哭聲，愁歎聲，螺聲，鼓聲，鐘聲，鈴聲，笑聲，語聲」
          - (2) 明六對聲：「男聲，女聲，童子聲，童女聲，法聲，非法聲，苦聲，樂聲，凡夫聲，聖人聲，喜聲，不喜聲」
          - (3) 明八部聲：「天聲，龍聲，夜叉聲，乾闥婆聲，阿修羅聲，迦樓羅聲，緊那羅聲，摩侯羅伽聲」
          - (4) 明三災聲：「火聲，水聲，風聲」
          - (5) 明惡道聲：「地獄聲，畜生聲，餓鬼聲」
          - (6) 明二眾聲：「比丘聲，比丘尼聲」
          - (7) 明四聖聲：「聲聞聲，辟支佛聲，菩薩聲，佛聲」
          - (8) 結其功德：「以要言之，三千大千世界中，一切內外所有諸聲，雖未得天耳，以父母所生清淨常耳，皆悉聞知，如是分別種種音聲，而不壞耳根」
      - (㇓) 偈頌
        - 1. 總標耳聞：「爾時世尊，欲重宣此義，而說偈言：」
          「父母所生耳　清淨無濁穢　以此常耳聞　三千世界聲」
        - 2. 頌別列諸聲
          - (1) 頌雜類聲：「象馬車牛聲　鐘鈴螺鼓聲　琴瑟箜篌聲　簫笛之音聲
            清淨好歌聲　聽之而不著」
          - (2) 頌六對聲：「無數種人聲　聞悉能解了　又聞諸天聲　微妙之歌音
            及聞男女聲　童子童女聲」
          - (3) 頌惡道聲：「山川險谷中　迦陵頻伽聲　命命等諸鳥　悉聞其音聲
            地獄眾苦痛　種種楚毒聲　餓鬼飢渴逼　求索飲食聲
            諸阿修羅等　居在大海邊　自共言語時　出於大音聲
            如是說法者　安住於此間　遙聞是眾聲　而不壞耳根
            十方世界中　禽獸鳴相呼　其說法之人　於此悉聞之」

「法華經」表解 P90

第四大章：入佛知見：貳、明持經根淨

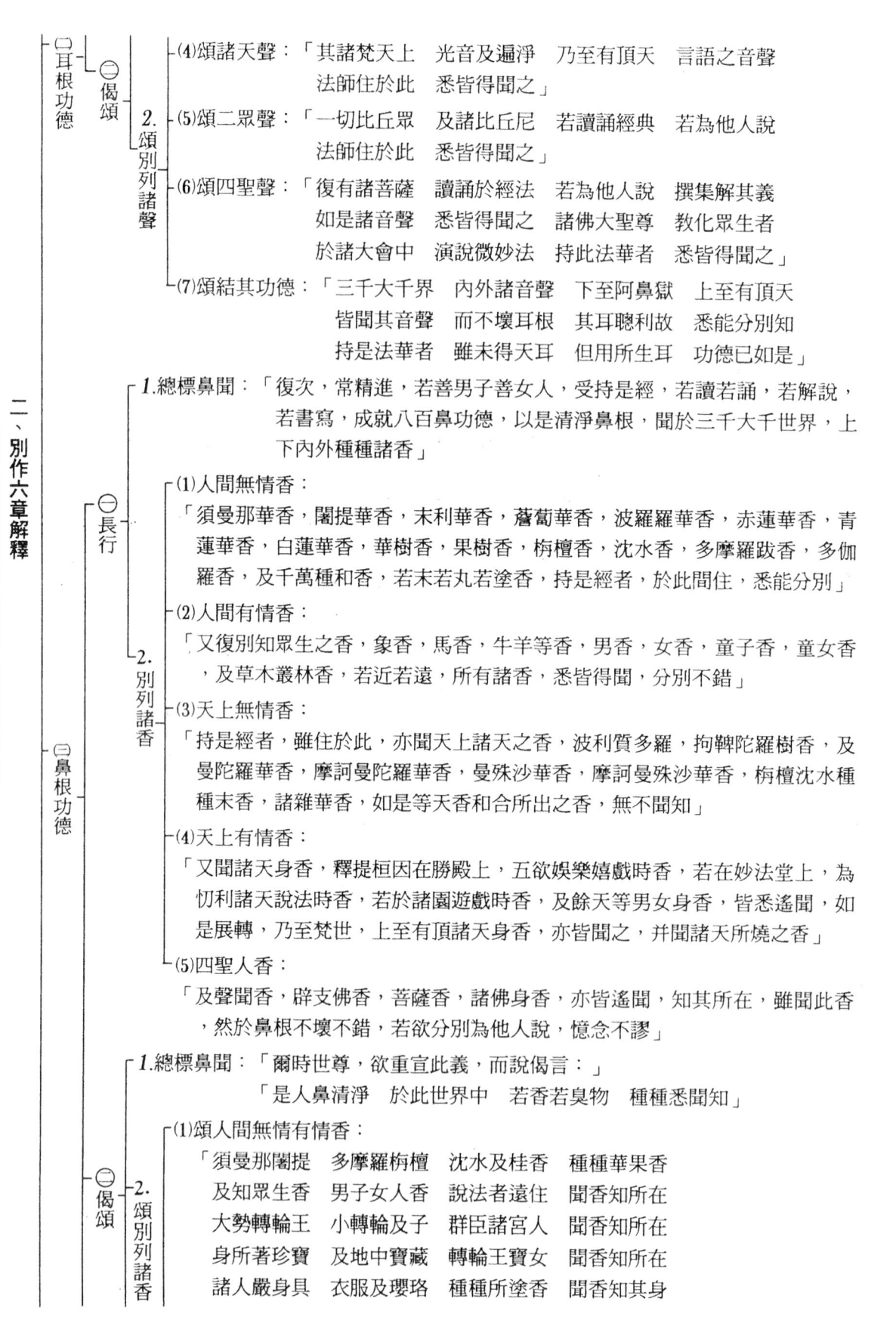

二、別作六章解釋

(一) 耳根功德

(一) 偈頌
2. 頌別列諸聲

(4) 頌諸天聲：「其諸梵天上　光音及遍淨　乃至有頂天　言語之音聲
　　　　　　　　法師住於此　悉皆得聞之」

(5) 頌二眾聲：「一切比丘眾　及諸比丘尼　若讀誦經典　若為他人說
　　　　　　　　法師住於此　悉皆得聞之」

(6) 頌四聖聲：「復有諸菩薩　讀誦於經法　若為他人說　撰集解其義
　　　　　　　　如是諸音聲　悉皆得聞之　諸佛大聖尊　教化眾生者
　　　　　　　　於諸大會中　演說微妙法　持此法華者　悉皆得聞之」

(7) 頌結其功德：「三千大千界　內外諸音聲　下至阿鼻獄　上至有頂天
　　　　　　　　　皆聞其音聲　而不壞耳根　其耳聰利故　悉能分別知
　　　　　　　　　持是法華者　雖未得天耳　但用所生耳　功德已如是」

(二) 鼻根功德

(一) 長行

1. 總標鼻聞：「復次，常精進，若善男子善女人，受持是經，若讀若誦，若解說，若書寫，成就八百鼻功德，以是清淨鼻根，聞於三千大千世界，上下內外種種諸香」

2. 別列諸香

(1) 人間無情香：
「須曼那華香，闍提華香，末利華香，薝蔔華香，波羅羅華香，赤蓮華香，青蓮華香，白蓮華香，華樹香，果樹香，栴檀香，沈水香，多摩羅跋香，多伽羅香，及千萬種和香，若末若丸若塗香，持是經者，於此間住，悉能分別」

(2) 人間有情香：
「又復別知眾生之香，象香，馬香，牛羊等香，男香，女香，童子香，童女香，及草木叢林香，若近若遠，所有諸香，悉皆得聞，分別不錯」

(3) 天上無情香：
「持是經者，雖住於此，亦聞天上諸天之香，波利質多羅，拘鞞陀羅樹香，及曼陀羅華香，摩訶曼陀羅華香，曼殊沙華香，摩訶曼殊沙華香，栴檀沈水種種末香，諸雜華香，如是等天香和合所出之香，無不聞知」

(4) 天上有情香：
「又聞諸天身香，釋提桓因在勝殿上，五欲娛樂嬉戲時香，若在妙法堂上，為忉利諸天說法時香，若於諸園遊戲時香，及餘天等男女身香，皆悉遙聞，如是展轉，乃至梵世，上至有頂諸天身香，亦皆聞之，并聞諸天所燒之香」

(5) 四聖人香：
「及聲聞香，辟支佛香，菩薩香，諸佛身香，亦皆遙聞，知其所在，雖聞此香，然於鼻根不壞不錯，若欲分別為他人說，憶念不謬」

(二) 偈頌

1. 總標鼻聞：「爾時世尊，欲重宣此義，而說偈言：」
「是人鼻清淨　於此世界中　若香若臭物　種種悉聞知」

2. 頌別列諸香

(1) 頌人間無情有情香：
「須曼那闍提　多摩羅栴檀　沈水及桂香　種種華果香
　及知眾生香　男子女人香　說法者遠住　聞香知所在
　大勢轉輪王　小轉輪及子　群臣諸宮人　聞香知所在
　身所著珍寶　及地中寶藏　轉輪王寶女　聞香知所在
　諸人嚴身具　衣服及瓔珞　種種所塗香　聞香知其身」

第四大章：入佛知見：貳、明持經根淨

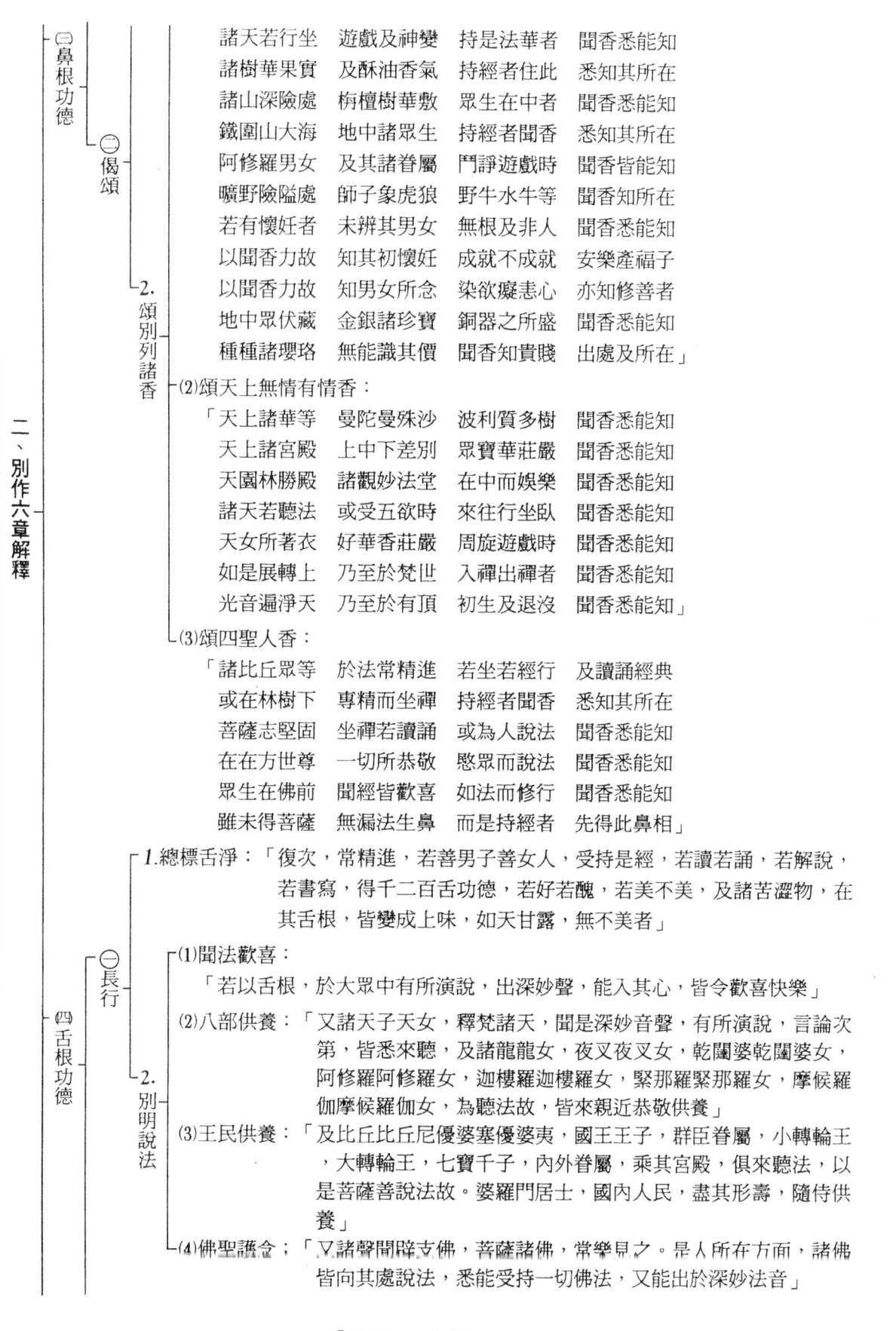

二、別作六章解釋

(三)鼻根功德

(二)偈頌

2. 頌別列諸香

(1)（頌上文諸香）：

「諸天若行坐　遊戲及神變　持是法華者　聞香悉能知
諸樹華果實　及酥油香氣　持經者住此　悉知其所在
諸山深險處　栴檀樹華敷　眾生在中者　聞香悉能知
鐵圍山大海　地中諸眾生　持經者聞香　悉知其所在
阿修羅男女　及其諸眷屬　鬥諍遊戲時　聞香皆能知
曠野險隘處　師子象虎狼　野牛水牛等　聞香知所在
若有懷妊者　未辨其男女　無根及非人　聞香悉能知
以聞香力故　知其初懷妊　成就不成就　安樂產福子
以聞香力故　知男女所念　染欲癡恚心　亦知修善者
地中眾伏藏　金銀諸珍寶　銅器之所盛　聞香悉能知
種種諸瓔珞　無能識其價　聞香知貴賤　出處及所在」

(2)頌天上無情有情香：

「天上諸華等　曼陀曼殊沙　波利質多樹　聞香悉能知
天上諸宮殿　上中下差別　眾寶華莊嚴　聞香悉能知
天園林勝殿　諸觀妙法堂　在中而娛樂　聞香悉能知
諸天若聽法　或受五欲時　來往行坐臥　聞香悉能知
天女所著衣　好華香莊嚴　周旋遊戲時　聞香悉能知
如是展轉上　乃至於梵世　入禪出禪者　聞香悉能知
光音遍淨天　乃至於有頂　初生及退沒　聞香悉能知」

(3)頌四聖人香：

「諸比丘眾等　於法常精進　若坐若經行　及讀誦經典
或在林樹下　專精而坐禪　持經者聞香　悉知其所在
菩薩志堅固　坐禪若讀誦　或為人說法　聞香悉能知
在在方世尊　一切所恭敬　愍眾而說法　聞香悉能知
眾生在佛前　聞經皆歡喜　如法而修行　聞香悉能知
雖未得菩薩　無漏法生鼻　而是持經者　先得此鼻相」

(四)舌根功德

(一)長行

1. 總標舌淨：
「復次，常精進，若善男子善女人，受持是經，若讀若誦，若解說，若書寫，得千二百舌功德，若好若醜，若美不美，及諸苦澀物，在其舌根，皆變成上味，如天甘露，無不美者」

2. 別明說法

(1)聞法歡喜：
「若以舌根，於大眾中有所演說，出深妙聲，能入其心，皆令歡喜快樂」

(2)八部供養：「又諸天子天女，釋梵諸天，聞是深妙音聲，有所演說，言論次第，皆悉來聽，及諸龍龍女，夜叉夜叉女，乾闥婆乾闥婆女，阿修羅阿修羅女，迦樓羅迦樓羅女，緊那羅緊那羅女，摩睺羅伽摩睺羅伽女，為聽法故，皆來親近恭敬供養」

(3)王民供養：「及比丘比丘尼優婆塞優婆夷，國王王子，群臣眷屬，小轉輪王，大轉輪王，七寶千子，內外眷屬，乘其宮殿，俱來聽法，以是菩薩善說法故。婆羅門居士，國內人民，盡其形壽，隨侍供養」

(4)佛聖護念：「又諸聲聞辟支佛，菩薩諸佛，常樂見之。是人所在方面，諸佛皆向其處說法，悉能受持一切佛法，又能出於深妙法音」

第四大章：入佛知見： 貳、明持經根淨

二、別作六章解釋

(四) 舌根功德

(一) 長行
（省略）

(二) 偈頌

1. 總標舌淨：「爾時世尊，欲重宣此義而說偈言：」
   「是人舌根淨　終不受惡味　其有所食噉　悉皆成甘露」

2. 別明說法
   - (1) 頌聞法歡喜：「以深淨妙聲　於大眾說法　以諸因緣喻　引導眾生心
     聞者皆歡喜　設諸上供養」
   - (2) 頌八部供養：「諸天龍夜叉　及阿修羅等　皆以恭敬心　而共來聽法」
   - (3) 頌王民供養：「是說法之人　若欲以妙音　遍滿三千界　隨意即能至
     大小轉輪王　及千子眷屬　合掌恭敬心　常來聽受法」
   - (4) 頌八部諸天：「諸天龍夜叉　羅剎毘舍闍　亦以歡喜心　常樂來供養
     梵天王魔王　自在大自在　如是諸天眾　常來至其所」
   - (5) 頌佛聖護念：「諸佛及弟子　聞其說法音　常念而守護　或時為現身」

(五) 身根功德

(一) 長行

1. 總標身淨：「復次，常精進，若善男子善女人，受持是經，若讀若誦，若解說，若書寫，得八百身功德，得清淨身，如淨琉璃，眾生喜見，其身淨故」

2. 別明現像
   - (1) 身中現六趣：「三千大千世界眾生，生時死時，上下好醜，生善處惡處，悉於中現。及鐵圍山，大鐵圍山，彌樓山，摩訶彌樓山等諸山，及其中眾生，悉於中現，下至阿鼻地獄，上至有頂所有及眾生，悉於中現」
   - (2) 身中現四聖：「若聲聞辟支佛，菩薩諸佛說法，皆於身中現其色像」

(二) 偈頌

1. 頌總標身淨：「爾時世尊，欲重宣此義，而說偈言：」
   「若持法華者　其身甚清淨　如彼淨琉璃　眾生皆喜見　又如淨明鏡
   悉見諸色像　菩薩於淨身　皆見世所有　唯獨自明了　餘人所不見」

2. 頌別明現像
   - (1) 頌身現六趣：「三千世界中　一切諸群萌　天人阿修羅　地獄鬼畜生
     如是諸色像　皆於身中現」
   - (2) 頌身現四聖：
     「諸天等宮殿　乃至於有頂　鐵圍及彌樓　摩訶彌樓山　諸大海水等
     皆於身中現　諸佛及聲聞　佛子菩薩等　若獨若在眾　說法悉皆現
     雖未得無漏　法性之妙身　以清淨常體　一切於中現」

(六) 意根功德

(一) 長行

1. 標意根淨解：「復次，常精進，若善男子善女人，如來滅後，受持是經，若讀若誦，若解說，若書寫，得千二百意功德，以是清淨意根，乃至聞一偈一句，通達無量無邊之義」

2. 淨意說法：「解是義已，能演說一句一偈，至於一月四月，乃至一歲，諸所說法隨其義趣，皆與實相不相違背，若說俗間經書，治世語言，資生業等，皆順正法，三千大千世界六趣眾生，心之所行，心所動作，心所戲論，皆悉知之，雖未得無漏智慧，而其意根清淨如此，是人有所思惟籌量言說，皆是佛法，無不真實，亦是先佛，經中所說」

(二) 偈頌

1. 頌意根淨解：
   「爾時世尊，欲重宣此義而說偈言：」
   「是人意清淨　明利無濁穢　以此妙意根　知上中下法　乃至聞一偈　通達無量義」

2. 頌淨意說法：
   「次第如法說　月四月至歲　是世界內外　一切諸眾生　若天龍及人　夜叉鬼神等
   其在六趣中　所念若干種　持法華之報　一時皆悉知　十方無數佛　百福莊嚴相
   為眾生說法　悉聞能受持　思惟無量義　說法亦無量　終始不忘錯　以持法華故
   悉知諸法相　隨義識次第　達名字語言　如所知演說　此人有所說　皆是先佛法
   以演此法故　於眾無所畏　持法華經者　意根淨若斯　雖未得無漏　先有如是相
   是人持此經　安住希有地　為一切眾生　歡喜而愛敬　能以千萬種　善巧之語言
   分別而說法　持法華經故」

法華經大成卷第八

貳：正宗分　第二十品：常不輕菩薩品

第四大章：入佛知見：參、顯能證之人

一、長行

㈠雙舉前品罪福：
「爾時佛告得大勢菩薩摩訶薩，汝今當知，若比丘比丘尼，優婆塞優婆夷，持法華經者若有惡口罵詈誹謗，獲大罪報，如前所說，其所得功德，如向所說，眼耳鼻舌身意清淨」

㈡雙開今品信毀

㈠初明事本：
「得大勢，乃往古昔過無量無邊不可思議阿僧祇劫，有佛名威音王如來，應供，正遍知，明行足，善逝，世間解，無上士調御丈夫，天人師，佛，世尊。劫名離衰，國名大成，其威音王佛，於彼世中，為天人阿修羅說法。為求聲聞者，說應四諦法，度生老病死，究竟涅槃。為求辟支佛者，說應十二因緣法。為諸菩薩，因阿耨多羅三藐三菩提，說應六波羅蜜法，究竟佛慧。得大勢，是威音王佛壽四十萬億那由他恆河沙劫，正法住世，劫數如一閻浮提微塵，像法住世，劫數如四天下微塵，其佛饒益眾生已，然後滅度，正法像法滅盡之後，於此國土復有佛出，亦號威音王如來，應供，正遍知，明行足，善逝，世間解，無上士調御丈夫，天人師，佛，世尊，如是次第有二萬億佛，皆同一號」

㈡明本事分

1. 標時節人名：
「最初威音王如來，既已滅度，正法滅後，於像法中，增上慢比丘有大勢力，爾時有一菩薩比丘，名常不輕」

2. 徵釋不輕之名

(1)先明不輕之行：
「得大勢，以何因緣名常不輕，是比丘凡有所見，若比丘比丘尼，優婆塞優婆夷，皆悉禮拜讚歎，而作是言，我深敬汝等，不敢輕慢，所以者何，汝等皆行菩薩道，當得作佛，而是比丘，不專讀誦經典，但行禮拜，乃至遠見四眾，亦復故往禮拜讚歎，而作是言，我不敢輕於汝等，汝等皆當作佛」

(2)明得名所以：
「四眾之中，有生瞋恚心不淨者，惡口罵詈，言是無智比丘，從何所來，自言我不輕汝，而與我等授記，當得作佛，我等不用如是虛妄授記，如此經歷多年，常被罵詈，不生瞋恚，常作是言，汝當作佛，說是語時，眾人或以杖木瓦石而打擲之，避走遠住，猶高聲唱言，我不敢輕於汝等汝等皆當作佛，以其常作是語故，增上慢比丘比丘尼，優婆塞優婆夷，號之為常不輕」

㈢雙明信毀果報

㈠信者果報

1. 正明果報

(1)初明現報：
「是比丘臨欲終時，於虛空中，具聞威音王佛，先所說法華經二十千萬億偈，悉能受持，即得如上眼根清淨，耳鼻舌身意根清淨，得是六根清淨已，更增壽命，二百萬億那由他歲，廣為人說是法華經，於時增上慢四眾，比丘比丘尼，優婆塞優婆夷，輕賤是人，為作不輕名者，見其得大神通力，樂說辯力，大善寂力，聞其所說，皆信伏隨從」

(2)明生報：
「是菩薩復化千萬億眾，令住阿耨多羅三藐三菩提，命終之後，得值二千億佛，皆號日月燈明，於其法中，說是法華經」

參、顯能證之人

一、長行

(一)信者果報

1.正明果報
(3)明後報：
「以是因緣，復值二千億佛，同號雲自在燈王，於此諸佛法中受持讀誦，為諸四眾說此經典故，得是常眼清淨，耳鼻舌身意諸根清淨，於四眾中說法，心無所畏，得大勢，是常不輕菩薩摩訶薩，供養如是若干諸佛，恭敬尊重讚歎，種諸善根，於後復值千萬億佛，亦於諸佛法中，說是經典，功德成就，當得作佛」

(二)雙明信毀果報

2.結會古今：
「得大勢，於意云何，爾時常不輕菩薩，豈異人乎，則我身是，若我於宿世，不受持讀誦此經，為他人說者，不能疾得阿耨多羅三藐三菩提，我於先佛所受持讀誦此經，為人說故，疾得阿耨多羅三藐三菩提」

(二)毀者果報

1.正明果報：
「得大勢，彼時四眾，比丘比丘尼，優婆塞優婆夷，以瞋恚意輕賤我故，二百億劫常不值佛，不聞法，不見僧，千劫於阿鼻地獄，受大苦惱，畢是罪已，復遇常不輕菩薩，教化阿耨多羅三藐三菩提」

2.結會古今
(1)結會：
「得大勢，於汝意云何，爾時四眾，常輕是菩薩者，豈異人乎，今此會中，跋陀婆羅等五百菩薩，師子月等五百比丘，尼思佛等五百優婆塞，皆於阿耨多羅三藐三菩提，不退轉者是」

(2)勸持：
「得大勢，當知是法華經，大饒益諸菩薩摩訶薩，能令至於阿耨多羅三藐三菩提，是故諸菩薩摩訶薩，於如來滅後，常應受持讀誦，解說書寫是經」

二、偈頌

(一)頌雙開今品信毀

(一)頌事本：
「爾時世尊，欲重宣此義，而說偈言：」
「過去有佛　號威音王　神智無量　將導一切　天人龍神　所共供養」

(二)頌時節人名：
「是佛滅後　法欲盡時　有一菩薩　名常不輕
時諸四眾　計著於法」

(三)頌不輕之行：
「不輕菩薩　往到其所　而語之言　我不輕汝　汝等行道
皆當作佛　諸人聞已　輕毀罵詈　不輕菩薩　能忍受之」

(二)頌雙明信毀果報

(一)頌信毀果報：
「其罪畢已　臨命終時　得聞此經　六根清淨　神通力故
增益壽命　復為諸人　廣說是經　諸著法眾　皆蒙菩薩
教化成就　令住佛道　不輕命終　值無數佛　說是經故
得無量福　漸具功德　疾成佛道」

(二)頌結會古今：
「彼時不輕　則我身是　時四部眾　著法之者　聞不輕言
汝當作佛　以是因緣　值無數佛　此會菩薩　五百之眾
并及四部　清信士女　今於我前　聽法者是」

(三)舉益勸持：
「我於前世　勸是諸人　聽受斯經　第一之法
開示教人　令住涅槃　世世受持　如是經典
億億萬劫　至不可議　時乃得聞　是法華經
億億萬劫　至不可議　諸佛世尊　時說是經
是故行者　於佛滅後　聞如是經　勿生疑惑
應當一心　廣說此經　世世值佛　疾成佛道」

法華經大成卷第八

參：流通分　第二十一品　如來神力品

流通分：壹、神力嘉讚
　一、長行
　　㈠菩薩受命
　　　㊀經家敘儀：
　　　「爾時千世界微塵等，菩薩摩訶薩，從地涌出者，皆於佛前一心合掌，瞻仰尊顏，而白佛言」
　　　㊁發願弘經：
　　　「世尊，我等於佛滅後，世尊分身所在國土滅度之處，當廣說此經，所以者何，我等亦自欲得是真淨大法，受持讀誦，解說書寫，而供養之」
　　㈡佛現神力
　　　㊀明所對象：
　　　「爾時世尊，於文殊師利等，無量百千萬億，舊住娑婆世界，菩薩摩訶薩，及諸比丘比丘尼，優婆塞優婆夷，天龍夜叉，乾闥婆，阿修羅，迦樓羅，緊那羅，摩睺羅伽，人非人等，一切眾前」
　　　㊁正現神力
　　　　1.舌相上舒：「現大神力，出廣長舌，上至梵世」
　　　　2.通身放光：
　　　　「一切毛孔，放於無量無數色光，皆悉遍照十方世界，眾寶樹下師子座上諸佛，亦復如是，出廣長舌，放無量光。釋迦牟尼佛，及寶樹下諸佛，現神力時，滿百千歲」
　　　　3.攝舌謦欬：「然後還攝舌相，一時謦欬」
　　　　4.諸佛彈指：「俱共彈指」
　　　　5.十方震動：「是二音聲，遍至十方諸佛世界，地皆六種震動」
　　　　6.普見大會：
　　　　「其中眾生，天龍夜叉，乾闥婆，阿修羅，迦樓羅，緊那羅，摩睺羅伽，人非人等，以佛神力故，皆見此娑婆世界，無量無邊，百千萬億眾寶樹下，師子座上諸佛，及見釋迦牟尼佛，共多寶如來，在寶塔中，坐師子座，又見無量無邊，百千萬億菩薩摩訶薩，及諸四眾，恭敬圍繞釋迦牟尼佛，既見是已，皆大歡喜，得未曾有」
　　　　7.諸天唱勸：
　　　　「即時諸天，於虛空中，高聲唱言，過此無量無邊，百千萬億阿僧祇世界，有國名娑婆，是中有佛，名釋迦牟尼，今為諸菩薩摩訶薩說大乘經，名妙法蓮華，教菩薩法，佛所護念，汝等當深心隨喜，亦當禮拜供養釋迦牟尼佛」
　　　　8.眾生歸命：
　　　　「彼諸眾生，聞虛空中聲已，合掌向娑婆世界，作如是言，南無釋迦牟尼佛，南無釋迦牟尼佛」
　　　　9.遙申供養：
　　　　「以種種華香瓔珞幡蓋，及諸嚴身之具，珍寶妙物，皆共遙散娑婆世界，所散諸物，從十方來，譬如雲集，變成寶帳，遍覆此間諸佛之上」
　　　　10.世界合一：「於時十方世界，通達無礙，如一佛土」

「法華經」表解P96

壹、神力嘉讚

一、長行

(一) 結要勸持

(一) 稱歎付囑：
「爾時佛告上行等菩薩大眾，諸佛神力，如是無量無邊，不可思議，若我以是神力，於無量無邊，百千萬億阿僧祇劫，為囑累故，說此經功德，猶不能盡」

(二) 結要付囑：
「以要言之，如來一切所有之法，如來一切自在神力，如來一切祕要之藏，如來一切甚深之事，皆於此經，宣示顯說」

(二) 勸持付囑

1. 勸持起塔：
「是故汝等，於如來滅後，應一心受持讀誦，解說書寫，如說修行，所在國土，若有受持讀誦，解說書寫，如說修行，若經卷所住之處，若於園中，若於林中，若於樹下，若於僧坊，若白衣舍，若在殿堂，若山谷曠野，是中皆應起塔供養」

2. 釋起塔意：
「所以者何，當知是處即是道場，諸佛於此，得阿耨多羅三藐三菩提，諸佛於此，轉於法輪，諸佛於此，而般涅槃」

二、偈頌

(一) 頌上長行

(一) 頌佛現神力：「爾時世尊，欲重宣此義，而說偈言：」
「諸佛救世者　住於大神通　為悅眾生故　現無量神力
舌相至梵天　身放無數光　為求佛道者　現此希有事
諸佛謦欬聲　及彈指之聲　周聞十方國　地皆六種動」

(二) 頌結要勸持：「以佛滅度後　能持是經故　諸佛皆歡喜　現無量神力
囑累是經故　讚美受持者　於無量劫中　猶故不能盡
是人之功德　無邊無有窮　如十方虛空　不可得邊際」

(二) 明持經功德

(一) 明得見三佛：「能持是經者　則為已見我　亦見多寶佛　及諸分身者
又見我今日　教化諸菩薩」

(二) 明諸佛歡喜：「能持是經者　令我及分身　滅度多寶佛　一切皆歡喜
十分現在佛　并過去未來　亦見亦供養　亦令得歡喜」

(三) 明得近佛果：「諸佛坐道場　所得祕要法　能持是經者　不久亦當得」

(四) 明得大辯才：「能持是經者　於諸法之義　名字及言辭　樂說無窮盡
如風於空中　一切無障礙　於如來滅後　知佛所說經
因緣及次第　隨義如實說　如日月光明　能除諸幽冥
斯人行世間　能滅眾生闇　教無量菩薩　畢竟住一乘」

(五) 總結應持：「是故有智者　聞此功德利　於我滅度後　應受持斯經
是人於佛道　決定無有疑」

法華經大成卷第八

參：流通分　第二十二品：囑累品

流通分：
- 壹、囑累新傳
  - 一、囑累授受
    - (一) 如來付囑
      - ○正明付囑：
        「爾時釋迦牟尼佛，從法座起，現大神力，以右手摩無量菩薩摩訶薩頂，而作是言，我於無量百千萬億阿僧祇劫，修習是難得阿耨多羅三藐三菩提法，今以付囑汝等，汝等應當一心流布此法，廣令增益，如是三摩諸菩薩摩訶薩頂，而作是言，我於無量百千萬億阿僧祇劫，修習是難得阿耨多羅三藐三菩提法，今以付囑汝等，汝等當受持讀誦，廣宣此法，令一切眾生，普得聞知」
      - ○釋付囑意：
        「所以者何，如來有大慈悲，無諸慳吝，亦無所畏，能與眾生佛之智慧，如來智慧，自然智慧，如來是一切眾生之大施主，汝等亦應隨學如來之法，勿生慳吝」
      - ○誡勉隨宜：
        「於未來世，若有善男子善女人，信如來智慧者，當為演說此法華經，使得聞知，為令其人得佛慧故，若有眾生不信受者，當於如來餘深法中，示教利喜，汝等若能如是，則為已報諸佛之恩」
    - (二) 菩薩領受：
      「時諸菩薩摩訶薩，聞佛作是說已，皆大歡喜，遍滿其身，益加恭敬，曲躬低頭，合掌向佛，俱發聲言，如世尊敕，當具奉行，唯然世尊，願不有慮，諸菩薩摩訶薩眾，如是三反，俱發聲言，如世尊敕，當具奉行，唯然世尊，願不有慮」
    - (三) 事畢云散：
      「爾時釋迦牟尼佛，令十方來諸分身佛，各還本土，而作是言，諸佛各隨所安，多寶佛塔，還可如故」
  - 二、時眾歡喜：
    「說是語時，十方無量分身諸佛，坐寶樹下，師子座上者，及多寶佛，并上行等無邊阿僧祇菩薩大眾，舍利弗等聲聞四眾，及一切世間，天人阿修羅等，聞佛所說，皆大歡喜。」

法華經大成卷第八

參：流通分　第二十三品　藥王菩薩本事品

一、宿王請問
- (一)總問遊化：「爾時宿王華菩薩白佛言，世尊，藥王菩薩云何遊於娑婆世界」
- (二)別問苦行：「世尊，是藥王菩薩，有若干百千萬億那由他難行苦行」
- (三)請答歡喜：「善哉世尊，願少解說，諸天龍神夜叉，乾闥婆，阿修羅，迦樓羅，緊那羅，摩睺羅伽，人非人等，又他國土諸來菩薩及此聲聞眾，聞皆歡喜」

二、如來垂答

（一）正答苦行

㊀明事本：
「爾時佛告宿王華菩薩，乃往過去無量恆河沙劫，有佛號日月淨明德如來，應供，正遍知，明行足，善逝，世間解，無上士調御丈夫，天人師，佛，世尊。其佛有八十億大菩薩摩訶薩，七十二恆河沙大聲聞眾，佛壽四萬二千劫，菩薩壽命亦等，彼國無有女人，地獄餓鬼畜生阿修羅等，及以諸難，地平如掌，琉璃所成，寶樹莊嚴，寶帳覆上，垂寶華旛，寶瓶香鑪，周遍國界，七寶為臺，一樹一臺，其樹去臺盡一箭道，此諸寶樹，皆有菩薩聲聞而坐其下，諸寶臺上，各有百億諸天，作天伎樂，歌歎於佛，以為供養」

㊁明本事

1.彼佛說法：「爾時彼佛，為一切眾生喜見菩薩，及眾菩薩諸聲聞眾，說法華經」

2.廣修供養

(1)明現在

①修行得法：
「是一切眾生喜見菩薩，樂習苦行，於日月淨明德佛法中，精進經行，一心求佛，滿萬二千歲已，得現一切色身三昧」

②作念報恩

<1> 以三昧神通力供養：
「得此三昧已，心大歡喜即作念言，我得現一切色身三昧，皆是得聞法華經力，我今當供養日月淨明德佛，及法華經，即時入是三昧，於虛空中，雨曼陀羅華，摩訶曼陀羅華，細末堅黑栴檀，滿虛空中，如雲而下，又雨海此岸栴檀之香，此香六銖，價值娑婆世界，以供養佛」

<2> 以正報色身力供養：

[1] 正明燒身：
「作是供養已，從三昧起，而自念言，我雖以神力供養於佛，不如以身供養，即服諸香，栴檀，薰陸，兜樓婆，畢力迦，沈水膠香，又飲薝蔔諸華香油，滿千二百歲已，香油塗身，於日月淨明德佛前，以天寶衣，而自纏身，灌諸香油，以神通力願，而自然身，光明遍照八十億恆河沙世界」

[2] 諸佛讚歎：
「其中諸佛同時讚言，善哉善哉，善男子，是真精進，是名真法供養如來，若以華香瓔珞，燒香末香塗香，天繒旛蓋，及海此岸栴檀之香，如是等種種諸物供養，所不能及，假使國城妻子布施，亦所不及，善男子，是名第一之施，於諸施中最尊最上，以法供養諸如來故，作是語已，而各默然」

[3] 明燒身時節：「其身火然千二百歲，過是已後，其身乃盡」

流通分：參、藥王苦行

二、如來垂答

(一) 正答苦行

(2) 明未來

2. 廣修供養

① 生在王家：
「一切眾生喜見菩薩，作如是法供養已，命終之後，復生日月淨明德佛國中，於淨德王家，結跏趺坐，忽然化生」

② 說昔本事：
「即為其父，而說偈言：」
「大王今當知　我經行彼處　即時得一切　現諸身三昧
　勤行大精進　捨所愛之身　供養於世尊　為求無上慧」
「說是偈已，而白父言，日月淨明德佛，今故現在，我先供養佛已，得解一切眾生語言陀羅尼，復聞是法華經八百千萬億那由他，甄迦羅，頻婆羅，阿閦婆等偈，大王，我今當還供養此佛」

(二) 明本事

③ 往詣佛所：
「白已，即坐七寶之臺，上升虛空，高七多羅樹，往到佛所，頭面禮足，合十指爪，以偈讚佛」
「容顏甚奇妙　光明照十方　我適曾供養　今復還親覲」
「爾時一切眾生喜見菩薩，說是偈已，而白佛言，世尊，世尊，猶故在世」

④ 如來付囑：
「爾時日月淨明德佛，告一切眾生喜見菩薩，善男子，我涅槃時到，滅盡時至，汝可安施床座，我於今夜當般涅槃，又敕一切眾生喜見菩薩，善男子，我以佛法囑累於汝，及諸菩薩大弟子，并阿耨多羅三藐三菩提法，亦以三千大千七寶世界，諸寶樹寶臺，及給侍諸天，悉付於汝，我滅度後，所有舍利，亦付囑汝，當令流布，廣設供養，應起若干千塔，如是日月淨明德佛，敕一切眾生喜見菩薩已，於夜後分入於涅槃」

⑤ 奉命任持：

<1> 滅後起塔：「爾時一切眾生喜見菩薩，見佛滅度，悲感懊惱，戀慕於佛，即以海此岸栴檀為積，供養佛身，而以燒之，火滅已後，收取舍利，作八萬四千寶瓶，以起八萬四千塔，高三世界，表剎莊嚴，垂諸幡蓋，懸眾寶鈴」

<2> 燒臂供養：「爾時一切眾生喜見菩薩，復自念言，我雖作是供養，心猶未足，我今當更供養舍利，便語諸菩薩大弟子及天龍夜叉等，一切大眾，汝等當一心念，我今供養日月淨明德佛舍利，作是語已，即於八萬四千塔前，然百福莊嚴臂，七萬二千歲，而以供養」

<3> 時眾獲益：「令無數求聲聞眾，無量阿僧祇人，發阿耨多羅三藐三菩提心，皆使得住現一切色身三昧」

<4> 燒臂還復：「爾時諸菩薩，天人阿修羅等，見其無臂，憂惱悲哀，而作是言，此一切眾生喜見菩薩是我等師，教化我者，而今燒臂，身不具足，於時一切眾生喜見菩薩，於大眾中，立此誓言，我捨兩臂，必當得佛金色之身，若實不虛，令我兩臂還復如故，作是誓已，自然還復，由斯菩薩福德智慧淳厚所致，當爾之時，三千大千世界，六種震動，天雨寶華，一切人天，得未曾有」

3. 結會古今：「佛告宿王華菩薩，於汝意云何，一切眾生喜見菩薩豈異人乎，今藥王菩薩是也，其所捨身布施，如是無量百千萬億那由他數」

流通分：參、藥王苦行

二、如來垂答

(一) 明供養較勝

1. 供塔顯勝：
「宿王華，若有發心欲得阿耨多羅三藐三菩提者，能然手指乃至足一指，供養佛塔，勝以國城妻子，及三千大千國土，山林河池，諸珍寶物，而供養者」

2. 供人顯勝：
「若復有人，以七寶滿三千大千世界，供養於佛，及大菩薩辟支佛阿羅漢，是人所得功德，不如受持此法華經，乃至一四句偈，其福最多」

(二) 歎經功深

(一) 舉聞今品福

1. 格量

(1) 河海淺深喻：
「宿王華，譬如一切川流江河諸水之中，海為第一，此法華經亦復如是，於諸如來所說經中，最為深大」

(2) 群山高低喻：
「又如土山，黑山，小鐵圍山，大鐵圍山，及十寶山，眾山之中，須彌山為第一。此法華經亦復如是，於諸經中，最為其上」

(3) 星月校光喻：
「又如眾星之中，月天子最為第一，此法華經亦復如是，於千萬億種諸經法中，最為照明」

(4) 日光破暗喻：
「又如日天子能除諸闇，此經亦復如是，能破一切不善之闇」

(5) 王位尊卑喻：
「又如諸小王中，轉輪聖王，最為第一，此經亦復如是，於諸經中，最為其尊」

(6) 天王優劣喻：
「又如帝釋於三十三天中王，此經亦復如是，諸經中王」

(7) 凡聖為父喻：「又如大梵天王一切眾生之父」

(8) 約聖顯說喻：
「此經亦復如是，一切賢聖學無學，及發菩薩心者之父，又如一切凡夫人中，須陀洹，斯陀含，阿那含，阿羅漢，辟支佛為第一，此經亦復如是，一切如來所說，若菩薩所說，若聲聞所說，諸經法中，最為第一」

(9) 法妙人尊喻：「有能受持是經典者，亦復如是，於一切眾生中，亦為第一」

(10) 乘分大小喻：
「一切聲聞辟支佛中，菩薩為第一，此經亦復如是，於一切諸經法中，最為第一」

(11) 唯佛獨尊喻：「如佛為諸法王，此經亦復如是，諸經中王」

2. 歎法用

(1) 歎拔苦用：「宿王華，此經能救一切眾生者，此經能令一切眾生離諸苦惱」

(2) 歎與樂用：
「此經能大饒益一切眾生，充滿其願，如清涼池，能滿一切諸渴乏者，如寒者得火，如裸者得衣，如商人得主，如子得母，如渡得船，如病得醫，如闇得燈，如貧得寶，如民得王，如賈客得海，如炬除闇」

(3) 總結二用：
「此法華經亦復如是，能令眾生離一切苦，一切病痛，能解一切生死之縛」

「法華經」表解 P101

流通分：參、藥王苦行

二、如來垂答

(一) 歎經功深

1. 舉聞全經福：

「若人得聞此法華經，若自書，若使人書，所得功德，以佛智慧籌量多少，不得其邊，若書是經卷，華香瓔珞，燒香末香塗香，幡蓋衣服，種種之燈，酥燈油燈，諸香油燈，薝蔔油燈，須曼那油燈，波羅羅油燈，婆利師迦油燈，那婆摩利油燈，供養所得功德，亦復無量」

(二) 明持經福德

2. 舉聞今品福：

(1) 格量

① 明聞品益：

「宿王華，若有人聞是藥王菩薩本事品者，亦得無量無邊功德，若有女人，聞是藥王菩薩本事品，能受持者，盡是女身，後不復受」

② 明勸修益：

「若如來滅後，後五百歲中，若有女人，聞是經典，如說修行，於此命終，即往安樂世界，阿彌陀佛大菩薩眾，圍繞住處，生蓮華中寶座之上，不復為貪欲所惱，亦復不為瞋恚愚癡所惱，亦復不為憍慢嫉妒諸垢所惱，得菩薩神通，無生法忍，得是忍已，眼根清淨，以是清淨眼根，見七百萬二千億那由他恆河沙等諸佛如來」

③ 諸佛遙讚：

「是時諸佛遙共讚言，善哉善哉，善男子，汝能於釋迦牟尼佛法中，受持讀誦，思惟是經，為他人說，所得福德，無量無邊，火不能燒水不能漂，汝之功德，千佛共說，不能令盡，汝今已能破諸魔賊，壞生死軍，諸餘怨敵皆悉摧滅，善男子，百千諸佛，以神通力，共守護汝，於一切世間天人之中，無如汝者，唯除如來，其諸聲聞辟支佛，乃至菩薩智慧禪定，無有與汝等者」

④ 結聞品益：

「宿王華，此菩薩成就如是功德智慧之力，若有人聞是藥王菩薩本事品，能隨喜讚善者，是人現世口中，常出青蓮華香，身毛孔中，常出牛頭栴檀之香，所得功德，如上所說」

(2) 囑累：

「是故宿王華，以此藥王菩薩本事品，囑累於汝，我滅度後，後五百歲中，廣宣流布於閻浮提，無令斷絕，惡魔魔民，諸天龍夜叉，鳩槃茶等，得其便也，宿王華，汝當以神通之力，守護是經，所以者何，此經則為閻浮提人，病之良藥，若人有病，得聞是經，病即消滅，不老不死，宿王華，汝若見有受持是經者，應以青蓮華，盛滿末香，供散其上，散已，作是念言，此人不久，必當取草坐於道場，破諸魔軍，當吹法螺，擊大法鼓，度脫一切眾生，老病死海，是故求佛道者，見有受持是經典人，應當如是生恭敬心」

三、聞品利益：

「說是藥王菩薩本事品時，八萬四千菩薩，得解一切眾生語言陀羅尼」

四、多寶稱歎：

「多寶如來，於寶塔中，讚宿王華菩薩言，善哉善哉，宿王華，汝成就不可思議功德，乃能問釋迦牟尼佛如此之事，利益無量一切眾生」

（卷第八終）

「法華經」表解 P102

法華經大成卷第九

參：流通分　第二十四品　妙音菩薩品

流通分：肆、妙音說法

一、放光東照：

「爾時釋迦牟尼佛，放大人相，肉髻光明，及放眉間白毫相光，遍照東方百八萬億那由他恆河沙等諸佛世界，過是數已，有世界名淨光莊嚴，其國有佛，號淨華宿王智如來，應供，正遍知，明行足，善逝，世間解，無上士調御丈夫，天人師，佛，世尊。為無量無邊菩薩大眾，恭敬圍繞，而為說法，釋迦牟尼佛，白毫光明，遍照其國」

二、奉命西來

(一)明發來之緣

㊀經家敘德：「爾時一切淨光莊嚴國中，有一菩薩，名曰妙音，久已植眾德本，供養親近無量百千萬億諸佛，而悉成就甚深智慧，得妙幢相三昧，法華三昧，淨德三昧，宿王戲三昧，無緣三昧，智印三昧，解一切眾生語言三昧，集一切功德三昧，清淨三昧，神通遊戲三昧，慧炬三昧，莊嚴王三昧，淨光明三昧，淨藏三昧，不共三昧，日旋三昧，得如是等，百千萬億恆河沙等，諸大三昧」

㊁光照其身：「釋迦牟尼佛光照其身」

㊂辭師願往：「即白淨華宿王智佛言，世尊，我當往詣娑婆世界，禮拜親近供養釋迦牟尼佛，及見文殊師利法王子菩薩，藥王菩薩，勇施菩薩，宿王華菩薩，上行意菩薩，莊嚴王菩薩，藥上菩薩」

㊃彼佛垂誡：「爾時淨華宿王智佛告妙音菩薩，汝莫輕彼國，生下劣想，善男子，彼娑婆世界，高下不平，土石諸山，穢惡充滿，佛身卑小，諸菩薩眾，其形亦小，而汝身四萬二千由旬，我身六百八十萬由旬，汝身第一端正，百千萬福，光明殊妙，是故汝往，莫輕彼國，若佛菩薩及國土，生下劣想。」

㊄妙音受旨：「妙音菩薩白其佛言，世尊，我今詣娑婆世界，皆是如來之力，如來神通遊戲，如來功德智慧莊嚴」

(二)先現來相

1.妙音先現華瑞：「於是妙音菩薩，不起於座，身不動搖而入三昧，以三昧力，於耆闍崛山，去法座不遠，化作八萬四千眾寶蓮華，閻浮檀金為莖，白銀為葉，金剛為鬚，甄叔迦寶以為其臺」

2.文殊發問何緣：「爾時文殊師利法王子，見是蓮華，而白佛言，世尊，是何因緣先現此瑞，有若干千萬蓮華，閻浮檀金為莖，白銀為葉，金剛為鬚，甄叔迦寶以為其臺」

3.如來答以欲來：「爾時釋迦牟尼佛告文殊師利，是妙音菩薩摩訶薩，欲從淨華宿王智佛國，與八萬四千菩薩圍繞，而來至此娑婆世界，供養親近，禮拜於我，亦欲供養聽法華經」

4.文殊請現其相：「文殊師利白佛言，世尊，是菩薩種何善本，修何功德，而能有是大神通力，行何三昧，願為我等說是三昧名字，我等亦欲勤修行之，行此三昧，乃能見是菩薩，色相大小，威儀進止，唯願世尊，以神通力，彼菩薩來，令我得見」

5.釋迦推動多寶：「爾時釋迦牟尼佛告文殊師利，此久滅度多寶如來，當為汝等而現其相」

6.多寶命彼來會：「時多寶佛告彼菩薩，善男子，來，文殊師利法王子，欲見汝身」

流通分：肆、妙音說法

二、奉命西來

㈠ 正共發來

- ㊀ 眷屬經歷：「於時妙音菩薩，於彼國沒，與八萬四千菩薩，俱共發來，所經諸國，六種震動，皆悉雨於七寶蓮華，百千天樂，不鼓自鳴」
- ㊁ 敘相登台：「是菩薩，目如廣大青蓮華葉，正使和合百千萬月，其面貌端正，復過於此，身真金色，無量百千功德莊嚴，威德熾盛，光明照曜，諸相具足，如那羅延堅固之身，入七寶臺，上升虛空，去地七多羅樹，諸菩薩眾，恭敬圍繞，而來詣此娑婆世界耆闍崛山」
- ㊂ 問訊傳旨：「到已，下七寶臺，以價值百千瓔珞，持至釋迦牟尼佛所，頭面禮足，奉上瓔珞，而白佛言，世尊，淨華宿王智佛，問訊世尊，少病少惱，起居輕利，安樂行不，四大調和不，世事可忍不，眾生易度不，無多貪欲，瞋恚愚癡，嫉妒慳慢不，無不孝父母，不敬沙門邪見不，善心不，攝五情不，世尊，眾生能降伏諸魔怨不，久滅度多寶如來，在七寶塔中，來聽法不，又問訊多寶如來，安隱少惱，堪忍久住不」
- ㊃ 請見多寶：「世尊，我今欲見多寶佛身，唯願世尊，示我令見」
- ㊄ 世尊為通：「爾時釋迦牟尼佛語多寶佛，是妙音菩薩欲得相見」
- ㊅ 塔中稱善：「時多寶佛告妙音言，善哉善哉，汝能為供養釋迦牟尼佛，及聽法華經，并見文殊師利等，故來至此」

三、十方弘經

㈠ 問答善根神力

- ㊀ 華德疑問：「爾時華德菩薩白佛言，世尊，是妙音菩薩種何善根，修何功德，有是神力」
- ㊁ 如來垂答
  - 1. 正答善根功德：「佛告華德菩薩，過去有佛，名雲雷音王，多陀阿伽度，阿羅訶，三藐三佛陀，國名現一切世間，劫名喜見，妙音菩薩，於萬二千歲，以十萬種伎樂，供養雲雷音王佛，并奉上八萬四千七寶缽，以是因緣果報，今生淨華宿王智佛國，有是神力，華德，於汝意云何，爾時雲雷音王佛所，妙音菩薩，伎樂供養奉上寶器者，豈異人乎，今此妙音菩薩摩訶薩是，華德，是妙音菩薩，已曾供養親近無量諸佛，久植德本，又值恆河沙等百千萬億那由他佛」
  - 2. 廣明神力應化
    - (1) 總舉：「華德，汝但見妙音菩薩其身在此，而是菩薩現種種身，處處為諸眾生說是經典」
    - (2) 別明
      - ① 應六凡
        - <1> 應天眾：「或現梵王身，或現帝釋身，或現自在天身，或現大自在天身，或現天大將軍身，或現毘沙門天王身」
        - <2> 應人眾：「或現轉輪聖王身，或現諸小王身，或現長者身，或現居士身，或現宰官身，或現婆羅門身，或現比丘比丘尼優婆塞優婆夷身，或現長者居士婦女身，或現宰官婦女身，或現婆羅門婦女身，或現童男童女身」
        - <3> 應八部：「或現天，龍，夜叉，乾闥婆，阿修羅，迦樓羅，緊那羅，摩睺羅伽，人非人等身，而說是經」
        - <4> 應惡趣：「諸有地獄餓鬼畜生，及眾難處，皆能救濟」
        - <5> 應宮禁：「乃至於王後宮，變為女身，而說是經」
        - <6> 結前廣顯：「華德，是妙音菩薩，能救護娑婆世界諸眾生者，是妙音菩薩如是種種變化現身，在此娑婆國土，為諸眾生說是經典，於神通變化智慧，無所損減，是菩薩，以若干智慧，明照娑婆世界，令一切眾生各得所知，於十方恆河沙世界中，亦復如是」
      - ② 應四聖：「若應以聲聞形得度者，現聲聞形而為說法，應以辟支佛形得度者，現辟支佛形而為說法，應以菩薩形得度者，現菩薩形而為說法，應以佛形得度者，即現佛形而為說法，如是種種，隨所應度者，而為現形，乃至應以滅度而得度者，示現滅度」
    - (3) 總結：「華德，妙音菩薩摩訶薩，成就大神通智慧之力，其事如是」

「法華經」表解 P104

流通分：肆、妙音説法

三、十方弘經

(二) 問答住何三昧

○ 初問：
「爾時華德菩薩白佛言，世尊，是妙音菩薩，深種善根，世尊，是菩薩住何三昧，而能如是在所變現，度脫眾生」

○ 次答：
「佛告華德菩薩，善男子，其三昧名現一切色身，妙音菩薩，住是三昧中，能如是饒益無量眾生」

四、兩土得益
「說是妙音菩薩品時，與妙音菩薩俱來者，八萬四千人，皆得現一切色身三昧，此娑婆世界無量菩薩，亦得是三昧及陀羅尼」

五、還歸本土：
「爾時妙音菩薩摩訶薩，供養釋迦牟尼佛，及多寶佛塔已，還歸本土，所經諸國，六種震動，雨寶蓮華，作百千萬億種種伎樂，既到本國，與八萬四千菩薩圍繞，至淨華宿王智佛所，白佛言，世尊，我到娑婆世界，饒益眾生，見釋迦牟尼佛，及見多寶佛塔，禮拜供養，又見文殊師利法王子菩薩，及見藥王菩薩，得勤精進力菩薩，勇施菩薩等，亦令是八萬四千菩薩，得現一切色身三昧」

六、聞品進道：
「說是妙音菩薩來往品時，四萬二千天子，得無生法忍，華德菩薩，得法華三昧。」

法華經大成卷第九

參：流通分　第二十五品　觀世音菩薩普門品

流通分：伍、普門圓應
- 一、問答顯德 A長形
  - (一) 初番問答觀音
    - ○無盡興問：「爾時無盡意菩薩，即從座起，遍袒右肩，合掌向佛，而作是言，世尊，觀世音菩薩，以何因緣，名觀世音」
    - ○如來垂答
      - 1. 總答
        - (1) 標舉人數：「佛告無盡意菩薩，善男子，若有無量百千萬億眾生」
        - (2) 總明遭苦：「受諸苦惱」
        - (3) 聞名稱號：「聞是觀世音菩薩，一心稱名」
        - (4) 即得解脫：「觀世音菩薩，即時觀其音聲，皆得解脫」
      - 2. 別答
        - (1) 初免七難
          - ① 正明七難
            - <1> 免火難：「若有持是觀世音菩薩名者，設入大火，火不能燒，由是菩薩威神力故」
            - <2> 免水難：「若為大水所漂，稱其名號，即得淺處」
            - <3> 免羅剎難：「若有百千萬億眾生，為求金銀琉璃，硨磲碼碯，珊瑚琥珀，真珠等寶，入於大海，假使黑風吹其船舫，漂墮羅剎鬼國，其中若有乃至一人，稱觀世音菩薩名者，是諸人等，皆得解脫羅剎之難，以是因緣，名觀世音」
            - <4> 免王難：「若復有人，臨當被害，稱觀世音菩薩名者，彼所執刀杖，尋段段壞，而得解脫」
            - <5> 免鬼難：「若三千大千國土，滿中夜叉羅剎，欲來惱人，聞其稱觀世音菩薩名者，是諸惡鬼，尚不能以惡眼視之，況復加害」
            - <6> 免枷鎖難：「設復有人，若有罪，若無罪，杻械枷鎖，檢繫其身，稱觀世音菩薩名者，皆悉斷壞，即得解脫」
            - <7> 免怨賊難：「若三千大千國土，滿中怨賊，有一商主將諸商人，齎持重寶，經過險路，其中一人作是唱言，諸善男子，勿得恐怖，汝等應當一心稱觀世音菩薩名號，是菩薩能以無畏施於眾生，汝等若稱名者，於此怨賊，當得解脫，眾商人聞，俱發聲言，南無觀世音菩薩，稱其名故，即得解脫」
          - ② 結其威神：「無盡意，觀世音菩薩摩訶薩威神之力，巍巍如是」
        - (2) 離三毒：「若有眾生，多於婬欲，常念恭敬觀世音菩薩，便得離欲，若多瞋恚，常念恭敬觀世音菩薩，便得離瞋，若多愚癡，常念恭敬觀世音菩薩，便得離癡，無盡意，觀世音菩薩，有如是等大威神力，多所饒益，是故眾生，常應心念」
        - (3) 應二求：「若有女人，設欲求男，禮拜供養觀世音菩薩，便生福德智慧之男，設欲求女，便生端正有相之女，宿植德本，眾人愛敬，無盡意，觀世音菩薩，有如是力」
      - 3. 勸持名答
        - (1) 勸持：「若有眾生，恭敬禮拜觀世音菩薩，福不唐捐，是故眾生，皆應受持觀世音菩薩名號」
        - (2) 格量：「無盡意，若有人受持六十二億恆河沙菩薩名字，復盡形供養飲食衣服，臥具醫藥，於汝意云何，是善男子善女人，功德多不，無盡意言，甚多，世尊，佛言，若復有人，受持觀世音菩薩名號，乃至一時禮拜供養，是二人福，正等無異，於百千萬億劫，不可窮盡」
        - (3) 結歎：「無盡意，受持觀世音菩薩名號，得如是無量無邊福德之利」

流通分：伍、普門圓應

一、問答顯德 A長形

(一) 二番問答普門法

○無盡興問：
「無盡意菩薩白佛言，世尊，觀世音菩薩，云何遊此娑婆世界，云何而為眾生說法，方便之力，其事云何」

(二) 如來垂答

1. 正答普門法

(1) 普門圓應

①聖人身：「佛告無盡意菩薩，善男子，若有國土眾生，應以佛身得度者，觀世音菩薩，即現佛身而為說法」「應以辟支佛身得度者，即現辟支佛身而為說法」「應以聲聞身得度者，即現聲聞身而為說法」

②天王身：「應以梵王身得度者，即現梵王身而為說法，應以帝釋身得度者，即現帝釋身而為說法，應以自在天身得度者，即現自在天身而為說法，應以大自在天身得度者，即現大自在天身而為說法，應以天大將軍身得度者，即現天大將軍身而為說法，應以毘沙門身得度者，現毘沙門身而為說法」

③王民身：「應以小王身得度者，即現小王身而為說法，應以長者身得度者，即現長者身而為說法，應以居士身得度者，即現居士身而為說法，應以宰官身得度者，即現宰官身而為說法，應以婆羅門身得度者，即現婆羅門身而為說法」

④四眾身：「應以比丘比丘尼，優婆塞優婆夷身得度者，即現比丘比丘尼，優婆塞優婆夷身而為說法」

⑤婦女身：「應以長者居士宰官婆羅門婦女身得度者，即現婦女身而為說法」

⑥童男童女身：「應以童男童女身得度者，即現童男童女身而為說法」

⑦八部身：「應以天龍，夜叉，乾闥婆，阿修羅，迦樓羅，緊那羅，摩睺羅伽，人非人等身得度者，即皆現之而為說法」

⑧金剛身：「應以執金剛神得度者，即現執金剛神而為說法」

(2) 結略指廣：
「無盡意，是觀世音菩薩，成就如是功德，以種種形，遊諸國土，度脫眾生」

2. 勸興供養

(1) 勸供：
「是故汝等，應當一心供養觀世音菩薩，是觀世音菩薩摩訶薩，於怖畏急難之中，能施無畏，是故此娑婆世界，皆號之為施無畏者」

(2) 受旨

①奉命興供：「無盡意菩薩白佛言，世尊，我今當供養觀世音菩薩，即解頸眾寶珠瓔珞，價值百千兩金，而以與之，作是言，仁者，受此法施珍寶瓔珞」

②觀音不受：「時觀世音菩薩，不肯受之」

③無盡重舉：「無盡意復白觀世音菩薩言，仁者，愍我等故，受此瓔珞」

④佛勸當愍：「爾時佛告觀世音菩薩，當愍此無盡意菩薩，及四眾，天，龍，夜叉，乾闥婆，阿修羅，迦樓羅，緊那羅，摩睺羅伽，人非人等故，受是瓔珞」

⑤受已奉佛：「即時觀世音菩薩愍諸四眾，及於天龍人非人等，受其瓔珞，分作二分，一分奉釋迦牟尼佛，一分奉多寶佛塔」「無盡意，觀世音菩薩，有如是自在神力，遊於娑婆世界」

```
流通分：伍、普門圓應
├─ 一、問答顯德 B偈頌
│   ├─ (一)雙頌二問：「爾時無盡意菩薩，以偈問曰：」
│   │              「世尊妙相具　我今重問彼　佛子何因緣　名為觀世音」
│   └─ (二)雙頌二答
│       ├─ ㈠總歎行願：「具足妙相尊　偈答無盡意　汝聽觀音行　善應諸方所
│       │              　弘誓深如海　歷劫不思議　侍多千億佛　發大清淨願」
│       ├─ ㈡別頌二答
│       │   ├─ 1.頌初答
│       │   │   ├─ (1)頌總答：「我為汝略說　聞名及見身　心念不空過　能滅諸有苦」
│       │   │   └─ (2)別答
│       │   │       ├─ ①頌十二難
│       │   │       │   ├─ <1> 頌免火難：
│       │   │       │   │      「假使興害意　推落大火坑　念彼觀音力　火坑變成池」
│       │   │       │   ├─ <2> 頌免水難：
│       │   │       │   │      「或漂流巨海　龍魚諸鬼難　念彼觀音力　波浪不能沒」
│       │   │       │   ├─ <3> 頌墮須彌難：
│       │   │       │   │      「或在須彌峰　為人所推墮　念彼觀音力　如日虛空住」
│       │   │       │   ├─ <4> 頌墮金剛山難：
│       │   │       │   │      「或被惡人逐　墮落金剛山　念彼觀音力　不能損一毛」
│       │   │       │   ├─ <5> 頌免怨賊難：
│       │   │       │   │      「或值怨賊繞　各執刀加害　念彼觀音力　咸即起慈心」
│       │   │       │   ├─ <6> 頌免刀杖難：
│       │   │       │   │      「或遭王難苦　臨刑欲壽終　念彼觀音力　刀尋段段壞」
│       │   │       │   ├─ <7> 頌免枷鎖難：
│       │   │       │   │      「或囚禁枷鎖　手足被杻械　念彼觀音力　釋然得解脫」
│       │   │       │   ├─ <8> 頌咒詛毒藥難：
│       │   │       │   │      「咒詛諸毒藥　所欲害身者　念彼觀音力　還著於本人」
│       │   │       │   ├─ <9> 頌免羅剎難：
│       │   │       │   │      「或遇惡羅剎　毒龍諸鬼等　念彼觀音力　時悉不敢害」
│       │   │       │   ├─ <10> 頌惡獸難：
│       │   │       │   │      「若惡獸圍繞　利牙爪可怖　念彼觀音力　疾走無邊方」
│       │   │       │   ├─ <11> 頌蛇蠍難：
│       │   │       │   │      「蚖蛇及蝮蠍　氣毒煙火然　念彼觀音力　尋聲自迴去」
│       │   │       │   └─ <12> 頌雲雨難：
│       │   │       │          「雲雷鼓掣電　降雹澍大雨　念彼觀音力　應時得消散」
│       │   │       └─ ②頌三毒二求：「眾生被困厄　無量苦逼身　觀音妙智力　能救世間苦」
│       │   └─ 2.頌次答普門示現
│       │       ├─ (1)明身業普應：「具足神通力　廣修智方便　十方諸國土　無剎不現身
│       │       │                 　種種諸惡趣　地獄鬼畜生　生老病死苦　以漸悉令滅」
│       │       ├─ (2)意業普觀：「真觀清淨觀　廣大智慧觀　悲觀及慈觀　常願常瞻仰
│       │       │               　無垢清淨光　慧日破諸暗　能伏災風火　普明照世間」
│       │       ├─ (3)口業說法：「悲體戒雷震　慈意妙大雲　澍甘露法雨　滅除煩惱燄」
│       │       └─ (4)頌官陣：「諍訟經官處　怖畏軍陣中　念彼觀音力　眾怨悉退散」
│       └─ ㈢雙頌二勸
│           ├─ ㈠頌勸持名：「妙音觀世音　梵音海潮音　勝彼世間音　是故須常念　念念勿生疑」
│           └─ ㈡頌勸供養：「觀世音淨聖　於苦惱死厄　能為作依怙　具一切功德　慈眼視眾生
│                          　福聚海無量　是故應頂禮」
└─ 二、聞名得益
    ├─ (一)持地稱歎：「爾時持地菩薩，即從座起，前白佛言，世尊，若有眾生聞是觀世音菩薩品，
    │                　自在之業，普門示現神通力者，當知是人功德不少」
    └─ (二)聞品獲益：「佛說是普門品時，眾中八萬四千眾生，皆發無等等阿耨多羅三藐三菩提心」
```

法華經大成卷第九

參：流通分　第二十六品：陀羅尼品

流通分：陸、神咒護持

一、問答持經功德：
「爾時藥王菩薩，即從座起，遍袒右肩，合掌向佛，而白佛言，世尊，若善男子善女人，有能受持法華經者，若讀誦通利，若書寫經卷，得幾所福，佛告藥王，若有善男子善女人，供養八百萬億那由他恆河沙等諸佛，於汝意云何，其所得福，寧為多不，甚多，世尊，佛言，若善男子善女人，能於是經，乃至受持一四句偈，讀誦解義，如說修行，功德甚多」

二、請以神咒護持

(一) 藥王咒護

　(一)請護：「爾時藥王菩薩白佛言，世尊，我今當與說法者陀羅尼咒，以守護之」

　(二)說咒：
「即說咒曰，安爾，曼爾，摩禰，摩摩禰，旨隸，遮梨第，賒咩，賒履多瑋，羶帝，目帝，目多履，娑履，阿瑋娑履，桑履，娑履，叉裔，阿叉裔，阿耆膩，羶帝，賒履，陀羅尼，阿盧伽婆娑簸蔗毘叉膩，禰毘剃，阿便哆邏禰履剃，阿亶哆波隸輸地，歐究隸，牟究隸，阿羅隸，波羅隸，首迦差，阿三磨三履，佛陀毘吉利帙帝，達磨波利差帝，僧伽涅瞿沙禰，婆舍婆舍輸地，曼哆邏，曼哆邏叉夜多，郵樓哆，郵樓哆憍舍略，惡叉邏，惡叉冶多冶，阿婆盧，阿摩若那多夜」(四十三句)

　(三)稱歎：
「世尊，是陀羅尼神咒，六十二億恆河沙等諸佛所說，若有侵毀此法師者，則為侵毀是諸佛已」

　(四)印善：
「時釋迦牟尼佛，讚藥王菩薩言，善哉善哉，藥王，汝愍念擁護此法師故，說是陀羅尼，於諸眾生，多所饒益」

(二) 勇施咒護

　(一)請護：
「爾時勇施菩薩白佛言，世尊，我亦為擁護讀誦，受持法華經者，說陀羅尼，若此法師，得是陀羅尼，若夜叉，若羅剎，若富單那，若吉蔗，若鳩槃荼，若餓鬼等，伺求其短，無能得便」

　(二)說咒：
「即於佛前，而說咒曰：」
「痤隸，摩訶痤隸，郁枳，目枳，阿隸，阿羅婆第，涅隸第，涅隸多婆第，伊緻柅，韋緻柅，旨緻柅，涅隸墀柅，涅犁墀婆底」(十三句)

　(三)結歎：
「世尊，是陀羅尼神咒，恆河沙等諸佛所說，亦皆隨喜，若有侵毀此法師者，則為侵毀是諸佛已」

(三) 毘沙咒護

　(一)請護：
「爾時毘沙門天王護世者白佛言，世尊，我亦為愍念眾生，擁護此法師故，說是陀羅尼」

　(二)說咒：
「即說咒曰：」
「阿梨，那梨，㝹那梨，阿那盧，那履，拘那履」(六句)

　(三)結歎：
「世尊，以是神咒，擁護法師，我亦自當擁護持是經者，令百由旬內，無諸衰患」

流通分：陸、神咒護持

二、請以神咒護持

(四) 持國咒護

○請護：
「爾時持國天王，在此會中，與千萬億那由他乾闥婆眾，恭敬圍繞，前詣佛所，合掌白佛言，世尊，我亦以陀羅尼神咒，擁護持法華經者」

○說咒：
「即說咒曰：」
「阿伽禰，伽禰，瞿利，乾陀利，栴陀利，摩蹬耆，常求利，浮樓沙柅，頞底」（九句）

○結歎：
「世尊，是陀羅尼神咒，四十二億諸佛所說，若有侵毀此法師者，則為侵毀是諸佛已」

(五) 羅剎咒護

○列名：
「爾時有羅剎女等，一名藍婆，二名毘藍婆，三名曲齒，四名華齒，五名黑齒，六名多髮，七名無厭足，八名持瓔珞，九名皋帝，十名奪一切眾生精氣，是十羅剎女，與鬼子母，并其子及眷屬，俱詣佛所」

○請說：
「同聲白佛言，世尊，我等亦欲擁護讀誦受持法華經者，除其衰患，若有伺求法師短者，令不得便，即於佛前，而說咒曰：」
「伊提履，伊提泯，伊提履，阿提履，伊提履，泥履，泥履，泥履，泥履，泥履，樓醯，樓醯，樓醯，樓醯，多醯，多醯，多醯，兜醯，㝹醯」（十九句）

○稱歎：
「寧上我頭上，莫惱於法師，若夜叉，若羅剎，若餓鬼，若富單那，若吉蔗，若毘陀羅，若犍馱，若烏摩勒伽，若阿跋摩羅，若夜叉吉蔗，若人吉蔗，若熱病，若一日，若二日，若三日，若四日，若至七日，若常熱病，若男形，若女形，若童男形，若童女形，乃至夢中，亦復莫惱，即於佛前，而說偈言：」

「若不順我咒　惱亂說法者　頭破作七分　如阿梨樹枝　如殺父母罪
亦如壓油殃　斗秤欺誑人　調達破僧罪　犯此法師者　當獲如是殃」

(四) 誓願：
「諸羅剎女，說此偈已，白佛言，世尊，我等亦當身自擁護，受持讀誦修行是經者，令得安隱，離諸衰患，消眾毒藥」

(五) 印善：
「佛告諸羅剎女，善哉善哉，汝等但能擁護受持法華名者，福不可量，何況擁護具足受持，供養經卷，華香瓔珞，末香塗香燒香，旛蓋伎樂，然種種燈，酥燈油燈，諸香油燈，酥摩那華油燈，薝蔔華油燈，婆師迦華油燈，優鉢羅華油燈，如是等百千種供養者，皋帝，汝等及眷屬，應當擁護如是法師」

二、會眾聞名得益：

「說是陀羅尼品時，六萬八千人得無生法忍」

法華經大成卷第九

參：流通分　第二十七品　妙莊嚴王本事品

流通分：柒、妙嚴轉邪

一、略明事本：
「爾時佛告諸大眾，乃往古世，過無量無邊不可思議阿僧祇劫，有佛名雲雷音宿王華智，多陀阿伽度，阿羅訶，三藐三佛陀，國名光明莊嚴，劫名喜見」

二、標能所化：
「彼佛法中，有王名妙莊嚴，其王夫人，名曰淨德，有二子，一名淨藏，二名淨眼，是二子有大神力福德智慧，久修菩薩所行之道，所謂檀波羅蜜，尸羅波羅蜜，羼提波羅蜜，毘離耶波羅蜜，禪波羅蜜，般若波羅蜜，方便波羅蜜，慈悲喜捨，乃至三十七品助道法，皆悉明了通達，又得菩薩淨三昧，日星宿三昧，淨光三昧，淨色三昧，淨照明三昧，長莊嚴三昧，大威德藏三昧，於此三昧，亦悉通達」

三、能化方便

(一)彼佛說法：「爾時彼佛，欲引導妙莊嚴王，及愍念眾生故，說是法華經」

(二)二子願往：
「時淨藏淨眼二子，到其母所，合十指爪掌白言，願母往詣雲雷音宿王華智佛所，我等亦當侍從親近，供養禮拜，所以者何，此佛於一切天人眾中，說法華經，宜應聽受」

(三)母子論議：
「母告子言，汝父信受外道，深著婆羅門法，汝等應往白父，與共俱去，淨藏淨眼，合十指爪掌白母，我等是法王子，而生此邪見家，母告子言，汝等當憂念汝父，為現神變，若得見者，心必清淨，或聽我等往至佛所」

(四)二子現通：
「於是二子念其父故，涌在虛空，高七多羅樹，現種種神變，於虛空中，行住坐臥，身上出水，身下出火，身下出水，身上出火，或現大身，滿虛空中，而復現小，小復現大，於空中滅，忽然在地，入地如水，履水如地，現如是等種種神變，令其父王心淨信解」

(五)信子伏師：
「時父見子神力如是，心大歡喜，得未曾有，合掌向子言，汝等師為是誰，誰之弟子，二子白言，大王，彼雲雷音宿王華智佛，今在七寶菩提樹下，法座上坐，於一切世間天人眾中，廣說法華經，是我等師，我是弟子，父語子言，我今亦欲見汝等師，可共俱往」

(六)子喜報母：
「於是二子從空中下，到其母所，合掌白母，父王今已信解，堪任發阿耨多羅三藐三菩提心」

(七)願求出家：
「我等為父已作佛事，願母見聽，於彼佛所，出家修道，爾時二子，欲重宣其意，以偈白母」「願母放我等　出家作沙門　諸佛甚難值　我等隨佛學　如優曇缽華　值佛復難是　脫諸難亦難　願聽我出家」「母即告言，聽汝出家，所以者何，佛難值故」

(八)勸親覲佛：
「於是二子白父母言，善哉父母，願時往詣雲雷音宿王華智佛所，親近供養，所以者何，佛難得值，如優曇缽羅華，又如一眼之龜，值浮木孔，而我等宿福深厚，生值佛法，是故父母，當聽我等，令得出家，所以者何，諸佛難值，時亦難遇」

流通分：柒、妙嚴轉邪

四、所化得益

(一) 敘宮眷德：「彼時妙莊嚴王後宮八萬四千人，皆悉堪任受持是法華經，淨眼菩薩，於法華三昧久已通達，淨藏菩薩，已於無量百千萬億劫，通達離諸惡趣三昧，欲令一切眾生，離諸惡趣故，其王夫人，得諸佛集三昧，能知諸佛祕密之藏，二子如是，以方便力善化其父，令心信解好樂佛法」

(二) 合宮從化：「於是妙莊嚴王，與群臣眷屬俱，淨德夫人，與後宮采女眷屬俱，其王二子，與四萬二千人俱，一時共詣佛所，到已，頭面禮足，繞佛三匝，卻住一面」

(三) 佛為說法：「爾時彼佛為王說法，示教利喜，王大歡悅」

(四) 捨愛回心：「爾時妙莊嚴王，及其夫人，解頸真珠瓔珞，價值百千，以散佛上」

(五) 佛力示現：「於虛空中，化成四柱寶臺，臺中有大寶床，敷百千萬天衣，其上有佛，結跏趺坐，放大光明」

(六) 邪心頓絕：「爾時妙莊嚴王作是念，佛身希有，端嚴殊特，成就第一微妙之色」

(七) 佛與授記：「時雲雷音宿王華智佛告四眾言，汝等見是妙莊嚴王，於我前合掌立不，此王於我法中作比丘，精勤修習，助佛道法，當得作佛，號娑羅樹王，國名大光，劫名大高王，其娑羅樹王佛，有無量菩薩眾及無量聲聞，其國平正，功德如是」

(八) 出家修行：「其王即時以國付弟，與夫人二子，并諸眷屬，於佛法中，出家修道，王出家已，於八萬四千歲，常勤精進，修行妙法華經，過是已後，得一切淨功德莊嚴三昧」

(九) 感歎二子：「即升虛空，高七多羅樹，而白佛言，世尊，此我二子已作佛事，以神通變化，轉我邪心，令得安住於佛法中，得見世尊，此二子者，是我善知識，為欲發起宿世善根，饒益我故，來生我家」

(十) 佛述行高：「爾時雲雷音宿王華智佛告妙莊嚴王言，如是如是，如汝所言，若善男子善女人，種善根故，世世得善知識，其善知識，能作佛事，示教利喜，令入阿耨多羅三藐三菩提，大王當知，善知識者，是大因緣，所謂化導令得見佛，發阿耨多羅三藐三菩提心，大王，汝見此二子不，此二子，已曾供養六十五百千萬億，那由他恆河沙諸佛，親近恭敬，於諸佛所，受持法華經，愍念邪見眾生，令住正見」

(十一) 妙嚴讚謝：「妙莊嚴王，即從虛空中下，而白佛言，世尊，如來甚希有，以功德智慧故，頂上肉髻，光明顯照，其眼長廣，而紺青色，眉間毫相，白如珂月，齒白齊密，常有光明，脣色赤好，如頻婆果，爾時妙莊嚴王，讚歎佛如是等無量百千萬億功德已，於如來前，一心合掌，復白佛言，世尊，未曾有也，如來之法，具足成就不可思議微妙功德，教戒所行，安隱快善，我從今日，不復自隨心行，不生邪見憍慢瞋恚諸惡之心，說是語已，禮佛而出」

五、結會古今

(一) 結會：「佛告大眾，於意云何，妙莊嚴王，豈異人乎，今華德菩薩是，其淨德夫人，今佛前光照莊嚴相菩薩是，哀愍妙莊嚴王，及諸眷屬故，於彼中生，其二子者，今藥王菩薩，藥上菩薩是」

(二) 結歎：「是藥王藥上菩薩，成就如此諸大功德，已於無量百千萬億諸佛所，植眾德本，成就不可思議，諸善功德，若有人，識是二菩薩名字者，一切世間諸天人民，亦應禮拜」

六、聞品進道：

「佛說是妙莊嚴王本事品時，八萬四千人，遠塵離垢，於諸法中，得法眼淨」

法華經大成卷第九

參：流通分　第二十八品　普賢菩薩勸發品

流通分：
捌、普賢勸發
- 一、經家敘儀：
  「爾時普賢菩薩，以自在神通力，威德名聞，與大菩薩無量無邊不可稱數，從東方來，所經諸國，普皆震動，雨寶蓮華，作無量百千萬億種種伎樂，又與無數諸天，龍，夜叉，乾闥婆，阿修羅，迦樓羅，緊那羅，摩睺羅伽，人非人等，大眾圍繞，各現威德神通之力，到娑婆世界耆闍崛山中，頭面禮釋迦牟尼佛，右繞七匝」
- 二、普賢勸發
  - (一) 請問勸發
    - ○先問：「白佛言，世尊，我於寶威德上王佛國遙聞此娑婆世界，說法華經，與無量無邊百千萬億諸菩薩眾，共來聽受，唯願世尊，當為說之，若善男子善女人，於如來滅後，云何能得是法華經」
    - ○次答：「佛告普賢菩薩，若善男子善女人，成就四法，於如來滅後，當得是法華經，一者為諸佛護念，二者植眾德本，三者入正定聚，四者發救一切眾生之心，善男子善女人，如是成就四法，於如來滅後，必得是經」
  - (二) 誓發勸發
    - (一) 護人
      - 1. 攘其外難：
        「爾時普賢菩薩白佛言，世尊，於後五百歲濁惡世中，其有受持是經典者，我當守護，除其衰患，令得安隱，使無伺求，得其便者，若魔，若魔子，若魔女，若魔民，若為魔所著者，若夜叉，若羅剎，若鳩槃荼，若毘舍闍，若吉蔗，若富單那，若韋陀羅等，諸惱人者，皆不得便」
      - 2. 教其內法
        - (1) 行立讀誦：
          「是人若行若立，讀誦此經，我爾時乘六牙白象王，與大菩薩眾，俱詣其所，而自現身，供養守護，安慰其心，亦為供養法華經故」
        - (2) 常坐思惟：
          「是人若坐，思惟此經，爾時我復乘白象王，現其人前，其人若於法華經，有所忘失一句一偈，我當教之，與共讀誦，還令通利，爾時受持讀誦法華經者，得見我身，甚大歡喜，轉復精進，以見我故，即得三昧，及陀羅尼，名為旋陀羅尼，百千萬億旋陀羅尼，法音方便陀羅尼，得如是等陀羅尼」
        - (3) 三七精進：
          「世尊，若後世後五百歲，濁惡世中，比丘比丘尼，優婆塞優婆夷，求索者，受持者，讀誦者，書寫者，欲修習是法華經，於三七日中，應一心精進，滿三七日已，我當乘六牙白象，與無量菩薩而自圍繞，以一切眾生所喜見身，現其人前，而為說法，示教利喜，亦復與其陀羅尼咒，得是陀羅尼故，無有非人能破壞者，亦不為女人之所惑亂，我身亦自常護是人，唯願世尊，聽我說此陀羅尼咒，即於佛前，而說咒曰，阿檀地，檀陀婆地，檀陀婆帝，檀陀鳩舍隸，檀陀修陀隸，修陀隸，修陀羅婆底，佛馱波羶禰，薩婆陀羅尼阿婆多尼，薩婆婆娑阿婆多尼，修阿婆多尼，僧伽婆履叉尼，僧伽涅伽陀尼，阿僧祇，僧伽婆伽地，帝隸阿惰僧伽兜略阿羅帝波羅帝，薩婆僧伽地三摩地伽蘭地，薩婆達磨修波利剎帝，薩婆薩埵樓馱憍舍略阿㝹伽地，辛阿毘吉利地帝」

「法華經」表解 P113

```
流通分：捌、普賢勸發
├─ 二、普賢勸發
│   ├─ (二)誓發勸發
│   │   ├─ (一)護人
│   │   │   ├─ 3.覆以神力：「世尊，若有菩薩，得聞是陀羅尼者，當知普賢神通之力，若法華經行閻浮提，有受持者，應作此念，皆是普賢威神之力」
│   │   │   ├─ 4.示以勝因：「若有受持讀誦，正憶念，解其義趣，如說修行，當知是人，行普賢行，於無量無邊諸佛所，深種善根，為諸如來手摩其頭」
│   │   │   ├─ 5.示以近果：「若但書寫，是人命終，當生忉利天上，是時八萬四千天女，作眾伎樂，而來迎之，其人即著七寶冠，於采女中，娛樂快樂，何況受持讀誦，正憶念，解其義趣，如說修行，若有人受持讀誦，解其義趣，是人命終，為千佛授手，令不恐怖，不墮惡趣，即往兜率天上彌勒菩薩所，彌勒菩薩，有三十二相大菩薩眾所共圍繞，有百千萬億天女眷屬而於中生，有如是等功德利益」
│   │   │   └─ 6.總結：「是故智者，應當一心自書，若使人書，受持讀誦，正憶念，如說修行」
│   │   └─ (二)護法：「世尊，我今以神通力故，守護是經，於如來滅後，閻浮提內，廣令流布，使不斷絕」
│   └─ 三、如來述發
│       ├─ (一)先述護法：「爾時釋迦牟尼佛讚言，善哉善哉，普賢，汝能護助是經，令多所眾生，安樂利益，汝已成就不可思議功德，深大慈悲，從久遠來，發阿耨多羅三藐三菩提意，而能作是神通之願，守護是經，我當以神通力，守護能受持普賢菩薩名者」
│       └─ (二)述其護人
│           ├─ (一)述示其身教：「普賢，若有受持讀誦，正憶念，修習書寫是法華經者，當知是人，則見釋迦牟尼佛，如從佛口聞此經典，當知是人，供養釋迦牟尼佛，當知是人，佛讚善哉，當知是人，為釋迦牟尼佛手摩其頭，當知是人，為釋迦牟尼佛衣之所覆」
│           ├─ (二)述示以勝因：「如是之人，不復貪著世樂，不好外道經書手筆，亦復不喜親近其人，及諸惡者，若屠兒，若畜豬羊雞狗，若獵師，若衒賣女色，是人心意質直，有正憶念，有福德力，是人不為三毒所惱，亦不為嫉妒，我慢，邪慢，增上慢所惱，是人少欲知足，能修普賢之行」
│           ├─ (三)述示以近果：「普賢，若如來滅後，後五百歲，若有人，見受持讀誦法華經者，應作是念，此人不久當詣道場，破諸魔眾，得阿耨多羅三藐三菩提，轉法輪，擊法鼓，吹法螺，雨法雨，當坐天人大眾中，師子法座上，普賢，若於後世，受持讀誦是經典者，是人不復貪著衣服，臥具飲食，資生之物，所願不虛，亦於現世得其福報」
│           ├─ (四)述擴其外難：「若有人輕毀之言，汝狂人耳，空作是行，終無所獲，如是罪報，當世世無眼，若有供養讚歎之者，當於今世得現果報，若復見受持是經者，出其過惡，若實若不實，此人現世得白癩病，若輕笑之者，當世世牙齒疏缺，醜脣平鼻，手腳繚戾，眼目角睞，身體臭穢，惡瘡膿血，水腹短氣，諸惡重病」
│           └─ (五)述信者功德：「是故普賢，若見受持是經典者，當起遠迎，當如敬佛」
└─ 四、聞品成行
    ├─ (一)聞品利益：「說是普賢勸發品時，恆河沙等無量無邊菩薩，得百千萬億旋陀羅尼，三千大千世界微塵等諸菩薩，具普賢道」
    └─ (二)事畢云散：「佛說是經時，普賢等諸菩薩，舍利弗等諸聲聞，及諸天龍，人非人等，一切大會，皆大歡喜，受持佛語，作禮而去。」

（妙法蓮華經卷第九終）
```

「法華經」表解 P114

自歸依法・當願眾生・深入經藏・智慧如海

「法要大藏經」表解叢書
Brief Buddhist Tripitaka ™ Series

編印計劃總目錄
Brief Contents (國際書號 ISBN#

By Victor Chiang 強梵暢主編

第一類：佛經類 SUTRAS

第一時期：華嚴時 (21日)
FIRST PERIOD: AVATAMSAKA
Vol.1/ 第1輯 華嚴部 AVATAMSAKA

第二時期：阿含時 (12年)
SECOND PERIOD: AGAMAS
Vol.2/ 第2輯 阿含部 AGAMAS
Vol.3/ 第3輯 本緣部 JATAKA

第三時期：方等時 (8年)
THIRD PERIOD: VAIPULYA
Vol.4/ 第4輯 寶積部 RATNA-KUTA
Vol.5/ 第5輯 大集部 MAHASAMGHATA
Vol.6/ 第6輯 經集部 SUTRA THREADS
Vol.7/ 第7輯 密教部 ESOTERIC

第四時期：般若時 (22年)
FOURTH PERIOD: PRAJNA
Vol.8/ 第8輯 般若部 PRAJNA

第五時期：法華／涅槃時 (7年)
FIFTH PERIOD: LOTUS
Vol.9/ 第9輯 法華部 LOTUS
Vol.10/ 第10輯 涅槃部 NIRVANA

第二類：佛律類 VINAYA
Vol.11/ 第11輯 律部 VINAYA

第三類：佛論類 SASTRAS
Vol.12/ 第12輯 毗曇部 ABHIDHARMA
Vol.13/ 第13輯 中觀部 MADHYAMIKA
Vol.14/ 第14輯 瑜伽部 YOGACARA
Vol.15/ 第15輯 論集部 SASTRAS
Vol.16/ 第16輯 經疏部 SUTRA'S COMMENTARY
Vol.17/ 第17輯 律疏部 VINAYA'S COMMENTARY
Vol.18/ 第18輯 論疏部 SASTRA'S COMMENTARY
Vol.19/ 第19輯 諸宗部 DIVERSE SECT
Vol.20/ 第20輯 史傳部 HISTORY
Vol.21/ 第21輯 事彙部 PHENOMENA
Vol.22/ 第22輯 目錄部 BIBLIOGRAPH

第四類：雜集部 MICS
Vol.23/ 第23輯 雜集部 MIXED

附錄一：法華心偈

· 梵暢居士撰 ·

一、序品
示諸法本無量義，萬法源自一實相；
真妄光影遍虛空，驚醒眾生演妙法。
拈花早示微妙法，花在叢裡笑語風；
年年風颱花飄過，誰識花開花落意？

二、方便品
權巧方便應眾緣，盲瞎不識絕相門；
開眼導實疑不了，究竟實相莫負佛。
開示悟入妙知見，知見不離幻大千；
迷悟覺痴本無影，如是諸法寂滅相。

三、譬喻品
首座受記猶疑魔，同入法性不承擔；
猶如伶子落戲園，自娛無知五欲轉。
三界火宅三輪車，老太陪孫逛六道；
幾過家門不相識，枉費車夫累斷腿。

四、信解品
王孫不曉法王情，流浪露宿甘窮苦；
世上多少逃家兒，不識父母心焦苦。
老娘日夜盼兒歸，蓬頭垢面驚呆娘；
萬貫家財換兒心，瞑目無淚傳家寶。

五、藥草喻品
法雨遍灑大千界，甘露常潤眾心田；
一相味音普皆施，諸藥草木皆敷實。
心雨濛濃相思時，露濕樓台庭院中；
時空不隔有緣人，巫山雲雨不爲春。

六、授記品
來去不知來去路，菩提道上盡迷途；
法王家中徒孫癡，終識法王家中物。
烽火亂世各西東，顛沛流離自生滅；
四子受記亦如是，不死老兵淚迎勳。

七、化城喻品
大通智勝十六子，古今當念宿世緣；
諸佛音容均宛在，妙法宏通千萬劫。
菩提道上眾瘦極，世尊入漠現化城；
踏破鐵鞋望穿心，一縷清沙欺破眼。

八、五百弟子授記品
無知千百醉夢漢，繫珠枉過自家門；
五欲自恣孤貧道，不知原是王孫後。
嬌女妝扮頻問娘，白馬王子富家郎；
豪院佳餚衣金鏤，誰家公婆比娘疼。

九、授學無學人記品
阿難親子急盼記，護法修證有苦勞；
如來家業我有分，甘露遍灑燈長明。
稚子見親辦嫁妝，驚恐家寶隨施去；
金銀島上何增減，滿望足願歸王府。

十、法師品
諸佛秘要藏法華，深固幽遠真實門；
聞思修入菩薩道，肩荷如來使諸土。
心心相傳秘法意，子子孫孫落言詮；
宏法代有才人出，多少願力多少事。

十一、見寶塔品
地湧空現七寶塔，多寶如來護法華；
三變淨國遍莊嚴，分身法座宣妙法。
自性示現妙萬法，緣起性空無法難；
一多遍現亂花眼，眼中金星心中演。

十二、提婆達多品
善惡昔緣宏妙法，世尊因中成正覺；
敬信身教如佛前，蓮華化生無上道。
又聞龍女速成佛，難信頓悟深秘藏；
獻寶示跡演妙法，始信菩薩本自覺。

十三、勸持品
上萬菩薩誓宏法，娑婆異國不惜命；
姨母髮妻亦蒙記，心安具足依法行。
人人牙牙學走時，跌破雙膝搖擺行；
奔逐嬉戲忘前嫌，一往情深到尊前。

十四、安樂行品
安住四法宣妙華，觀法無我如虛空；
忍辱無嫌不慢眾，大悲平等順法緣。
幼兒無知日夜啼，奶母白語哄兒心；
輕逗洋娃陪汝眠，破啼顏笑又一夢。

十五、從地湧出品
　　地湧菩薩千千萬，讚佛歎法五十劫；
　　看呆尊旁常隨眾，不信法王宿法緣。
　　如來妙通處處是，光中幻影鮮人識；
　　曾見雨中透日虹，幾多行人妄迷景。

十六、如來壽量品
　　佛示滅度實不滅，不忍眾生妄見中；
　　正如醫王度癡子，不示假滅不除毒。
　　年年清明年祭祖，時空流逝遙無蹤；
　　猶憶日昨悲送往，卻在孩提戲影中。

十七、分別功德品
　　聞佛壽長解其趣，種智頓生心靈中；
　　隨義受持起僧坊，常在菩提道樹下。
　　萬物枯榮山河慟，不解天意風雨報；
　　成住壞空本無意，奈何松頂覺真情。

十八、隨喜功德品
　　勸聞誦修妙法華，隨喜轉教功不喻；
　　一偈福勝無量劫，莫負世尊放明牌。
　　三牲供神祈神佑，廟會堂前人山海；
　　諸神飽食祈佛佑，一棒打醒夢癡人。

十九、法師功德品
　　受持讀誦說寫經，六根頓生殊勝功；
　　眼鼻身八耳舌千，相似六通淨滿慧。
　　傳道授業妙法施，錯認資生發財具；
　　若能一念轉迷情，自利利他道共成。

二十、常不輕菩薩品
　　因中宿修常不輕，遍禮眾生當成佛；
　　廣宣妙法六根淨，疾得菩提忍辱行。
　　夢幻仙境情所鍾，龍發堂中獨樂影；
　　顛倒瘋醒不知幻，醒瘋一如無心痕。

廿一、如來神力品
　　無量神力遍大千，諸佛齊供娑婆佛；
　　大乘法華如來藏，持處即是成佛處。
　　道果之源妙實相，萬化悟玄以照本；
　　足下生蓮過泥洹，靈關只在汝心頭。

廿二、囑累品
　　無容法施報佛恩，摩頂囑流宣法華；
　　諸佛隨安具奉行，自性成佛滿眾緣。
　　雙親擇居選學堂，一群娃兒樂嬉逐；
　　幾多小嘴爭紅臉，個個願作接班人。

廿三、藥王菩薩本事品
　　聞法得現身三昧，燃身供佛真精進；
　　若論功德福幾多，何如法華四句偈。
　　三界六道家家酒，戲論你我他家事；
　　亂點姻緣錯了譜，何如心淨萬緣淨。

廿四、妙音菩薩品
　　妙音外來現色身，供尊多寶聞妙法；
　　隨所應度十方度，不輕娑婆傳三昧。
　　常順娃兒論長短，慈悲教誨手足情；
　　勞燕分飛各西東，始念青梅竹馬時。

廿五、觀世音菩薩普門品
　　苦海依怙觀世音，慈眼普明照世間；
　　善應方所無不在，眾生心田長明燈。
　　普陀靈隱觀音院，世間遍聞救苦情；
　　多少往事多少緣，慈母常暖遊子心。

廿六、陀羅尼品
　　神咒齊護持經人，若擾修行殃自受；
　　斷佛慧命終不懲，真修那怕魔事擾。
　　一切音聲陀羅尼，隨音傳情眾生迷；
　　高歌自娛舒自意，掌聲響起不動顏。

廿七、妙莊嚴王本事品
　　王子神變轉邪王，不復隨心諸惡行；
　　闔家本是同根生，安住佛法悟宿緣。
　　亂世兄弟善雙親，金盆洗手心不換；
　　一念轉成世善人，英雄到頭皆歸佛。

廿八、普賢菩薩勸發品
　　成就四法得法華，普賢示咒護法行；
　　世尊佛衣亦相覆，法華直達正菩提。
　　心花怒放遍大千，花心若覺花無蹤；
　　天花不依悟道人，始知拈花正法意。

（編按：每偈分二段，一理一事）

2002年4月5日清明節前後完稿於美國洛杉磯。
（並願功德迴向諸有緣歷代先祖，皆共成佛道）

附錄二：編後語

　　從小，我就知道觀世音菩薩。相信許多中國人皆是如此。

　　記得父親告訴我，他年小時多病不安，祖母祈願觀世音菩薩加披，拜為觀音菩薩的義子。我們的上一代，是在悲慘的戰亂中度過，觀世音菩薩正是戰亂中，千千萬萬苦難生靈的精神寄託。

　　可惜的是，歷史的恩怨不斷，人類的恩怨不斷，眾生的痛苦不斷，冤冤相報的輪迴就不斷。我們這一代，逃過了戰亂的悲愴，卻又逃不過新一代政客們的殘害；眼看著，我們又要去面對一場，由政客們製造的仇恨，而又將要走回戰亂的邊緣。眾生如此地無奈、無力，我們只有懇求大慈大悲觀世音菩薩加披，讓那些喪心病狂的中外「政客」、「教客」們，能體認眾生的痛苦，不要讓歷史的悲劇，一遍又一遍地重演。

　　為了祈求觀音菩薩的加披，所以觀音菩薩「普門品」在中國是非常的流行，恭誦的人非常多。但是包含「普門品」的「妙法蓮華經」，由於經義深奧，研讀的佛教徒，恐怕就沒那麼多。

　　個人學佛，是因為相信觀音菩薩會保佑我而開始的，許多個人及家族中的靈驗與感應，使我由淺而深，漸入佛門。自從1997年受南懷瑾教授的影響，開始研讀「瑜伽師地論」及「華嚴經」後，自己對經藏的研讀，就更有興趣，所以「法華經」自然成為研讀的重點。

　　記得，南懷瑾教授在「南禪七日」影帶中，也曾強調，中國自宋元明清以來，修行人是以「法華楞嚴抱本參禪」為主。「法華經」是總結佛法，而引眾生「開」「示」「悟」「入」佛知佛見的重要經典。「法華經」是會三歸一的重要指導，所謂「方便有多門，歸元無二路」。我們學佛，無論學了多久，學了多少生，多少劫……最終，總要學習「法華經」，認識「法華經」，而依「法華經」修證，進入「一乘實相」法門，達到「上成佛道」的願望。

　　感謝洛杉磯法印寺住持，印海老法師的慈悲提攜，專譯日本學者田村芳朗所著的《法華經簡介》一文，作為介紹法華經的序文，提綱挈領，甚為重要。

　　感謝洛杉磯慈濟聖谷分會陳志苓等師兄姊們的慈悲，發起並促進了大家研讀「法華經」的願望，我個人就按清朝大義和尚編集的「法華經大成」，而把它簡編抄成「表解」，方便研讀，並請滕劉筱玲師姐主持全部校對工作，日昇打字行游小惠女士打字，陳志苓、周令、胡雪珍、孫麗嬋、李果利、陳盈妃、顧思佳、王元晨、徐敏兒、錢麗中等各師兄姐們協助隨緣捐助打字費等，算是很簡陋地完成了「法華經大成表解」。一方面作為與慈濟師兄姐們一起研讀的教材，一方面也贈與台北「大乘精舍」印經會，在台灣流通結緣，希望這股「法喜」，能溫暖一些人內心的「寒流」。也感謝慈濟聖谷分會負責人慈暉師姐等寬容一位沒什麼修行的「白衣」在慈濟的道場「研法」。

　　2000年9月3日，我去中國浙江朝聖，從普陀山、天童寺禮拜到杭州靈隱寺，並禮拜了弘一大師及濟公活佛在「虎跑泉」的聖地，我忽然有很深的感觸，知道我是應該「入世」而不是只求「出世」的。當時，我祈求觀音菩薩、濟公活佛，諸大菩薩加披，使我有機會，能從世俗的險惡中，突破外緣的局限，為「佛法」及「教育」貢獻一己的心力。現願將所有功德「上報四重恩，下濟三塗苦」，迴向一切眾生，迴向世界和平。大家早成佛道。

末學　梵暢居士　贅筆
2002年3月10日於美國洛杉磯
（時為家父85歲大壽日，並以此功德迴向給他老人家祝壽）

（附：清朝大義和尚述編《法華經大成》是在中國的天津「觀音院」完成。我在2000年8月22日也曾前往天津「觀音院」禮拜觀音菩薩，並蒙觀音菩薩以大悲雨加披。沒想到，兩年後，我們卻在美國以大義和尚的「法華經大成」為教本，研讀了一遍「法華經」，不知這段學法因緣是否是祖師及菩薩的加持，感恩之至。)(2002年4月5日清明於美國洛杉磯)

法華經大成表解捐助功德徵信錄

感恩下列原始捐助者，使本書得已完成編打工程，他們的贊助功德與發心，將永遠隨本書流傳世間
We deeply appreciated the following original donors, without their supports, this book will never available for the readers. Their merits should be credited forever. -by Victor Chiang 強梵暘合十 with joint palm. 06/15/2010 USA

一、捐助「法華經大成」表解，功德芳名，特此銘謝：

1.	Peter Wanda Kung / Jenny Chinpin Kung	$300	14. Lisa Yu 王元晨	$50
2.	Peter Chan / Man Y. Tsui	$100	15. Liou-Hsao-Ling, Teng	$200
3.	Yung Chang Yeh / Shieh Chun Yeh Fu	$100	16. 呂盈妃	$50
			17. Jenny Yeh 胡雪珍	$200
4.	Lin-Min Hsia, Julie Hsia 周令 / Jennifer Hsia	$50	18. 楊昱堂、楊昱杰	$60
			19. 徐敏兒 Clara	$50
5.	Su-Chia Ku Shih	$50	20. 熊美鈿	$50
6.	Robert Chen (N.Y.)	$20	21. 顧思佳	$50
7.	蔡璇華闔府	$200	22. 劉友婷	$50
8.	Su-Chia Ku Shih	$50	23. 錢麗中	$50
9.	Jun H. Lin	$50	24. Lois Huang	$30
10.	Rosemarie Chen 陳志苓	$160	25. Luis 闔府	$300
11.	Fong Fu Chiang	$100	26. 強　華、郭佩潔	$100
12.	Cheng Y. Chao / Chu L. Chao	$20	27. 強慈因、雅因、聖因	$99
13.	徐雲美闔府	$200		

(以上美金收支估算以5/25/2002為計，後捐者容後補記)

二、開支部份

1. 打字費用	$2,200	4. 封面及裝釘	$300
2. 印刷300本費用	$750	5. 其它雜支影印等	$
3. 彩印佛像費用	$150	6. 郵寄費用	$

普爲出資及讀誦受持輾轉流通者(及一切有緣者)回向偈

願以此功德　消除宿現業　增長諸福慧　圓成勝善根
所有刀兵劫　水火及飢饉　疾病災難等　普願盡消滅
先亡皆超生　現眷咸安樂　風雨常調順　人民悉康寧
國運永昌隆　世界普和平　法界諸含識　同證無上道

```
普為出資及讀誦受持報轉流通者(及一切有緣者)回向偈
願以此功德  消除宿現業  增長諸福慧  圓成勝善根
所有刀兵劫  水火及飢饉  疾病災難等  普願盡消滅
先亡皆超生  現眷咸安樂  風雨常調順  人民悉康寧
國運永昌隆  世界普和平  法界諸含識  同證無上道
```

Special Notes and Thanks 特別申明及感恩

Victor Chiang would like to thanks my family and all friends, students and many persons who had donated their time and money to support all my Buddhist Sutra's compilation works since 1997. Special thanks would like to present to the following persons who were the original donors from time to time, without their support all my works will never be available for readers. Their merits would not only remain in my mind, but also should be credited forever with the publishing of my works on Sutra.

強梵暢(偉城),在此要特別感恩所有自1997年以來,曾捐助出版費用及奉獻寶貴時間協助打字,編輯,校對,發行,出版等工作的朋友,學生,教友;更感謝家人的支持及師長,法師們的指導;也感謝所有讀者的支持索閱.過去許多捐助者的徵信名錄,均隨書在出版時公佈,但因編寫工作煩忙,恐有疏漏,或不及刊載,現將自1998年至2010年的捐助名單,重新整理並隨書公佈,乘此決定把佛經表解的出版工作,交給全球最大網上購書的亞馬遜公司(Amazon.com)來處理全球的推廣發行之時,大家過去的發心及捐助功德不敢或忘,借此机會再度把我的感恩及大家的功德隨書公佈,祝願這份捐助印經的功德永遠存於世間.今後,我將只專注於作科判編表,安排打字編輯翻譯等工作,這些成本仍由我承擔;亞瑪遜寶出書後將支付部份審費來貼補製作的成本.更請大家繼續給予支持及鼓勵,而捐助功德也將陸續隨書公佈徵信.至於各地佛學院,如願訂閱各書作教科書,有特別优惠辦法,或來函索取"自印"的授權.其他讀者均請透過美國亞瑪遜公司處理,(如有特殊因緣,也有特殊的作法),無法如過去免費結緣,情非得已,敬請原諒. 賜教請發電郵 victorchiang@yahoo.com 今後新書出版訂閱及梵暢朝山講演培訓等活動及參加編譯打字等工作,請上網查詢,網站 www.TripitakaCenter.org 尚未及作,但請先到 http://picasaweb.google.com/tripitakacenter 查詢或發電子郵件

1998 年捐助徵信名單 / The donors of 1998

Jerry & Alice Huang 黃正興李果利($300-11/16); Rosemarie Chen 楊文仁陳志苓($300-11/10); Jui-Shiang Lin($100-11/24); Sophia Hsuch Wen($50-11/24); Angela Wen Ying C. Huang($60-11/17); Julia L. Hsia($30-11/17); Monica Mung-Ko Yu Hsu 喻夢珂($300-11/10); Tai Jui-Tang Chen($30-12/08); Jennifer Lee($600-12/07); Wen Ying Hsia 夏文英($100-12/14); etc(以上捐印"華嚴經") / Jerry & Alice Huang 黃正興李果利($500-10/18); 黃少華($50-05/18); 滕劉筱玲($200-12/21); 楊文仁楊陳志苓楊昱堂楊昱杰($100-12/02); Mabel Y.& Morris S. Tan 林樹梅家屬捐$500 功德迴向他往生(以上捐款轉交台北大乘精舍助印"瑜伽師地論" 第一輯)

1999 年捐助徵信名單 / The donors of 1999

Rosemarie Chen 楊文仁陳志苓($600-01/20); Monica Mung-Ko Yu Hsu 喻夢珂($300-01/05); Wang Chien Fang Yeh 王千芳($100-01/05); Tai Hui-Tang Chen 戴瑞棠($100-01/26); Julia L. Hsia ($50-04/13); Tai Jui-Tang Chen ($60-04/13); 顏元博徐雲美合家($2000-12/03); etc

2000 年捐助徵信名單 / The donors of 2000

Ben Yeh, 胡煌煌, 葉李足共($300-07/18); 王振惠王曾雪紅($100-07/27); David Hsia($100-07/25); 陳永漢楊基炘($200-08/02); Shuan-Hwa T. Chen 蔡璇華($100-07/20); 曾偉德曾立德($50-08/04); 陳婷妤陳婷秀($20-08/04); 傅冠龍傅冠傑($100-08/02); 顏元博徐雲美($300-08/03); 宋寶貴($200-08/03); 強華郭佩潔($100-08/03); 白湘凌($100-07/15); Jerry & Alice Huang 黃正興李果利($100-08/04); Victoria Y.C. Chen($100-07/30); 麻競存, 陳敏彥, 滕有方, 邱桂秀(名$50 08/04); In-Free Chen Lu 呂盈妃($100-07/18);
(以上三年捐款均以編印"華嚴經"Hua Yen Sutra 為主) / Rosemarie Chen 楊文仁陳志苓($200-01/18); Charlene Teng 滕劉筱玲($200-01/18); MingHui Gu 李明慧(100-01/18); Shuan-Hwa T. Chen 蔡璇華($100-01/18) 郭淑儀($50-01/25); Yung Chang Yeh & Shieh Chun Yeh Fu 胡雪珍($100-01/25); 張南金($100-01/25); Kai Ching & Lisa You 王元

晨($300-04/10);Rosemarie Chen 陳志苓($50-06/06); Jerry &Alice Huang 黃正興李果利($500-07/11);Paul Lin 林博文($200-01/27)(以上捐款主要支付" 瑜伽師地論" 打字費)

2001 年捐助徵信名單 / The donors of 2001

Peter & Wanda Kung ($500-02/19);Hsiao-Hui Yu($20-11/26); Cheng Y. & Chu L. Chao($20-12/15);Peter H. Chan & Man Yi Tsui($100-10/11);Yung Chang Yeh & Shieh Chun Yeh Fu ($100-10/11); Julia & Jennifer Hsia($50-10/04);Su-Chia Ku Shih($50-11/16); Shuan-Hwa T. Chen 蔡璇華($200-12/05); Su-Chia Ku Shih($50-12/12);Jun H Lin($50-12/12); Rosemarie Chen 楊文仁陳志苓($100-12/13);FongFu Chiang($100-12/13);Shien Hwa Lin ($100-12/30);(以上捐款編印" 法華經"Lotus Sutra 為主) / 孫麗嬋($500-09/24) ;Stanley M. & Rosa L.F. Kung ($200-02/04);/ Rosemarie Chen 楊文仁陳志苓($200-09/10); Yung Chang Yeh & Shieh Chun Yeh Fu 胡雪珍($100-08/30); Shuan-Hwa T. Chen 蔡璇華($100-10/02); 敏兒, 馬邱素美, 陳李執華, 孫麗嬋,Lisa, 呂盈妃,Alice 果利, 強華郭佩潔, 李宁元等各捐美金$100, (以上捐款轉交台北大乘精舍助印" 瑜伽師地論" 第二輯)

2002 年捐助徵信名單 / The donors of 2002

Rosemarie Chen 楊文仁陳志苓($300-05/02); 楊昱堂楊昱杰($60-03/14);Lois Huang($30-04/08);Charlene Teng($200-03/04);Cheng Y. & Chu L. Chao($100-11/06) ; Shuan-Hwa T. Chen 蔡璇華($300-12/19)($300-12/18); Joyce Chang Sin ($100-12/06); Yung Chang Yeh & Shieh Chun Yeh Fu 胡雪珍($300-12/23); Peter H Chan& Man Yi Tsui ($75-12/23); Robert Chen($30-12/20) ;etc. 以上二年捐款編印" 法華經"" 天台"" 瑜伽"為主 / 香港國際文教基金捐助美金$500(03/18) 支付" 瑜伽師地論" 打字費

2003 年捐助徵信名單 / The donors of 2003

Dr. Jenifer Kao 高修瑋醫師夫婦($500-12/27) ; Samuel Hsu 許俊明合家($100-); Shien Hwa Lin 林羡華($100-01/30); Audrey Lin ($100-03/28) ($50-06/07) ($50-09/16) ($50-11/21); Chris Huang($200-04/20) ; Jui-Tang Tai Chen ,Kevien & Pauline($120-04/25); Brian Leong &Thany Leong 王錦芬($200-04/25); Infree Chen Lu ($100-04/20); Suh-Ling Huang ($50-04/25);Ye Chang ($120-04/25); Wonderful LLC/Alice Lee($100-04/26); Thomas Lee($100-04/23); 楊文仁陳志苓($100-04/19)($60-11/17) ;Janice Shih($50-05/12);Robert Chen($50-05/12);Chih Yee Hsia Wu 夏志一($100-05/02); Shinn Jan($100-05/02) ; Kai Ching You & Lisa You($300-05/08); Mei Chuan Lai Shih 賴美娟($100-04/25) ; Fei Sun 孫飛($40-04/25)($60-06/15); Union Media Corp ; Jung Chang Kwan ($500) ; Shu-Mei Tseng Hung 洪老師 ($200-10/16); Fidelity Realtors Inc /Julia Hsia($100-10/23) ; Liou Hsiao Ling Teng ;Dr. Richard Chang 張恭逢牙醫師 ($1000-11/20) ; Beatrice Tseng ($25-11/10) ; Yung Chang Yeh 胡雪珍($120-11/21); Yaw-Nan Chen ;Charlene Teng ($200-10/27) etc. (以上捐助編印" 天台止觀" 及" 楞伽經" 為主) / Tianbo Li($100-10/18); 蘇瑩如($30-10/27); Shuan-Hwa T. Chen 蔡璇華($200-12/15); (以上捐印瑜伽論);/ 李金華在台北捐台幣 26 萬 4 千; 王乃昌捐台幣 5 萬; 葉李吟新劉坤宜捐台幣 1 萬 8 千, 給台北大乘精舍加印" 瑜伽師地論" 第一及二輯結緣;/ 香港國際文教基金會捐助美金$500 編印" 瑜伽師地論"(由 Jung Chang Kwan 代捐)

2004 年捐助徵信名單 / The donors of 2004

台灣南投德山寺釋中含法師; Jerry &Alice Huang 黃正興李果利($200-04/09);Dr. Jenifer Kao ($500-01/07); Li-Siong Sun ; Lisa You ($500-02/04); Peggy Woolford ($100-01/16); Audrey S.H. Lin ($50-01/17); Vivien Ng($200-02/25) ; Hsu Juichi Huang ; Sophy Chiang($100-03/09) ; Mike & Hui-Chuan Reyna ($50-03/30); Anne C Lee ($100-03/08); Yin Mei Lam($50-03/15) ; Audrey Lin($50-02/16) ($50-04/08)($50-05/24)($50-06/17) ;Sue Lee Lin 林惟一 ($1000-09/25) ; Robin S. Lo($200-09/03); Shuan-Hwa T. Chen 蔡璇華($200-09/12) ; Matoria Group($1000-09/01) ; Kelvin and Nain Chen ($500-07/09) ;Andy Eng Ti Huang 黃恩悌($100-02/14) ($100-11/12); 強芝蘭李亭君($500-06/15); 強華郭佩潔強淑惠($500-06/15)etc.

2005 年捐助徵信名單 / The donors of 2005

Dr. Richard K. Chang, D.D.S. 張恭逢牙醫師 ($1200-06/18) ; Charlene Teng 滕劉筱玲($1000-06/18) ; Fidelity Realtors, Inc($50-06/17) ;Sue Lee Lin($200-02/04) ; Jenny Yeh($120-07/12) ; Robert Chen ($200-07/09) ; Rosemarie Chen 楊文仁陳志苓($300-05/10); Shuan Hwa Chen ($200-08/01); Kuo Pey Jia Chiang 強郭佩潔 ($ 1000-06/27) ; Anne Chiang Lee($200-06/27) ; Jiunn-Jin Tseng 楊濟津($150-04/19)($200-05/06); 妙音($50-05/06); Ming-young Lin ,Ming-Shen Lin for bless his brother 助印功德迴向亡者林明功 Ming-Kung Lin's pass away ($ 1,600-08/20) ; Evan Woolford($100-09/18) ; Peggy 李偉偉 and Charles Woolford ($ 900-09/18) ; Mike & Hui-Chuan Reyna ($100-08/28); Ming –Sheng Lin 林明昇, 明揚, 明功 ($ 500-09/03) ; Ya-Yun W. Yao 姚美亞芸(4300-11/07) ; Su-Chia Ku Shih($100-12/05);Home Times Group($1000-09/24)

2006 年捐助徵信名單 / The donors of 2006

Fidelity Realtors Inc($50-03/01) ; Ming-Sheng Lin 林明昇($500-06/07) ; Alice & Jerry Huang 黃正興李果利($500-06/26) ; P.J.Kuo Chiang ($100-07/05); Ming-Young Lin 林明揚 ($500-08/24) ; Anne Chiang Lee ($5,000-08/05);Home Times Group($800-09/18)

2007 年捐助徵信名單 / The donors of 2007

Home Times Group ($1000-01/22) ; Audrey Shien Hwa Lin($100-01/02); Ming-Young and Ming-Sheng Lin 林明昇 林明揚($600-01/01) ; Rosemarie Chen 楊文仁陳志苓($300-08/27) ; Kwong Li ($50-09/01); Emily Yao Chou($100-09/04) ; Julie & Jennifer Hsia ($50-10/02);Yung Chang Yeh & Shieh Chun Yeh Fu($120-09/18) ;Dr. Jennifer Kao O.D. 高修瑋醫師夫婦($100-12/31);etc.

2008 年捐助徵信名單 / The donors of 2008

釋性儀($110-09/15); 陳世芳($110-08/26); 釋性威($100-08/26); 謝月英($30-08/26); 陳金水($30-08/26); 謝世勇($20-08/26); 張錦楓($20-08/26); 王陳文英($300-10/01) ; Dr. Jennifer Kao ,O.D 高修瑋醫師夫婦($500-09/25) ;強郭佩潔, 強志真, 強芝蘭, 強淑惠一起 ($1000-02/10) ; Hsiu-Feng Chiang($100-09/30) ; 強芝蘭合家($1000-10/03) ; Robin Lo($200-09/15) ; Alice & Jerry Huang 黃正興李果利($300-09/15) ; Home Times Group ($400-01/16); Shi Man Jue($200-04/20) ; Shih-Fang Chen ($1500-07/01); Chai-Chih Huang ($100-07/12);Wu Hsiu-Hui & Jiann-Kuan Luo($100-07/09) ; Dr. Hsiu-Sheng Chen & Yung-Le Chen ($50-07/31); Su Chuan Yang($100-08/24) ; Christina C & Brian Low ($75-07/16)助印功德迴向亡者鄭萬成 ; Ming-young Lin Ming-Shen Lin 林明昇及林明揚再捐助印佛經, 功德迴向給他往生的父親林寬, 母親林黃月蓮, 兄林明功 ($500) ; Say-Chong Lee($40-07/22) ; Anne C. Lee family trust ($12,000) 捐助印佛經,功德迴向給她的亡夫.

2009 年捐助徵信名單 / The donors of 2009

Ming-Yuh Chu & Shu-Shu Tsai($50-01/29) ; Pao-Chen & Lee Yu-Chih Wu ($50-01/30);Chih-Jen Hsia($100-01/21) ; Shirley Sun ; Pei Nar & Guo-Nar Sun 孫珮娜孫果佩($50each-01/30) ;Gary Jih-Shan Liaou ($300-01/03); Super Alloy(USA) Co,Ltd ($200-02/09);Home Times group($200-02/02); Alice & Jerry Huang ; Emily Yao Chou($150-02/21) ; Stephen Chao ($100-02/15); Howard C. Shuai ($100-02/22); Huan-Chung & Jiunn-Jin Tseng 楊湣津 ($300-07/24); Cheng Shao ($100-11/06); 王陳文英($1000-04/13) ;etc

2010 年捐助徵信名單 / The donors of 2010

Ming-Sheng Lin ($600) ; Wendy Tien 捐印祖師禪及企業禪 500 冊結緣(在中國); 王其慎及陳文英夫婦 (美金$2000) 捐印祖師禪及企業禪 1000 冊結緣(在中國); 香港佛教圖書館釋圓茵捐助港幣 5000 將印行大般若經表解 (在中國);

May Buddha bless all of them and all the beings in the world for a peaceful and happiness life .- VictorChiang @Yahoo.com– July 4 , 2010 at Los Angeles , USA .

(以上捐印金額均以美金計算, 捐款均用作打字編輯印刷裝釘郵寄等開支;名單以 2010 年 7 月 4 日為准,如有遺漏, 請來函通知補上, 再度感恩大家的支持, 今後尚祈繼續支持, 使我們為佛法的努力, 能早日完成, 功德是大家的, 大家功德無量, 共成佛道.)

誠徵專家人才協助佛教科研工作

佛教邁入廿一世紀,應以現代的形像,宏偉它真理的精神。為了這個目標,我們計劃分兩個方向進行;首先,應把浩繁的佛典整編簡化,表解條例,選精去雜,使現代中西方人士,易讀易解,易修易證。其次,應設法從現代的科技方式去驗證佛法,如科學、物理、光學、天文、醫學、心理學、人類學、精神分析學、哲學等範籌,去作科學的實驗,使佛法得到現代的驗證,進而,再影響現代人類的文化與科學。

為了這些目標,特成立臨時的「佛教現代科研室」期望前輩大德,各科專家學者指導,支持,贊助各項科研課題,更歡迎有志者共同參與研究工作或協助日常文書,編校等工作。有興趣者, 請與強居士聯絡:

Victor Chiang, 2555 Huntington Dr., #D, San Marino, CA. 91108, U.S.A.

電話:(626) 585-8998, 傳真:(626) 585-9268。

南無護法韋馱尊天菩薩

韋馱天將菩薩化身　擁護佛法誓弘深
寶杵鎮魔軍　功德難倫　祈禱副群心
南無普眼菩薩摩訶薩　摩訶般若波羅密

Printed in Great Britain
by Amazon